应用型大学研究生教育的创新与实践

郭向光　主编
闫　晔　秦　霞　副主编

知识产权出版社
全国百佳图书出版单位
—北京—

图书在版编目（CIP）数据

应用型大学研究生教育的创新与实践/郭向光主编. —北京：知识产权出版社，2020.5
ISBN 978－7－5130－6895－6

Ⅰ.①应… Ⅱ.①郭… Ⅲ.①研究生教育—研究 Ⅳ.①G643

中国版本图书馆 CIP 数据核字（2020）第 067556 号

内容提要

面对国内外发展新形势，应用型大学各学科研究生针对学界关注的问题进行创新研究，涉及历史、法律、艺术、大数据、旅游管理、教育教学等诸多方面，体现了应用型大学研究生的研究创新能力，也体现了应用型大学辐射全国、放眼世界，着力培养适应国民经济和社会发展需要的高素质应用型人才的定位目标。

策划编辑：蔡　虹
责任编辑：栾晓航　　**责任校对**：谷　洋
封面设计：臧　磊　　**责任印制**：孙婷婷

应用型大学研究生教育的创新与实践
郭向光　主编
闫　晔　秦　霞　副主编

出版发行：知识产权出版社有限责任公司	**网　　址**：http://www.ipph.cn
社　　址：北京市海淀区气象路 50 号院	**邮　　编**：100081
责编电话：010－82000860 转 8324	**责编邮箱**：caihong@cnipr.com
发行电话：010－82000860 转 8101/8102	**发行传真**：010－82000893/82005070/82000270
印　　刷：北京建宏印刷有限公司	**经　　销**：各大网上书店、新华书店及相关专业书店
开　　本：710mm×1000mm　1/16	**印　　张**：18.25
版　　次：2020 年 5 月第 1 版	**印　　次**：2020 年 5 月第 1 次印刷
字　　数：360 千字	**定　　价**：89.00 元

ISBN 978-7-5130-6895-6

目　录

法律/历史/档案篇

旅游/文化/大数据篇

教育/艺术/人才培养篇

法律/历史/档案篇

从司法角度看“套路贷”的刑法规制

——非法放贷罪立法初探

许涵林*

摘要 “套路贷”是近年发展起来的新型犯罪，即以非法占有为目的的非法放贷和非法索债行为。“套路贷”以民间借贷为名，行非法占有他人财产之实，其手段隐蔽，常借助司法机关、公证机关、仲裁机关进行虚假诉讼、虚假公证、虚假仲裁，用“套路”规避法律，严重扰乱社会秩序。“套路贷”还以暴力或软暴力的形式非法索债，常常引发受害人自杀，社会危害性极大。在当今的司法实践中，相当一部分“套路贷”行为未受到刑事处罚，而以民间借贷纠纷处理结案，成为司法实践中的吊诡。因此，针对“套路贷”的刑罚网络必须疏而不漏，在我国刑罚中为其增设单独罪名或已成为必要。

关键词 套路贷 刑事立法 虚假仲裁 虚假公证

一、“套路贷”犯罪的界定

（一）“套路贷”的概念

1. 现有的表述

（1）司法解释的规定

最高人民法院、最高人民检察院、司法部、公安部2018年联合发布的《关于办理黑恶势力犯罪案件若干问题的指导意见》（以下简称《意见》）第20条规定，“对于以非法占有为目的，假借民间借贷之名，通过‘虚增债务’‘签订虚假借款协议’‘制造资金走账流水’‘肆意认定违约’‘转单平账’

* 许涵林：北京联合大学应用文理学院法律硕士研究生，北京100101。

‘虚假诉讼’等手段非法占有他人财产，或者使用暴力、威胁手段强立债权、强行索债的，应当根据案件具体事实，以诈骗、强迫交易、敲诈勒索、抢劫、虚假诉讼等罪名侦查、起诉、审判。”[1]该《意见》虽然未明确提出“套路贷”犯罪，但其描述确与“套路贷”犯罪相符。由此可知，在2018年初，“套路贷”犯罪主要被考虑纳入黑恶势力犯罪的范畴。“套路贷”确实常常伴随着黑恶势力，通常具有多人作案、集团犯罪的特点。但从今天的司法实践来看，“套路贷”犯罪衍生出多种形式，仅仅将其作为黑恶势力犯罪的一个下位概念并不周延。因此，新近的司法解释修正了这个定义。

2019年4月19日，最高人民法院、最高人民检察院、司法部、公安部联合发布了《关于办理“套路贷”刑事案件若干问题的意见》，通过司法解释明确将“套路贷”定义为：“‘套路贷’是对以非法占有为目的，假借民间借贷之名，诱使或迫使被害人签订‘借贷’或变相‘借贷’‘抵押’‘担保’等相关协议，通过虚增借贷金额、恶意制造违约、肆意认定违约、毁匿还款证据等方式形成虚假债权债务，并借助诉讼、仲裁、公证或者采用暴力、威胁以及其他手段非法占有被害人财物的相关违法犯罪活动的概括性称谓。”[2]

该定义作为我国有权机关发布的有权解释，属于我国法律的正式渊源[3]，代表了我国法律规定对“套路贷”的界定。即，“套路贷”本身虽然不是一项专门的罪名，但其作为一系列相关违法犯罪活动的概称，应当以该“一系列相关活动”中所触犯的刑事法律来科以刑罚。

（2）学界的定义

由于法律上并没有“套路贷”这一单独罪名，对“套路贷”有不同看法和观点的学者们对此的界定也就不尽相同。

有学者认为，“套路贷”本质上还是一个民间借贷问题，是借贷人为保障自己债权得以实现而实施的一系列催债活动，应以民事法律裁判，涉及行政处罚的予以行政处罚，刑法在此应保持沉默。

有学者认为，“套路贷”是指具有某一特点的犯罪行为的统称。持该观点的学者在如何规制“套路贷”问题上，一般都与我国司法解释中对“套路贷”的刑法规制路径观点相同，认为应当以“套路贷”实施中所触犯的刑事法律科以刑罚。

还有学者认为，“套路贷”是一种新型犯罪形式，其作为一种新型犯罪虽然尚未明确纳入刑法的概念范围，但其行为人以非法占有为目的，实施了一系列特征明显、可以类型化的违法犯罪行为，最终侵害到他人的财产所有权，非法获取高额利益，应当新增相关刑法罪名予以定罪量刑。

笔者认为，上述观点都有一定的道理，但并未从“套路贷”的起源和司法实践的角度出发去看待“套路贷”问题。“套路贷”作为一个极具社会危害性、频频引发恶性社会事件、挑战公共道德伦理底线的违法活动，法学界必须对其概念进行限缩解释，与民间概念区分开来，将罪与非罪之界限明确，以利于对其进行刑法规制。

2. 本文的界定

“套路贷”犯罪起源于民间借贷中的“高利贷”放贷行为，起初仅作为民间借贷纠纷处理，对涉案的专门经营公司均仅由民事法律、行政法规予以规制，未见刑事处罚。近年来，“套路贷”所引发的社会问题愈演愈烈，其中所表现出来的也不仅仅是一开始的为获取高额利息而放贷的行为，而是出现了为非法占有借贷人财产，诱使或者迫使被害人签订“阴阳合同”，实现非法占有虚高债务的目的。在该目的的实现过程中，往往伴随着诈骗行为、虚假诉讼行为、敲诈勒索行为等一系列犯罪行为，其中多种违法行为与犯罪行为交织，并产生了专门以非法放贷为业的“灰色行业”，它们游走在法律的边缘，通过违反民事法律和经济法规，以多种手段和方法恶意缔约、虚增借款金额、恶意制造还款障碍、肆意认定违约，最终达到非法占有他人财物的目的，并发展为一个常态性、经营性的产业，牟取暴利。基于此，今天的“套路贷”已经逐渐犯罪化，表现出极大的社会危害性，应当予以刑法规制。同时，狭义上的“套路贷”作为一种非法侵占他人财物的犯罪，在性质上体现出民刑交织的特点，对其外延和内涵的确定必须体现刑法的谦抑性。

从司法实践来看，“套路贷”的本质是非法放贷行为，其侵害的是社会主义经济秩序。“套路贷”一系列犯罪活动实施的前提是行为人以非法占有为目的而实施非法放贷行为，即行为人以民间借贷为表象，以欺诈、胁迫等手段诱使或迫使被害人签订“阴阳合同”，通过确认“阳合同”的效力而非法获取他人财物的行为。另一方面，“套路贷”的危害不止于此。从犯罪目的角度来看，“套路贷”犯罪作为财产性犯罪，其目的是非法占有他人财物，侵犯被害人的财产所有权；从行为手段上看，“套路贷”非法占有目的的实现过程往往伴随着欺诈、恐吓胁迫、恶意缔约、虚假诉讼、虚假仲裁、虚假公证、非法入侵他人住宅等多种违法犯罪行为，其可能侵害到的其他法益包括生命健康权、社会管理秩序、司法秩序等，具有犯罪客体为复合客体的特点。

笔者认为，“套路贷”犯罪是一种新型独立犯罪，其不同于一般诈骗罪也不同于一般敲诈勒索罪、抢劫罪等，是以非法放贷行为为基础，以暴力、胁迫或者虚假诉讼、虚假仲裁、虚假公证等妨害司法秩序的行为构成的新的独立犯罪。

“套路贷”中非法放贷的主体应为一般刑事责任能力人，其客体则属于复合客体，包括社会经济秩序、公民的财产所有权和司法秩序或人身安全，该犯罪的客观方面表现为通过诱使或迫使被害人签订“阴阳合同”，虚增、虚构债务，非法放贷，再通过虚假诉讼、虚假仲裁或者虚假公证等妨害司法秩序的行为进行暴力或者“软暴力”索债，非法占有公私财物。

为周延地保护法益，笔者认为应当为“套路贷”犯罪增设独立罪名，以刑事立法的形式对其加以规制。

（二）“套路贷”犯罪的基本特征

“套路贷”与民间借贷之区别

（1）本质区别：“套路贷”行为人怀有非法占有目的

“套路贷”与民间借贷之本质区别在于行为人是否怀有非法占有之目的，这是区别财产型犯罪与民事纠纷案件的罪与非罪之关键。从民间借贷中与“套路贷”表面上最为接近的“高利贷”来看，民间借贷即便违反民事法律，其目的仅在于获取较高的“利息”，而非通过恶意缔约非法占有并不存在的虚高债务。

（2）从客观行为看：“套路贷”行为人恶意制造违约、肆意认定违约

由于民间借贷纠纷中出借人对于借款本金的按时归还是抱有肯定性期待的，出借人不会希望或放任借款人到期不能清偿债务，更不会对借款人如期还款的行为加以阻拦；而在“套路贷”中，从借贷合同缔约开始，出借人对借款人的违约行为就是积极追求的，出借人并不希望按期收回本金、实现真实的借贷合同债权，与之相反，出借人会通过一系列行为降低借款人的还款能力，为借款人按期清偿债务设置障碍等手段或方法，诱使或迫使被害人违约，以达到非法占有虚增的债务或高额违约金、保证金的目的。

（3）从结果上说：“套路贷”社会危害性极大

民间借贷是一种民事行为，即便产生民事纠纷，亦尚未进入刑事的领域，由于此类民事纠纷一般不具有社会危害性或社会危害性较小，依据民事法律和行政法规对其进行救济和调整即可，不必对其进行刑法规制。“套路贷”并非普通的民事借贷纠纷，而是扰乱市场、影响我国社会经济秩序、侵害公私财物所有权并进一步妨害司法秩序、危及借款人人身安全的犯罪活动，社会危害性极大。

“套路贷”和民间借贷纠纷有着本质区别。一言以蔽之，“套路贷”只是借“民间借贷”之名掩盖其非法占有他人财产目的的财产型犯罪。

二、“套路贷”刑法规制的必要性

（一） 套路贷严重的社会危害性

“套路贷”严重的社会危害性具体表现在四个方面。

1. 诱使、迫使被害人签订“阴阳合同”，扰乱经济秩序

“套路贷”的“套路”行为中所必然包含的一环就是行为人诱使或迫使被害人签订民间借贷合同，而该合同作为书面合同只是表面的“阳合同”。出借人会先和借款人进行口头的协商，约定好实际的借贷合同，等到签订书面合同时却拿出一份与约定不一致的合同（一般为格式合同），该合同上或设立了高额保证金、违约金，或直接虚增了借款金额，总之达到了虚增借款金额、加重了借款人合同责任的目的。其后出借人凭此恶意制造违约、肆意认定违约，并拿出“阳合同”主张合同权利。此种行为严重违背借款人的真实意思表达，侵害了其意思自治的权利，扰乱了市场经济秩序。由于其行为具有隐蔽性，侦查难度极大，严重危害社会安定。

2. 暴力或软暴力索债，侵害公私财产所有权

“套路贷”在“套路”行为得逞后，已经为被害人设好了“违约之局”，由于行为人的积极作为，恶意制造违约、肆意认定违约，行为人在此阶段已获得财产性利益，但实现这个财产性利益还需要关键的一步——以暴力或者软暴力的方式索债。

从2017—2019年中国裁判文书网所收录的“套路贷”相关判决书来看，“套路贷”中的索债行为往往有三种模式：一是通过软暴力的形式，短信轰炸、威胁恐吓、上门骚扰、非法限制被害人人身自由等，其不以直接暴力压制被害人反抗，而仅仅是在精神上对被害人施压，以达到让被害人承认虚高的债务、给付财物之目的；二是通过直接暴力，用殴打、持械威胁等手段当面迫使被害人归还虚高债款，非法占有他人财物；三是违背被害人意志，直接以事先准备好的虚假证据、公证文书等，通过公证文书、虚假诉讼、虚假仲裁等手段强制处分被害人财物，达到非法占有目的。

从以上行为模式来看，“套路贷”中的索债行为必然直接侵害到公私财产所有权，同时会扰乱司法秩序、损害司法公正形象，侵犯公民的人身权益，其社会危害性之大可见一斑。

3. “套路贷”受害对象主要为年轻群体，已导致多位受害人自杀

由于“套路贷”的得逞需要被害人一定程度的配合，其行为人往往将法律意识薄弱、经济状况不佳的年轻群体作为主要的犯罪对象，在校大学生、底层工薪群体等往往成为“套路贷”犯罪中的受害者。

笔者在中国裁判文书网输入关键词“套路贷；自杀”得到19个检索结果，均为2017—2019年的裁判文书。笔者用同样的关键词在百度搜索上检索，查到相关结果6000000多个，检索结果显示，从7小时前到一年多以前的新闻报道中，因“套路贷”而选择自杀的人不计其数。

2019年2月15日，央视《今日说法》曝光了一起四川警方破获的“套路贷”大案，其中涉案的借款人江西南昌赤之顿信息科技有限责任公司利用网络实施“套路贷”，为年轻人提供小额贷款，并通过制作“假合同”、额外收取借款服务费、设定高额违约金、提前收取利息等方式虚增贷款金额，然后诱骗被害人借新还旧，最终签下巨额借条并开始暴力催债。该公司一共经营了7个贷款App，警方调查发现因其受害的借款人共计2万多人，大部分为在校大学生，其中多位借款人被标注“已经死亡”。无独有偶，同年5月23日，“珠海网警巡查执法”官方公众号公布了一起故意杀人案，为“套路贷”受害人为逃避债务毒死年仅3岁的儿子后试图喝农药自杀。

“套路贷”一再引发社会恶性事件，导致多名受害人自杀，已经严重威胁到了我国的社会秩序和公共道德底线，其社会危害性不言而喻。

4. 形成灰色产业，衍生上下游犯罪，助长了黑恶势力的发展

借贷行业在我国的融资市场中，自古有之，甚至其起源可以追溯到奴隶制社会时期，其对经济发展有着不可忽视的积极意义。但是，随着中国当代经济的发展，历经市场经济改革后该行业发展得异常繁荣，尤以经历全球金融危机后的时期为最。扭曲发展的市场中逐渐衍生了“套路贷”非法放贷活动，专门从事“套路贷”犯罪活动的灰色产业也应运而生。如前文所述，“套路贷”已经由于其违法追偿行为引发了诸多社会事件，包括“于欢案”等具有全国性影响的案件中亦有非法放贷、暴力追偿的身影，更不提裸贷照片泄露事件等与“套路贷”犯罪行业化发展直接相关的社会事件了。

需要明确的是，“套路贷”一般包含借款人还款能力不佳、借贷期限短、债权以违法手段实现、放贷形式具有欺骗性等特点，这些特点就为上下游犯罪的衍生提供了滋生空间，助长了黑恶势力的发展。“套路贷”与黑恶势力发展的关联性，“首次被最高司法机关提出是在《关于办理黑恶势力犯罪案件若干问题的指导意见》中”，并对其进行了高度概括和深度剖析。

基于“套路贷”严重的社会危害性，将非法放贷行为进行刑法规制就显得尤为迫切。

5. 现行刑法不能对“套路贷”罚当其罪

相较于司法解释中将“套路贷”系列犯罪吸收进其他罪现有罪名中，以“套路贷”活动中所触犯的刑事犯罪进行认定和处理的刑法规制途径，笔者更倾向于为“套路贷”单独设置一个罪名，独立规制其非法放贷行为。笔者在中国裁判文书网检索了关于“套路贷”的所有刑事判决书，发现“套路贷”判决书共1873份，其中仅66份属于刑事判决、8份属于行政判决，其他1799份判决书均属于民事判决，可见“套路贷”的刑法规制在司法实践中处于怎样的一个尴尬状况。

结合这66份刑事案由的关于“套路贷”的判决书分析，笔者进一步发现其中大部分均从一罪处断，尽管“套路贷”系列行为触犯了多条刑事法律，但法院一般均将其整体看待，评价为一个诈骗行为或敲诈勒索行为，甚至于在“套路贷”涉及故意杀人罪时仅以故意杀人罪对被告人定罪论处，而并未评价其为实施“套路贷”而进行的侵害财产法益的行为。结合前述判决书中“套路贷”被普遍认定为民事纠纷的事实来看，法院法官对“套路贷”侵犯财产之实质仍然没有一个清晰明确的认识，虽然上海市法院“敢为天下先”已经判决了两例符合“套路贷”特征的诈骗罪，但从全国范围来看，对“套路贷”的刑事规制仍然缺位，并且，大量的案例“从一罪处断”，没有将行为人实施多个行为、侵害多种法益的犯罪行为进行全面评价，不能周延地保护法益。

截至2019年5月23日，在中国裁判文书网上可查的全国4个“套路贷；数罪并罚”关键词检索结果中，真正对“套路贷”犯罪行为判决数罪并罚的刑事判决书仅有2例。其中“穆嘉、刑彦石组织、领导、参加黑社会性质组织罪一审刑事判决书”根据刑法第二百九十四条第四款、《最高人民法院关于审理黑社会性质组织犯罪的案件具体应用法律若干问题的解释》第三条的规定，对犯组织、领导、参加黑社会性质组织罪又有其他犯罪行为的，依照数罪并罚的规定处罚，其本质上依然没有针对“套路贷”的非法占有动机及非法放贷犯罪行为进行全面评价并进行规制。在另一案例“祁彦武、戴维诈骗案”中，法院的一审判决认定被告人构成诈骗罪、敲诈勒索罪，应予数罪并罚，该判决是真正意义上采用刑罚对“套路贷”进行数罪并罚，笔者认为其实现了在现行刑法框架下的最优判决，遗憾的是全国仅此一例。

综上所述，现行刑法框架下，对“套路贷”犯罪根本没有做到有效的刑法规制，更没有“罚当其罪”。在大量的司法判决中，“套路贷”仍然被定性为民事纠纷，这背离了四个机关联合发布“套路贷”司法解释的初衷，意味着对“套路贷”刑法规制的必要性和紧迫性。

三、套路贷刑法规制之我见

（一）现行刑法框架下处置“套路贷”之困境

1. 刑事立案方面

现行刑法框架下，“套路贷”的刑法规制首先遭遇的困境是“立案难”。

在目前绝大多数案例中，“套路贷”被害人作为借贷合同中的借款人，报警时常常遭遇公安机关拒绝刑事立案的情形，派出所等基层公安派出机构直接将该类案件定性为民事纠纷，这是公安人员的失职，也是我国刑法对“套路贷”进行规制的第一个困境——定性难。“套路贷”以民间借贷为名，手段隐蔽，在性质上体现出民刑交叉的特点，在辨认其是否属于刑事犯罪上需要一定的法律知识基础和司法实践经验，而实践证明，基层派出所常常不能分辨“套路贷”和民间借贷的区别，进而错误地将“套路贷”定性为民事纠纷，不予刑事立案。

2. 刑事侦查方面

在刑事侦查方面，一个有趣的事实是学界目前关于“套路贷”的研究大部分的落脚点都在于如何侦查“套路贷”系列犯罪。由于“套路贷”及其以非法占有为目的的违法放贷行为并无独立罪名予以规制，将“套路贷”放在现行犯罪体系中进行刑事侦查就尤为关键。

由于“套路贷”中的非法放贷人具有债权人身份，而其对债务人实施的多为软暴力，侦查机关在刑事侦查时往往会陷入“无法可依”的尴尬境地。“套路贷”以合法形式掩盖非法目的，其手段具有隐蔽性，其犯罪人常常结伙作案，而且熟悉借贷业务和相关法规，善于制造虚假证据，常常通过虚假民事诉讼、虚假仲裁、虚假公证的手段获取法律支持，而推翻虚假诉讼、虚假仲裁、虚假公证加大了侦查难度，这往往使侦查人员陷入困境，造成侦查难，取证难。

目前为止，我国公安机关尚未形成对“套路贷”侦查的类型化思路，没有将同一类型“套路贷”的犯罪手段进行梳理、归类，法院亦缺乏审判的经验和证据标准指引，刚刚出台的司法解释也没有明确对该类案件的法律适用问题进行指示和解决，“套路贷”的侦查还在“摸着石头过河”的初步探索中。

3. 审查起诉方面

检察院作为我国的法律监督机关，在审查起诉阶段会对证据进行全面的审查，要求有罪的证据确实、充分时才能起诉。而“套路贷”涉及“民刑交叉”的问题，检察院从刑法的谦抑性考虑一般会以保守的态度看待此类案件，加上“套路贷”案件的侦查难题，对该类案件犯罪证据的辨析存在极大的困难，没有类型化的办案思路，面对结伙作案、熟悉法律规定的犯罪嫌疑人，在审查方面和起诉方面均存在困难。

4. 刑事审判方面

“套路贷”近年来案件频发，但大多以民事纠纷处理结案，此为司法实践之吊诡。

在关于“套路贷”的为数不多的刑事判决书中，以诈骗罪、敲诈勒索罪或组织、领导、参与黑社会性质组织罪从一罪处断的为绝大多数，没有完全评价该系列犯罪的全部行为，遗漏评价的情形较为普遍。且套路贷实施过程中犯罪人进行的虚假仲裁、虚假公证行为没有法律依据可以处罚，但其对“套路贷”的完成和虚假诉讼起到的作用等同，对这些行为的刑法规制缺位会导致体系失衡、法律不公。

笔者认为在现行刑法框架下对司法机关所界定的“套路贷”区分不同情况、依照刑法及有关司法解释的规定数罪并罚或者择一重罪论处是最现实可行的选择，但是司法机关仍未实现这一目标。进一步讲，即便实现了这样的刑法规制，在本文所探论的狭义的“套路贷”犯罪中，“套路贷”基于非法占有目的的非法放贷行为、虚假公证行为和虚假仲裁行为等具有严重社会危害性的行为仍然未能进行刑法评价，现行刑事审判中对这些行为不能做到罚当其罪。

（二）增设非法放贷罪有其必要性

尽管我国最高人民法院、最高人民检察院、公安部、司法部已联合颁布了《关于办理“套路贷”刑事案件若干问题的意见》，但是该文件作为司法解释对套路贷的刑法规制仍然不足，尤其是“套路贷”涉及诸多违法犯罪行为，按照现行法律框架对其进行评价认定，一是不能做到全面评价，二是不能做到罚当其罪，同时在裁判依据上也很难辨析此罪与彼罪之区分，各种罪名的交叉给法律适用提出了难题。对此，笔者建议增设非法放贷罪，从源头上规制“套路贷”的“套路行为”。

1. 对非法放贷行为未予刑法规制是“套路贷”得以发展的重要原因

“套路贷”从普通民间借贷中产生并发展为披着民间借贷“外衣”的新型复合犯罪，其原因之一在于我国刑法缺乏对非法放贷行为的规制。目前，对“高利贷”进行刑法规制、为“高利贷”放贷行为增设罪名的呼声越来越高，究其原因，仍然是非法放贷行为未受到刑法规制，并由此衍生了一系列的上下游犯罪。

利用刑法规制非法放贷行为，就是发挥刑法预防犯罪的功能，预防了与非法放贷行为“伴生”的一系列犯罪行为。

2. 增设非法放贷罪，可以引起司法机关对“套路贷”的重视

“套路贷”由于其手段隐蔽、模式多样、民刑交叉，常常被错误定性为民事纠纷，增设“非法放贷罪”，可以使侦查机关、检察机关、审判机关对此引起高度重视，从而在司法实践的层面上落实对“套路贷”的刑法规制。

另一方面，非法放贷罪可以有效识别“非法放贷”的罪与非罪，对于没有非法占有目的、仅违反民事法律和行政规章的非法放贷行为，仍然不认为是犯罪行为。对民事领域的非法放贷和刑事领域的非法放贷行为之辨析，也会促进侦查技术、法律技术的发展革新。可以预见的是，这意味着民间借贷与“套路贷”犯罪的侦查与法律概念的甄别将会在技术上更往精细化发展。

3. 增设非法放贷罪，可以提高公民的法律意识和风险防范意识

国家立法一直是公民行为的“指挥棒”。以2011年《刑法修正案（八）》将醉酒驾车写入刑法为例，公安部在2012—2014年对此做过专门的统计与说明：“醉驾入刑”之后，酒后驾车和醉酒驾驶的案件数量呈现出明显下降趋势，2012年全国查处酒后驾驶、醉酒驾驶相较于前一年分别同比下降了41.7%和44.1%，2013年相比醉驾入刑之前酒后驾驶总数同比下降39.3%、醉酒驾驶总数同比下降42.7%，醉驾入刑对于规制酒后驾驶行为效果显著。中国的酒桌文化也因此发生了改变，从原本的“喝一点开车不碍事”一类的劝酒词转变为“喝酒不开车，开车不喝酒”提醒，引导了善良、文明风俗的形成。

增设非法放贷罪亦情同此理，非法放贷一旦入刑，首先刑法修正案的颁布本身就是一次绝佳的普法宣传；其次是现实生活中“套路贷”非法放贷者被刑事处罚的实例会令社会公民警醒，帮助实施“套路贷”为非法放贷人提供资金、担保公证的公民也会根据刑事法律及早意识到这是帮助犯罪的行为，对借款人更是一种直接的法律保障，大大减少了被犯罪分子欺骗、利用的可能。

总之，增设非法放贷罪，是从“源头”上治理“套路贷”，是规制“套路贷”犯罪最行之有效的路径之一。

（三）立法设想

（1）非法放贷罪的定义

非法放贷罪，是指以非法占有为目的，违反法律法规签订虚假借贷合同，虚构债权债务，并以虚假公证、虚假仲裁、虚假诉讼手段或者威胁、恐吓、滋扰等手段非法占有他人财物的行为。

（2）非法放贷罪的行为模式

非法放贷罪的行为模式有两种。一是非法放贷以虚增借款金额或设置高额保证金、服务费等形式虚构债权债务，以虚假公证、虚假仲裁、虚假诉讼的手段欺骗公证机关、仲裁组织或司法机关，来实现非法利益；二是非法放贷、虚构债权债务之后，对借款人进行威胁、恐吓、滋扰、限制其人身自由等实施轻微暴力或者软暴力，迫使被害人屈服以获得非法利益。

笔者发现，在现有的刑法框架下，第一种行为模式涉嫌三角诈骗，可能与诈骗罪构成法条竞合的关系，但在虚假诉讼的情形下，虚假诉讼会与诈骗罪数罪并罚。而当行为人以虚假公证、虚假仲裁为手段时，其危害程度相近的行为又会导致不同的裁判结果——即仅评价为诈骗罪，出现罚不当罪的情形，故对此直接以非法放贷罪处断，科以三年以上的起步刑，应为适当。

（3）非法放贷罪的体系地位

与一些学者提议将非法放贷罪置于《刑法》分则第三章第四节破坏金融管理秩序罪项下的主张不同，笔者认为将此罪放在破坏金融管理秩序罪中过于流于表面，不能体现出非法放贷罪属于财产型犯罪的特点。行为人的目的不是对金融管理秩序的破坏，而是非法占有他人财物，对金融管理秩序的破坏、对司法秩序的破坏都只是手段行为而非目的行为，故笔者建议将非法放贷罪置于《刑法》分则第五章侵犯财产罪项下。

（4）非法放贷罪的条文设置

笔者参照其他侵犯财产罪法律条文表述，认为非法放贷罪刑法条文应当这样设置：诱使或迫使他人签订借款合同，虚增虚构债权债务，非法放贷并强行实现虚假债权，数额较大的，处三年以上十年以下有期徒刑，并处罚金；数额巨大或者有其他特别严重情节的，处十年以上有期徒刑或者无期徒刑，并处罚金或者没收财产。本法另有规定的，依照规定。

此处“强行实现虚假债权”的即表现为进行虚假公证、虚假诉讼、虚假仲裁或者以暴力威胁、滋扰等。在“其他严重情节”中，应以司法解释的方式将引起被害人自杀等情形纳入考虑。

综上，将以非法占有为目的的非法借贷行为犯罪化、新增非法放贷罪对“套路贷”予以规制，或许是实现预防“套路贷”、打击“套路贷”、惩治“套路贷”犯罪的最便捷途径。新增非法放贷罪罪名为更好地打击“套路贷”犯罪、全面评价“套路贷”行为提供了一个美好的前景，一个关键的可能性。

四、结语

“套路贷”近年来频频发生，但其在我国刑事司法领域中还未引起足够的重视。最早的“套路贷”案件的刑事判决在 2017 年，距今不过两年时间，直到今日，大量的“套路贷”案件仍然以民事纠纷定性并结案。

世界上很多国家都设置了非法借贷罪、高利转贷罪，而我国一直没有相应的罪名来对“套路贷”进行全面的刑法规制，与之相对应的是“套路贷”“校园贷”案件数量在近两年间呈爆炸式增长。基于对其进行刑法规制的必要性与迫切性，笔者围绕“套路贷”问题探讨了当下的刑法框架下对其进行规制的困境与路径，提出了对司法、立法方面的一些设想，希望能为我国的立法、司法实践提供一点可用之言，为法治中国的建设尽绵薄之力。

参考文献

[1] 张文显. 法理学 [M]. 5 版. 北京：高等教育出版社，2018：90.

[2] 邹伟，陈菲. “醉驾入刑”后全国查处酒驾醉驾降幅均超四成 [EB/OL]. [2019 - 11 - 23]. https：//news. qq. com/a/20110831/001199. htm.

[3] 张明楷. 刑法学 [M]. 邓正来，译. 北京：中国政法大学出版社，1999：109.

[4] 涂龙科. “套路贷”犯罪的刑法规制研究 [J]. 政治与法律，2019 (12)：35 - 42.

[5] 李有星，潘政. “套路贷”相关司法问题与对策研究 [J]. 法律适用，2019 (21)：44 - 54.

[6] 董邦俊，侯晓翔. “套路贷”的刑事规制及其防控研究 [J]. 湖北社会科学，2018 (10)：141 - 148.

[7] 陶建平. 高利贷行为刑事规制层次论析 [J]. 法学，2018 (5)：180 - 192.

[8] 谢波，蒋和平. “套路贷”犯罪的特点及其法律规制 [J]. 山东警察学院学报，2018，30 (2)：83 - 88.

[9] 吕垚瑶. 我国高利贷刑法治理的困境与破解路径 [J]. 重庆社会科学，2019 (9)：100 - 110.

[10] 陈晓枫，周鹏. 高利贷治理之史鉴 [J]. 法学评论，2019，37 (4)：150－163.
[11] 吕垚瑶. 我国高利贷刑法治理策略的反思与重构 [J]. 中国政法大学学报，2019 (4)：127－136，208.
[12] 陈志君，梁健. 论“套路贷”的打击与防范 [J]. 法律适用，2019 (20)：71－82.
[13] 孟祥金. “套路贷”行为模式及其司法认定 [J]. 安徽大学学报（哲学社会科学版)，2019，43 (5)：129－135.
[14] 周铭川. 论刑法中的高利贷及其刑事可罚性 [J]. 社会科学研究，2018 (4)：73－81.
[15] 岳彩申. 民间借贷风险治理的转型及法律机制的创新 [J]. 政法论丛，2018 (1)：3－13.
[16] 吕如龙，冯兴元. “高利贷”的问题及其对策 [J]. 学术界，2017 (9)：210－216.

日本手工艺的政策法规分析

王　朗*

摘要　为促进中国的手工艺政策法规制定，本文以日本手工艺政策作为研究对象，对日本的手工艺保护策略、文化遗产保护策略等进行分析研究，分析研究中国现有的手工艺政策，从而对比分析两个国家手工艺政策的异同，对比分析各自的优势和劣势。吸取日本手工艺的优点，结合中国现有的手工艺立法政策，从而进一步完善我国的手工艺立法政策。

关键词　手工艺政策　传统工艺　保护策略　日本

一、中国传统手工艺的现状以及问题

1. 中国传统手工艺的现状分析

当今社会，科学技术的飞速发展，消费观念和生产、生活方式的多元化给传统手工艺的生存带来了严峻的挑战。人们的生活、价值观念正在遭受社会转型带来的冲击，一些原本和人们日常生活息息相关的传统手工艺逐渐淡出人们的视野，甚至消亡。这也间接地反映出现代社会人们对于传统文化的淡漠。传统手工艺的生产方式也难以适应现代化机械大生产的批量化、高效率。传统手工艺在现代社会的发展和科技的进步中，其生存和发展受到重重阻碍。传统手工艺从鼎盛走向衰落，成为现代产业的配角，是历史发展的必然。面对这样的危机，我们必须正确地认识到传统手工艺在我们当今社会中的地位和不可或缺的价值。以发展和开放的态度，学习其他国家完善的立法保护和政策支持，分析我国在传统手工艺政策法规的制定规划方面的不足，

* 王朗，北京联合大学艺术学院设计学硕士研究生，北京 100101。

为传统手工艺在现代环境中找到传承和发展的途径。

2. 中国传统手工艺发展存在的问题

（1）传统手工艺后继乏人

中国传统手工艺长期以来是师徒相授的模式，经验传授成了技艺传承的主要方式，缺乏规范化的理论指导和实践。传统手工艺后继乏人是影响其传承和发展的重要问题。一方面，传统手工技艺学习周期较长，具有易学难精的特点。然而学习技艺的过程又是单调而乏味的，难以吸引人来学习。另一方面，在现代科技发达、工业产品充斥市场的今天，人们对传统手工技艺的认同度较低，大多数人认为从事传统手工艺行业既艰难又收入不高。因此在择业时，人们往往也不会选择相关行业。导致传统手工艺从业人员青黄不接，老龄化现象严重。

（2）传统手工艺行业发展滞后

传统手工艺的产业化程度较低，像水族马尾绣一样具有一定的产业化基础的项目很少。如果没有一定的产业化规模，就很难形成集群效应，对传承人和周边地区的带动作用就很有限。传统手工艺行业中具有一定规模的龙头企业也较少，对整个行业的带动能力不足，引领作用发挥有限。另外，传统手工艺行业相关的知名品牌也很少，大多数传统手工艺还持有“酒香不怕巷子深”的传统观念，对外宣传力度不够，没有形成品牌效应，市场影响力不够。

（3）传统手工艺品市场前景不够光明

传统手工艺的市场前景黯淡，潜力不足也是影响其发展的一大问题。从历史发展的角度来看，在现代工业化浪潮的冲击下，手工技艺被大机器生产所取代是大势所趋。工业化大生产所制造出来的商品物美价廉、方便实用，极大地满足了人们日常生活的需求，传统手工艺品曾经拥有的消费市场逐渐被挤占而日益萎缩。

二、日本传统工艺保护与振兴的历史溯源

日本传统工艺的保护工作始于19世纪70年代。1873年日本参加了维也纳世界博览会，日本的传统工艺品获得极高声誉，以此为契机，日本掀起了保护、振兴传统工艺的热潮。此后，日本明治政府陆续建立了一系列工艺教育机构，用以保护、传承、奖励日本的传统工艺技术。20世纪初，传统工艺品成为日本主要出口创汇的行业，政府设立相关工艺指导所或工业试验所，

致力于工艺产品的机械化生产。柳宗悦等一批民艺家的著作出版，再次引起日本社会各界对于传统工艺的广泛关注，促进了日本民艺协会等一批地方民艺协会的成立。这些民艺协会至今仍在通过发行刊物、举办展览等方式，积极致力于传统工艺的保护和振兴。1950 年，日本政府颁布了《文化财产保护法》，首次将传统工艺技术作为无形文化财产纳入保护范围，开创了世界非物质文化遗产保护先例。1974 年，日本国会又一致通过了《传统的工艺品产业振兴法》。充分彰显了日本政府振兴传统工艺的决心。

三、日本手工艺政策立法的研究

日本是一个有着悠久历史的国家，近代以来的明治维新❶为日本实现工业化奠定了良好的基础。20 世纪初，明治维新的“富国强兵”目标已经基本完成，日本逐步走上了现代工业化国家的道路。即便如此，日本的传统工艺依然受到了应有的重视。1890 年 10 月，日本政府根据皇室的授意，模仿法国的艺术院（Academy）制度，制定了以保护美术工艺家和奖励艺术品创作为目的的“帝室技艺员”的制度。

自第二次世界大战之后，包括传统工艺在内的日本历史文化逐渐地被边缘化。1949 年（昭和 24 年）1 月 26 日，日本奈良法隆寺的金堂建筑与壁画被烧毁，引起了国内外学者的高度重视，日本社会要求保护传统文化的人也越来越多。

1960 年代后期，人们开始反思“用了就扔”的现代消费观念，对制作精美、结实耐用的传统工艺品有了更加科学的认识，日本社会各界对重建和振兴传统工艺品产业和地方工艺品产业的呼声日益高涨。在当时，通商产业省专门设立了“民艺产业振兴对策委员会”❷，协同各都道府县的政府部门对各地传统工艺产业的实际状况进行调查，形成了详尽的调查报告。1973 年 9 月，日本五个政党在第 71 届国会上共同提出“关于设立《保护传统工艺品产业振兴法》的法案”，史无前例地获得一致通过。

---

❶ 明治维新，日本历史上的一次政治革命。到 20 世纪初，明治维新的目标基本上已经完成，日本开始走向现代工业化国家的道路。

❷ 经济产业省的外围团体，是根据日本民法第 34 条于昭和 50 年（1975 年）7 月成立的法人机构，是贯彻落实《传统工艺品产业振兴法》、促进传统工艺品产业发展的中枢机构，其职责为：依法对传统工艺品产地进行指导，对一般消费者普及传统工艺品的知识，举办传统工艺品的展示会，向传统工艺品产地派遣专家，对传统工艺品产地进行调查研究，向传统工艺品企业提供产业和贸易情报，对少年儿童进行传统工艺的知识教育等。活动经费由国家、地方公共团体、产地组合团体等单位提供。

《保护传统工艺品产业振兴法》（昭和 49 年法律第 57 号）于 1974 年（昭和 49 年）5 月 25 日正式颁布实施。《保护传统工艺品产业振兴法》确定传统工艺品必须具备以下条件：

（1）主要是在“日常生活”中使用的物品。包括冠、婚、葬、祭和节庆活动中，或是在人的一生中或一年中多次举行的仪式中，并且是与生活有着密切关系的、在一般家庭中使用的物品，其色彩、纹样、造型等与日本的生活习惯和文化背景有着深远的关系的物品。

（2）制造

过程主要是手工操作。也可以不完全是手工制作，但物品的品质、形态、设计等体现物品特点和趣味的工序及其手工艺则是必备条件。

（3）采用传统的技术或技法制造的。所谓的传统是指要有 100 年以上的历史，因为传统工艺品的技术、技法需要在 100 年以上的历程中，经过多次的手工试验和改良才能初步确立。

（4）能够使用传统的原材料，这样的材料要具有 100 年以上的使用历史，并且对人类与自然都是有利的。

（5）在一定的地域内形成产业规模。是指传统工艺在一定的地域形成了一定的地域产业规模，即具有 10 个以上的企业或企业的从业人员在 30 人以上。符合上述条件的传统工艺品企业可以由全国或地方的传统工艺产业协会等组织提出申请，通过一定的程序审查，合格的由经济产业大臣指定为“传统工艺品”。到 2007（平成 19 年）3 月，日本全国被指定的传统工艺品已达 210 种。

对于不具备《保护传统工艺品产业振兴法》所规定条件的传统工艺品及其从业人员，日本政府则采用另外的激励机制。对那些 60 岁以上，长期在未经指定的规模较小的传统工艺品企业中工作，并在提高传统工艺技术、培养后学人员、对地方传统工艺品产业振兴等方面做出贡献者进行表彰。每年奖励 80 人，每人发给 10 万日元的奖金。同时，为了鼓励青年人研习继承传统工艺，对那些年龄在 40 岁以下、在传统工艺品产地从事某项传统工艺品制作不足 5 年、但又期望通过进修提高技术者，由经济产业省通过发给提高技术奖励金的方式进行资助，每年资助 120 人，每人发给 30 万日元。

四、日本传统手工艺保护与振兴的特色

综上所述，日本在手工艺保护与振兴的相关立法方面，经过一百多年的

探索实践，积累了丰富的经验，逐步形成了一套行之有效的法律法规、政策措施，具有鲜明的日本特色。日本传统手工艺的相关立法主要有以下几大特点：

（1）将保护措施与振兴措施区分开来，分层分级实施。日本将一部分工艺认定为“无形文化财产”，由文部科学省主导保护工作；将另一部分工艺指定为“传统的工艺品”，由经产省主导振兴工作。这种工作机制的优势是目标明确、标准量化、分工具体，不仅降低了实践中具体依法实施的难度，而且效果立竿见影，涵盖全面。

（2）官民全面合作，官产学研紧密结合是另一大特点。在日本传统手工艺的相关法律实施过程中，政府与民间组织全面协作，官、产、学、研之间紧密结合。例如振兴计划的每一个阶段及工作的每一个方面都是官民合作发挥核心作用。

（3）过程化管理，政策不断推陈出新。过程化管理不仅能够及时发现工作中存在的问题，还能有的放矢地制定相关措施。

五、日本手工艺立法保护政策对中国的借鉴意义

中国传统工艺文化历史悠久，积淀深厚，凝结着中国劳动人民几千年的智慧，集聚着中华民族的精神情感与信仰力量，并在各个历史时期的社会、经济、文化和政治生活中发挥着巨大的使用层面与审美层面的双重作用。

针对前文所提出的中国手工艺所面临的问题和挑战，可以从以下几点进行完善。

（1）建立系统完善的法律体系。构建完善的手工艺法律保护体系，首先要对手工艺形成系统科学的认识，将现有的法律法规进行整合，将科学合理的部分整理出来，统一在一个法律文献内，形成专门的手工艺保护体系，减少各项法律不能协调配合，实施混乱的困境。当然这也需要相关各个部门，民间团体全面摸清我国传统手工艺产业的具体情况，建立其技术、人才、市场、原材料等方面的系统资料档案，以便政府部门做出正确决策。

（2）把法律内容具体化、明确化。明确各个责任主体的权利和义务，使得手工艺保护工作有法可依，执法必严。建立责任制度，明确对违法行为的认定标准和责任方式，及时追责。

（3）充分发挥政府的作用，各级政府应该把宣传、保护、振兴传统工艺品纳入政府的工作职责中，积极调动博物馆、旅游胜地、新闻媒体等各个方

面的资源大力宣传传统工业，推广传统工艺品。因为传统工艺品只有深入人心，才能有发展的社会基础和广阔的潜在市场。

（4）加快建立国家级手工艺产业振兴机构以及省市级的机构。制定有效的规章制度，实施细则，设立转型基金，鼓励手工艺产业的发展。

（5）建立有效的传统手工艺产业特殊人才的培养体系，要确保手工技艺后继有人，不至于消亡。

上诉几点建议皆是从政府立法，振兴政策的角度出发的。但是在完善相关法律政策之前，无论是政府、从业人员还是普通群众，首先都应当转变思想，要认识到传统工艺品不仅仅是曲高和寡的具有极高艺术价值的工艺美术品，它是与人们日常生活息息相关的日用品。传统工艺品的发展关键在于市场，因此，必须将传统工艺品产业融入人们的生活中去，更加生活化，传统工艺品才能具有更持久的生命力。

参考文献

[1] 徐艺乙. 日本的传统工艺保护策略 [J]. 南京艺术学院学报（美术与设计版），2008（1）.

[2] 沈晴. 手工艺保护的日本启示 [N]. 第一财经日报，2015－10－08（A14）.

[3] 柳宗悦. 日本手工艺 [M]. 张鲁，译. 徐艺乙，校注. 南宁：广西师范大学出版社，2006：1.

[4] 日本. 文化遗产保护法 [M] 1950. 5. 30 制定，法律 214 号；2007. 3. 30 修订，法律 7 号.

[5] 苑利. 日本文化遗产保护运动的历史与今天 [J]. 西北民族研究，2004（2）：132－138.

[6] 周星，周超. 日本文化遗产保护的举国体制 [J]. 文化遗产，2008（1）：133－143.

[7] 廖明君，周星. 非物质文化遗产保护的日本经验 [J]. 民族艺术，2007（1）.

[8] 贾俊艳. 文化遗产保护立法之比较研究 [D]. 武汉：武汉大学，2005.

论侵犯商业秘密罪

贾林溪*

摘要 当今侵犯商业秘密的犯罪行为呈现上升趋势。1997 年刑事立法设立了侵犯商业秘密罪，但因为此罪名规定得太过于原则化和理想化，在司法实践中仍然存在诸多不完善的地方，刑事立法中未对重大损失的具体计算方法以及侵犯商业秘密罪究竟是行为犯还是结果犯进行具体规定是其主要方面。随着信息时代的发展，对新型商业秘密的保护也应该提上日程。

关键词 商业秘密 侵权 法律责任

一、引言

现代企业发展中对核心机密信息的依赖越来越大，很多技术和信息都成为企业的核心商业秘密，所以企业对商业秘密的保护十分看重。但仍有很多不法分子试图挑战法律的底线。所以我国将侵犯商业秘密罪纳入刑法的规制范围。

二、概述

案例引出：2001 年 7 月，杜某、金某二人应聘至北京市某公司担任员工，二人工作期间多次拷贝公司的设计图纸以及公司设计的成品图和模型图之类的文件和图片，用来进行不正当的金钱交易并从中获取不菲的利润。二人被刑事立案侦查后归案。经过多次认定和走访国家专利局以及科技局等部门，由于认定有困难，所盗用的文件构成商业秘密罪的认定证据不足，侦查

* 贾林溪，北京联合大学应用文理学院法律硕士研究生。

部门撤销此案件，作结案处理。

由此案件可以看出，在涉及侵犯商业秘密罪具体案件的司法实践中，关于商业秘密的认定太过于笼统和困难，特别是由于现阶段企业多且杂，涉及商业秘密的信息和案例也在进一步增加。所谓商业秘密是指具有隐秘性，不为一般大众所知悉，具有商业价值并经权利人采取相应保密措施的技术信息、经营信息等商业信息。我们可以从上述概念中知晓，技术方面有关的秘密也被包含在商业秘密之内。我国的《反不正当竞争法》对商业秘密进行了定义，但是因为《反不正当竞争法》对其进行的是行政法规制，无法对侵犯商业秘密的行为进行严厉的规制。目前刑事立法对严重侵犯商业秘密的行为没有进行刑法规制，司法实践中关于商业秘密的具体概念仍然沿用《反不正当竞争法》中的表述。

商业秘密的判定标准主要从以下三个方面来进行判断。一是商业秘密的价值性，价值性是看该商业秘密是否在经济社会中具有价值，能否给拥有人带去经济利益；二是商业秘密的秘密性，是看商业秘密是否处于一种隐秘的状态中；最后是该种商业秘密是否具有新颖性，是否与现存的技术或者行业内的信息存在一定的区别和差异。❶

使用价值和价值是商业秘密价值性的两个组成部分，秘密性对于商业秘密而言是不可或缺的，商业秘密具有经济利益也是其能够得到保护的最基础的原因。我们可以将商业秘密的价值区分为初始价值和过程中的使用价值。

商业秘密的初始价值是指该秘密一经产生即对于其拥有者乃至整个行业能够产生经济利益，可以变现为金钱。如果认为商业秘密的持有人一定是其创始人，这是一种非常狭隘的看法❷，因为在商业秘密的开发过程中虽然凝聚了创造者大量的时间和心血，但是时间和金钱的投入也不在少数，而且有些商业秘密也非一人短时间的创造，需要一定时间的积累和验证。企业的经营信息和管理内容也在此列，例如一些公司的信息内容和策略，经过创作者或者权利人的系统整理和归纳，我们可以将其看作凝聚了其创作者的心血和汗水的结晶，那么我们也应该认为其具有商业秘密的初始价值。在我们的工作环境中，很多情况下是要对信息进行一些机械的整理与归纳，由于此项工作简单而又机械，在法律上，很难被认定为具有商业秘密的经济利益。但是

---

❶ 沙建嵩．侵犯商业秘密罪认定的辩方举证责任与证明标准［J］．电子知识产权，2018（02）：102－107.

❷ 谢焱．商业秘密刑事保护的理论证成和路径选择——以商业秘密最新相关立法为视角［J］．电子知识产权，2017（11）：13－21.

从另外一个角度，由于整理人对此也投入了大量的心血和体力劳动，那么从法律的角度来讲，也应该受到保护。

将诞生后的商业秘密投入该行业的生产过程中所产生的价值被称为使用价值。一般来讲，商业秘密的使用价值因为其种类的不同而不同。在生活中最常遇到的商业秘密是配方类的商业秘密，通常具有几个优势，比如可以通过降低生产成本来增加商品的利润，以让拥有人获得更多的产品利润。此类商业秘密一般是被公司或者该行业严格或者保秘密存下来，因为配方是一个公司的核心，很多公司如果没有配方，就会因缺乏核心竞争力而无法健康长远发展。而日常管理类型的商业秘密和上述商业秘密的优势不同，经营管理类的商业秘密一般是用来优化公司内部人员、提升工作效率、培养优秀员工。其实从公司角度而言，无论哪个类型的商业秘密，对企业、公司能够产生的价值都是巨大的。

就商业秘密的上述两个价值而言，商业秘密的使用价值显得尤为重要一些，也是法律对侵犯商业秘密的行为加以追究的根本原因。商业秘密的保护和诞生都来源于商业秘密使用价值中的经济利益和市场价值。如果该项商业秘密并不具有实际操作性，则商业秘密持有人和任何一部法律都不会对该行为进行追究。

秘密性是指该信息只被特定的一部分人知道，而不被绝大多数人所了解。首先这里的特定部分根据情况的不同而不同，可能会出现这种情况：该商业秘密在具体的行业内被绝大多数人所知道，但是仍然可以被认为是具有商业秘密的这个特征的。此秘密性中的大部分人是指和该项商业秘密没有联系的大部分群众。判断商业秘密的秘密性是为了维护企业在行业内的优先地位，绝对不是为了限制经济社会的发展，凡是通过合法渠道获取商业秘密的人，例如在签订合同过程中知悉对方的商业秘密、签订许可合同被批准使用商业秘密、正常合法买卖商业秘密，这些人通常对商业秘密负有保密义务，此行为并不影响商业秘密的秘密性特征的成立。[1]

商业秘密的新颖性指的是商业秘密在一定程度上区别于其他信息。新颖性是指商业秘密在某个方面具有超越旧信息的因素存在，是可以对企业发展产生新的促进作用的信息。认定商业秘密是否具有该项特征主要看该商业秘密在商业活动中发挥作用的程度、产生的效益，以及其独特性。

本文中所提案例，被告所盗窃的成品图和模型图因为不符合刑事立法定

---

[1] 邓恒．竞业禁止纠纷案件审判实务问题研究［J］．法律适用，2017（15）：113－121．

义的商业秘密，所以做无罪处理。在司法实践中还有很多情况因为难以证明商业秘密的判定标准而不得不做无罪处理，这可能就会导致司法实践与立法的初衷背道而驰，所以明确商业秘密在刑事立法中的具体认定标准刻不容缓。

三、本罪的司法认定

商业秘密属于财产性利益，对权利人有着不言而喻的重要性。如果侵权行为人通过不正当的手段获取了对方的商业秘密，那么很有可能使其遭受巨额的经济损失、消极的社会影响。如果侵权行为多发还会扰乱正常的社会经济秩序。因此探讨本罪在司法实践中的司法认定是很有必要的。

（一）不正当手段的认定

在《反不正当竞争法》和《刑法》的相关规定中，使用盗窃、利诱、胁迫等手段可以被认定为不正当手段。对社会的危害性最大最深远的也是上述三种手段，而“其他的不正当手段”，其危害性应与这三种手段的危害性相当。[1] 比如侵害人用抢夺手段夺取了他人的商业秘密或者说其他不正当手段谋取了商业秘密。因为抢夺、敲诈勒索、绑架等手段对社会的危害程度也极高，也应认定为不正当手段。

从商业实务层面来讲，任何公民在签订合同时都要遵循诚实信用原则以及行业规则和公民的基本道德素质，在双方交易的过程中有任何触犯道德底线的问题都会被视为此罪名中的不正当手段。可以通过对不正当手段的认定来维护商业秘密持有者的合法利益。

（二）获取、披露或使用的认定

对商业秘密内容的获得和拥有就是通常意义上的获取，这种获取存在多种形式，其一，物质载体上的取得，举个例子，行为人将载有商业秘密的文件偷偷夹带到自己的控制范围内。其二，可以是非物质性的取得，比如，将商业秘密的具体内容记在自己的脑海中或者将载有商业秘密的文档拷走。虽然获取这一方式有很多种表现形式，但从本质来讲都是将商业秘密的内容和信息转移到自己的控制范围内。

获取商业秘密之后，才存在披露和使用。获取人将自己知悉的商业秘密未经权利人同意告诉不被许可的第三人，就是披露和使用的含义。获取既可

---

[1] 李薇薇，郑友德. 欧美商业秘密保护立法新进展及对我国的启示［J］. 法学，2017（07）：137－152.

以指正当手段获得的，也可以是不正当手段。披露和使用的主体也比较多样，可以是负有保密义务的公司高管，可以是获得权利人同意的被许可人，也可以是以不正当手段获取商业秘密的第三人。即使权利人同意进行披露或使用，如果逾越了同意的范围，即使是按照权利人要求的方式进行披露或使用，那么也会构成不正当的披露或使用。

四、侵犯商业秘密罪疑难问题分析

（一）本罪的既遂形态

要想在刑事立法中确认侵犯商业秘密罪，那么就必须要达到“造成了重大损失”这个标准，而这个标准在一定程度上将侵犯商业秘密罪认定为结果犯。

通过法条我们可以看出，当事人的利益由于立法的不清晰而难以得到保护。我国刑法将侵犯商业秘密罪的犯罪规定为结果犯，实施侵犯商业秘密的行为只有达到危害结果，给权利人造成重大损失时才构成犯罪。除非所获取的商业秘密给受害人造成了“重大损失”，否则即便侵害人通过不正当手段达到了自己侵害的目的，也难以追究侵害人的刑事责任，而民事诉讼中的赔偿金额不足以震慑侵权人的情况下，侵权人仍会继续进行不法行为。[1] 结果犯只能在侵犯商业秘密的行为造成一定结果后才对商业秘密进行保护，无法事先进行救济，不利于保护商业秘密。所以对商业秘密的保护应该将重点放在事前预防方面，修改只有造成“重大损失”才可以构成犯罪的标准，来降低犯罪可能性。

最高人民检察院发布的案例深刻说明了此问题，李某盗用北京市某公司的报价单以及材料进行牟利，侵犯了该公司的合法经济利益，北京市第二中级人民法院判决李某触犯了侵犯商业秘密罪，判处有期徒刑两年。该案例在被告的行为尚未对公司造成刑法规定的重大损失之前已经对公司产生了巨大的不利影响，法院的判决维护了企业一方的经济利益，将侵犯商业秘密罪的行为扼杀在摇篮里，给企业一个稳定的生存环境。

综上，本文认为侵犯商业秘密罪设立为行为犯存在理论基础。公安机关完全可以在侵权人侵犯商业秘密未造成重大损失的情况下采取刑事立案的手

[1] 赵需要，侯晓丽，彭靖．政府数据开放中商业秘密的泄露风险与保护策略［J］．情报理论与实践，2017，40（07）：11－16.

段，以防止侵权行为的继续发生和侵权后果的继续扩大，此种方式可以大大降低刑事立案的门槛。

（二）重大损失的认定

根据刑法的规定，如果侵犯商业秘密的行为没有给权利人或者经济社会造成重大损失，那么就不构成此种经济犯罪，只认定为一般的违法行为，来进行民事、行政处罚。但是在司法实践中，我们发现刑事法律中关于重大损失的具体认定问题仍然是一个难题，现实中可能会随着具体案件的变化而变化。因此我们必须对侵犯商业秘密罪的“重大损失”的标准进行分析制定。

首先，在计算违法行为造成的重大损失的范围的时候，应当限定为金钱方面的损失，由直接损失和间接损失组成，尤其是在间接损失这方面要有所侧重。实务中有将“重大损失”与商业秘密的自身价值等同的算法，但是这种算法只适用于商业秘密由于侵权人的披露、使用而完全公开，致使商业秘密的价值消失殆尽的情况。其次，刑法中并没有对“重大损失”的计算方法进行规定，但是《反不正当竞争法》有所涉及，可以援引使用。具体为以权利人的实际损失和被害者因调查侵害其合法利益的不正当的竞争行为所支付的合理费用为标准，前者难以计算的情况下，应以侵权人的非法所得和被害人调查侵犯商业秘密的行为所支付的合理费用为标准。

另外，刑事立法关于“重大损失”数额的认定与民事立法关于“重大损失”数额的认定发生混淆。由于在刑事立法中并没有对如何计算重大损失的数额进行具体规定，所以容易导致法官在处理具体案件时与民事层面上的金钱数额的确定产生混同。司法解释中规定，侵犯商业秘密行为的具体赔偿数额可以比照专利权的赔偿额进行确定。这就导致模糊了刑法和民法法定标准。刑法是对犯罪人的犯罪行为进行规制，而民法主要是针对受到侵害的权利人进行救济。刑法的赔偿数额和民法的赔偿数额在性质上也存在不同，而损害商业秘密的赔偿金额直接比对专利法的规定，这也违反了罪刑法定原则。

我国最高人民法院公布的案例也为解决侵犯商业秘密罪中的“重大损失”问题提供了思路。在李某侵犯某公司的商业秘密案例中，公诉机关认为李某给某公司造成的损失应该由两部分组成，其一是因其侵犯商业秘密的行为对受害公司日常销售造成的损失，其二是李某因其不正当手段获取的商业秘密所获利的具体数额，法院对两种方式的计算不予采纳。本文认为，日常销售造成的利润额损失的影响因素太过于庞杂，简单进行计算违反了法律的公平原则。另外，李某所利用不正当手段获利的计算和前一部分重复，有悖于法律的公平性。[1]

本文认为这样长久下去必然引起法理甚至司法方面的混乱，刑事立法应当尽快明确重大损失的计算方法，而不只是简单地规定为造成商业秘密拥有人损害数额50万元以上或者拥有人破产就可以认定为造成了重大损失。更应明确商业秘密的刑事案件和民事案件之间的区别，以此稳定我国经济社会的发展，降低犯罪率。

（三）信息网络时代下的商业秘密保护

2019年，我国已经正式进入5G时代。信息网络的快速发展给人们的生活带来了便捷，人们的生活需求乃至于工作需求可以足不出户，通过电脑和网络都可以解决。同样，信息时代的快速发展也给企业带来了巨大的利益，交易双方很多都是通过网络进行连接和交易。但是，任何一项事物的发展都是既有利也有弊，网络时代的特性之一——传播迅速，也让商业秘密变得难以保护。泄露商业秘密的事情多有发生，网络这个开放的环境对我们保护商业秘密也提出了严峻的挑战。

随着网络技术的发展，熟练掌握计算机技术的人也越来越多，网络犯罪也越来越多，这就促进了黑客的诞生。因为法律的滞后性，很多法律问题要等到出现了才会有相应的法律解决措施，网络环境也不例外。黑客进入计算机网络盗走企业的商业秘密是最常见的一种泄密方式，黑客利用其出神入化的电脑技术来进行金钱交易，对商业秘密产生了一定的威胁。另外，随着网络交易次数的增加，大额的金钱和商业秘密在交易双方之间流通，又因为网络的开放性和不稳定性，给商业秘密的保护也带来了风险。比如我们进行网络上的交流时，或许暗处会有一双眼睛在窥探着我们的生活。网络风险频发，这更要求必须抓紧立法来维护新时期的商业秘密的安全。

就我国现有的立法来看，有关与商业秘密乃至整个知识产权的保护都太过于分散，刑事立法、民事立法、行政立法都有包含商业秘密的法律条文，因为处于不同的法律文本中，那么针对同一立法的侧重点肯定不一样，这就在司法实践中产生了许多问题。另外，法律的滞后性导致我国现行的法律条文没有关于信息网络时代的专门立法规定，以至商业秘密在网络中受到侵犯时缺乏有效的保护。

本文认为，首先，应该建立健全信息网络技术保护措施，对商业秘密进

[1] 韩俊英．商业秘密侵权惩罚性赔偿问题研究［J］．情报杂志，2017，36（05）：49－53、61．

行源头保护，企业可以对十分核心的商业秘密进行多重技术加密，从源头防止商业秘密受到侵犯。其次，我国现实立法应当抓紧制定关于网络环境下保护商业秘密的相关立法规定，通过立法规定来编织一张密集的网，对侵犯商业秘密的行为进行防治，达到扼制此种犯罪发生的目的。另外，我国应健全法律体系，对相对于较分散的立法而言进行整合，起草制定一部完整的关于商业秘密保护的法律文件，弥补曾经存在的立法漏洞，更好地保护社会经济秩序和公私权益。

信息的快速发展带给立法者的警示是要抓紧适应立法的变革，带给企业经营者的警示是不要掉以轻心，要更加注重保护脆弱的商业秘密。在商业秘密保护的方面，我们要多管齐下，适应时代的发展，由立法者和商业秘密的持有人共同努力，才可以维持经济社会的健康稳定有序发展。

五、总结

侵犯商业秘密罪一直以来都受到法律的规制，商业秘密在经济快速发展、竞争激烈、讲求创新精神的今天，是由各个行业的创业者所积极研发并保护的，商业秘密其中蕴含的劳动成果体现了他们努力拼搏的过去和积极进取的未来。为此我们有必要更加深刻地理解此罪名，特别是从概念以及实践方面加深理解，以我们的一己之力为经济社会的快速发展添砖加瓦。

行政机关负责人出庭应诉制度实证研究

朱博文*

摘要 行政机关负责人出庭应诉制度缘起于我国地方法院和地方政府对行政诉讼审判的实践探索，二十多年来它从地方实践逐渐成为一项国家法律制度。本文结合相关法律及其司法解释，发现此项制度在行政审判实践中的效果与理想目标还有一定的差距，存在制度的法律规范体系不全面等现实问题。本文从完善制度的法律规范体系、完善有关部门负责人的责任追究制度、建立健全应诉配套机制、加强公职人员的法治观念、加强行政机关负责人在行政诉讼庭审中发言和应诉能力等方面出发进行制度完善。

关键词 行政机关负责人 出庭应诉 制度完善

一、引言

行政机关负责人出庭应诉制度是伴随着中国行政诉讼的发展诞生的，体现着我国司法工作人员丰富的经验和我国立法者的智慧，它缘起于我国地方法院和地方政府对行政诉讼审判的实践探索。此制度的诞生可追溯于1988年全国首例“农民告政府机关”案，当时的苍南县的县长黄德余在全国关注下代表县政府出庭应诉，在当时造成了巨大的轰动效应，打破了中国几千年以来“民不能告官”的思想束缚，是中国法制发展不可磨灭的重要节点。[1]

2015年施行的《中华人民共和国行政诉讼法》（以下简称《行政诉讼法》）和2018年施行的《最高人民法院关于适用〈中华人民共和国行政诉讼

* 朱博文（1996—），男，浙江，汉族，北京联合大学应用文理学院法律硕士。研究方向：宪法学与行政法学。

[1] 民告官第一案［EB/OL］. http：//news. gmw. cn/2018 - 10/05/content_31532249. htm.

法〉的解释》（以下简称《解释》）在一定程度上解决了行政机关负责人出庭应诉制度在地方人民法院审理行政诉讼案件时出现的相关现实性问题，全国各地也在积极地出台更新本地相关法规制度，进一步推进此制度落到实处。目前以行政机关负责人出庭应诉为主题，在中国知网中搜索，出现高达284条记录。以2015年制度进入《行政诉讼法》为起点至今，数量高达239条记录，可见国内学界对其探讨的火热程度。目前众多学者从理论构建和实证研究等方面对制度进行考察。有学者认为需要对不能出庭的正当理由做出准确、一致的界定。有的学者认为，应从权利与义务关系定位对涉及行政诉讼中各方参与者的权利义务进行调整，进而保障行政机关负责人出庭应诉。大量的青年学者从实际出发，以地方为例，对行政机关负责人出庭应诉制度在各地实施过程中，出现的状况进行观察整理分析，发现问题并提出个人意见。各种研究探讨卓有成效。

然而行政机关负责人出庭应诉制度是死的，人事是活的，对其制度的探讨，必须立足于当时特定历史条件下，从现实状况出发，结合当今人事进行综合分析，形成具有逻辑性、系统性的研究成果。根据众多官方权威报告，目前此制度在地方法院行政审判过程中还是存在诸多现实问题，需要立法者、政府机关和人民法院去审视和解决，例如在审判过程中存在出庭应诉主体不规范、行政机关负责人逃避法院传票甚至直接表态拒绝出庭应诉、虽出庭应诉但成为“哑巴”、不同地域出庭率差距较大等问题。通过文献资料及其数据、法院和政府工作报告、行政审判实践、新闻媒体报道等方面，结合政府人事深入探究出现此制度在施行中出现种种问题的原因，可以客观并理性地看待并提出相应的解决办法。

二、行政机关负责人出庭应诉制度进入诉讼之途

20世纪90年代，陕西省合阳县人民政府和人民法院结合行政管理与行政审判的经验，在全国范围内第一个推行带有地方特色的被诉政府机关领导干部出庭应诉相关指导文件。1998—2003年，许多省市陆续出台了相关地方性文件来确立此制度。江苏省海安县颁布的地方文件要求全县各个行政机关单位的负责人出庭应诉，当地连续数年出庭应诉率超过90%，甚至有些年的出庭率为100%，成为名噪一时的海安现象。2004—2008年，中央不断颁布相关法律文件和指导意见，只是“鼓励”“倡导”，并未以义务的形式予以强制规定，但这却是国家层面对地方政府与法院结合行政管理和行政审判施行

此制度取得成效的肯定，目的在于要搞好行政审判中的机关负责人的应诉工作。2008—2012 年这五年内国务院和最高人民法院颁布了大量的意见和决定，大力地推动了地方法院的行政诉讼工作规范化进展。此制度经历了地方政府和司法机关共同探讨与实践，在 2015 年修订的《中华人民共和国行政诉讼法》（以下简称《行政诉讼法》）第 3 条从国家层面上明确规定了该制度的法律性。2018 年最高人民法院司法解释对该制度有十数条的法律规定，内容比以往充实很多，对一些行政审判中出现的问题进行解释说明，目的在于更好地推行此制度在地方的落实，保证被诉行政机关的领导干部出庭答辩。

三、行政机关负责人出庭制度实施现状

在《行政诉讼法》修订以前，对于此制度并未作出明确的规定，在行政诉讼审理中常常发现应出庭主体委托单位其他公职人员或者仅仅委托律师代理出庭应诉的情况，以至出庭应诉率偏低，甚至有的几乎从未出庭应诉。伴随着《行政诉讼法》和司法解释的颁布实行，全国大部分地区尤其是中东部经济较为发达或者对制度规定的运行机制较为健全的地方掀起一股浪潮，符合立法者的初衷。近些年全国各地的出庭应诉率快速增长，甚至有的地区如浙江天台等地的出庭率已经达到 100%❶，行政机关负责人出庭应诉已经不再是新鲜事。和以前相比出庭应诉的情况有很大的改善，但是从整体来说出庭应诉率还是偏低，对此我国地方政府和法院还需继续努力。

（一）行政机关负责人出庭应诉制度实施取得的成就

1. 出庭应诉率提高

《行政诉讼法》第 3 条确立行政机关负责人出庭应诉制度。从全国范围来看，大量的被诉行政机关的领导干部开始积极地出庭应诉，比立法前少之又少出庭应诉的状况有很大的进步，总体看来出庭应诉率不断上升，有的地方增长势头从百分之几跃到百分之五六十，甚至出现部分地方的出庭应诉率超越 90%，且一直保持在很高的水平。笔者对黑龙江省 2014—2018 年这五年的被诉行政机关负责人出庭应诉情况作了统计，如图 1 所示。❷

---

❶ 2017 年天台县人民法院工作报告［EB/OL］. http：//tiantai. tzfyw. gov. cn/InfoPub/ArticleView. aspx？ID＝2168.

❷ 行政案件司法审查报告［EB/OL］. http：//www. hljcourt. gov. cn/public/detail. php？id＝25688.

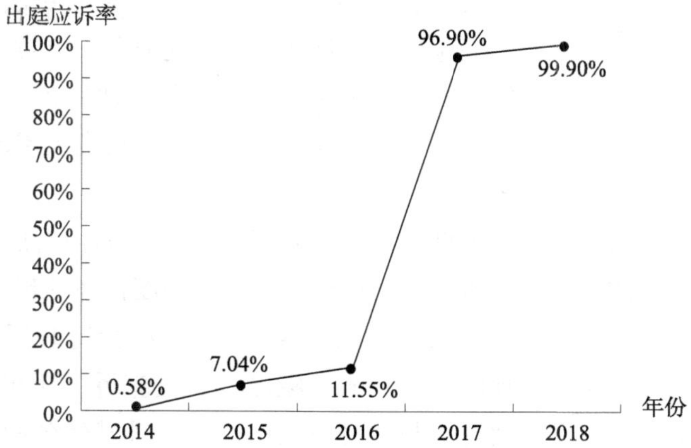

图1 黑龙江省2014—2018年行政机关负责人出庭应诉率

2. 出庭应诉质量提升

不但出庭应诉率得到显著提升，而且出庭应诉的质量也在大幅度提升，县处级、厅局级，甚至省部级行政机关负责人出庭应诉的情况时常出现于各大媒体新闻之中。例如2017年欣泰电气欺诈发行案二审开庭，当时代表被告证监会出庭答辩的是证监会主席助理黄炜，这是新中国成立以来首位中央部级单位负责人在行政诉讼审判中出庭应诉。❶ 正是以法律的形式确立与实行该制度，彰显出行政诉讼中“官民平等”的理念和司法权威性，也大大减少了社会各阶层对被诉行政机关官员不出庭应诉的质疑。

（二）行政机关负责人出庭应诉制度实施出现的问题

1. 出庭应诉主体不规范

《行政诉讼法》❷ 和《解释》第八章❸规定行政机关的负责人出庭是原则，不出庭是例外。被诉行政机关的负责人出庭应诉，或者自身的确不能出庭应诉委派单位其他公职人员人参加行政诉讼的审理，这是对国家法律的尊重，维护法律的尊严和权威。

行政诉讼审判中虽然发现有符合法律规定的正职或者副职负责人出庭应诉，但在行政诉讼审理中仍常常发现应出庭主体委托单位其他公职人员或者仅仅委托律师代理出庭应诉的情况。此外，适用简易程序行政审判案件中大

❶ 欣泰电气欺诈发行案二审开庭 证监会主席助理出庭应诉［EB/OL］. http：//www. ce. cn/xwzx/gnsz/gdxw/201712/19/t20171219_27327076. shtml.

❷ 参见《中华人民共和国行政诉讼法》第3条第3款。

❸ 参见《最高人民法院关于适用〈中华人民共和国行政诉讼法〉的解释》第128—132条规定。

多数被诉行政机关的负责人会以各种理由逃避出庭，甚至看见法院传票置之不理；有的为了逃避自身出庭应诉而安排本单位其他公职人员替其出庭应诉。在对经过复议的行政纠纷审判时，当复议机关作出维持决定后，作为共同被告应与原行政机关一起出庭应诉，但却存在复议机关的负责人不出庭的情况。

2. 出庭应诉成“哑巴”

出庭应诉包括出庭和应诉两方面，而不是简单地走向被告席，出庭应诉应当符合实现行政诉讼案件审理的实质性要求和此制度存在的现实价值意义。行政审判中仍存在负责人出席法庭成为“哑巴”，只履行行政诉讼案件审判的法律规定的程序性义务现象。负责人“哑巴”出庭应诉，让在身边的其他人员代为发言乃至答辩，此现象与自身不出庭应诉安排其他公职人员乃至委托律师出庭没多大差别，推诿乃至“哑巴”出庭应诉等此类现象对制度的施行与落实造成损害，难以达到社会各阶层对该制度的期望。如山东广饶法院对此制度实行以来负责人的出庭应诉人数和质量进行了数据整理、统计和分析，2015 年至 2017 年这两年多内广饶法院一共开庭审理行政诉讼案件 79 案 95 次，负责人出庭应诉有 33 案 39 次。其中，单位正职出庭 7 案 9 次，副职出庭 20 案 24 次，党委（组）委（成）员出庭 6 案 6 次。但仍有负责人未出庭由被诉行政机关的其他公职人员作为代理人进行出庭应诉或者出庭应诉却不发言的现象。部分原因是负责人没有熟悉案情，诉前准备仓促导致出庭时不出声；有的出庭负责人虽然明晰案情，但心存顾虑而不敢发声。出庭的 33 名负责人中仅有 10 人发表了意见，其余 23 人均未发表意见。

再如 2018 年下半年杭州市召开第十三届人大常委会第 15 次会议，此次会议对本年度负责人在行政审判中是否出庭，庭审发言等相关方面调查监督的情况作出报告。从此报告中得知，有些负责人出庭应诉能力不强，“哑巴”现象还不同程度存在；有些负责人在行政审判过程中发言甚少，甚至存在按照事先准备好的稿子照本宣科的现象，以致出庭应诉情况欠佳。这对于行政纠纷的解决难以产生实质性效果。

3. 不同地域出庭率差距明显

全国范围内施行该制度，不同地方的法制建设、经济发展、文化观念等各个方面都不相同，因而造成制度在不同地区的实施效果存在差异性，不同地区的出庭率存在着较大差距。根据相关官方权威数据分析发现，相比较而言，总体上法制建设程度高和经济较发达的地区出庭率一般较高，负责人出庭次数较多，在当地不再成为新鲜事。那些积极出台相应的配套规章制度，不断下发文件和指导意见，开展研讨会汲取经验的地区出庭率较高。例如，东部某经济发达城市下发关于出庭应诉率进行行政量化考核的文件，规定如果出庭应诉率没达标，低于85%要扣1分，低于75%要扣2分，并且不定期开展研讨会。

根据工作情况报告，浙江省在2015年、2016年、2017年连续三年，全省行政机关负责人出庭应诉率平均分别为36%、40%、62.93%。相比较而言，部分地区出庭应诉率较低，根据相关数据来源，内蒙古自治区在2015年5月前平均出庭率为2.5%，处于极低的水平，而到2017年底这两年多时间内平均出庭率为14.05%。❶ 青海司法厅的数据显示，全省在2014年至2017年这四年时间内行政机关负责人出庭应诉率分别为19.1%、23.3%、32.3%、41.2%。❷ 湖南省高院发布的行政案件司法审查报告数据显示，2016年至2018年这3年时间内出庭应诉率分别为27.5%、30.2%、32.6%。❸ 虽然出庭应诉率大幅度提升，但整体来看出庭应诉率还是处于较低的水准，不同地区之间的出庭应诉率有一定的差距。笔者对黑龙江、云南、青海、山东、安徽、湖南、上海七省市2018年《行政审判白皮书》中行政机关负责人出庭应诉情况做了统计如图2所示。

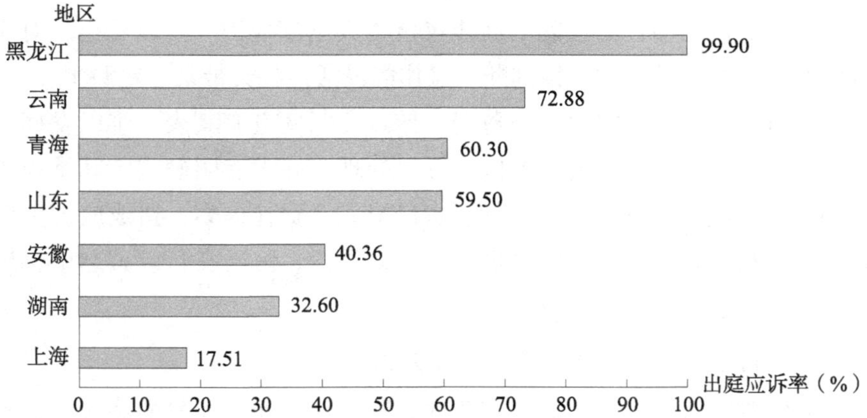

图2　黑龙江、云南、青海、山东、安徽、湖南、上海七省市2018年出庭应诉率

从官方权威数据可以看出，在《行政诉讼法》和相关司法解释颁布实施后，负责人积极出庭应诉的数量和质量明显呈增长的趋势，在当前依法治国

---

❶ 参见《内蒙古自治区全区行政机关负责人出庭应诉情况白皮书》。

❷ 青海省2018年行政机关负责人出庭应诉率达60.3%［EB/OL］. http://www.qh.gov.cn/zwgk/system/2019/01/22/010322538.shtml.

❸ 参见《2018年湖南法院行政案件司法审查报告》。

的时代背景下，负责人的出庭应诉已经不再成为新鲜事。但不可否认，有些地方出庭应诉率低于全国平均水准，处在较低的水平，因此就全国总体而言，出庭应诉的发展不均衡。

四、行政机关负责人出庭应诉制度存在问题的原因分析

（一）出庭应诉制度体系不健全

唯有《行政诉讼法》第 3 条第 3 款和相关司法解释第八章对行政机关负责人出庭应诉的制度做出相关规定。这些规定总体来说对于解决实务中一些问题有着重要指导作用，但是对于此制度的法律规范较为简少，对制度规定的简约使预期目标和现实有着相当大差距。而且有些地方缺失相应的地方规定和具体的指导意见，以致此制度在行政审判难以发挥应有的作用。一些地区虽然表面建立起相关机制，但只是为了迎合上级指示精神，其自身相关政府部门不积极对待，以致制度实行水土不服，落实效果差强人意。

应当出庭的案件类型规定不全面，过于灵活性。在相关司法解释中规定应当出庭的案件有 4 大类：①涉及重大公共利益；②可能引发群体性事件；③引发社会高度关注；④法院书面建议负责人出庭应诉。可以看出，对应当出庭的案件需要借助人的理性判断，操作的灵活性将会带来一定漏洞。

对于责任追究的规定也相当薄弱，导致此制度空有其表，难以发挥应有的作用。除了书面建议相关机关依法做出处理，并没有明确规定其承担哪些应有的责任，缺少相应的责任条款、责任形式、责任内容，造成应诉责任不清晰。并且没有相关配套的监督机制和约束手段，因而在行政审判中会出现负责人不畏惧法律而敢于挑战司法的威严。

（二）行政机关负责人出庭应诉能力欠缺

行政审判本身具有非常强的专业性和程序性，涉及大量的法律知识和出庭应诉技巧。被诉行政机关的负责人事务繁忙，通常很少与行政相对人打交道，再加上部分领导干部缺乏相关的法律知识，以至主动参与行政诉讼案件审判的积极性不高，不去熟悉所涉案件的基本情况，不了解行政诉讼的基本程序。有的负责人庭审前没有准备，对答辩状没有进行认真的梳理，不去发现行政争议的实质而是简单的准备来应付庭审。而且有的负责人怕在行政审判中说错话，不主动回应甚至拒绝发言。正是由于应诉能力的缺失，造成出庭应诉不敢发言，出庭应诉是为了应付行政考核和维护自身形象，在行政审判中常发现“哑巴”出庭和发言变成念讲稿的现象。因而造成制度在现实中

实施效果欠佳，不尽如人意。

（三）出庭应诉政治意味浓厚

数千年来，厌烦诉讼、官尊民卑、惧怕官员的传统观念一直扎根于老百姓心中，很难在法治建设的数十年里得到很大的转变。有的被诉行政机关的负责人官本位思想已经根深蒂固，认为自身的权威凌驾于法律之上，认为自身行使行政权力反而被起诉，甚至要与自己管理的对象对簿公堂是对自身权威的挑战和损害，因而对行政诉讼活动不重视甚至藐视，对出庭应诉抱有极强的抵触心理，甚至为了不出庭而采取躲避、推诿、拒绝等方式。

出庭应诉制度以立法形式确立后，党中央、国务院及最高司法机关相继下发通知和文件，要求地方积极落实到位，全国各省市区也各自制定符合自身状况的具体办法和指导意见，然而部分地区在制定过程中将此制度“表面化”“形式化”。例如，有的地方规定法院受理本年度第一起行政诉讼案件时应诉机关负责人必须出庭发言，有的地方下发文件要求出庭率要达到相应的水平，甚至出现部分地方下发通知要求出庭率必须保持多少百分数的增长率等一系列规定。不仅规定出庭次数和比例，甚至有的地方在对官员行政考评体系中加入行政审判时是否出庭应诉、应诉表现等相关方面，这是通过行政手段来加强该制度在地方的落实程度，蕴含着政治意味，在一定程度上削弱了其法律属性。

五、行政机关负责人出庭应诉制度的完善途径

如今我国出台的《行政诉讼法》和相关司法解释在此制度规定上有十数条法律条文，较之前数十字的法律规定有了很大的进步，尤其是对出庭应诉主体范围多大、哪些出庭条件、基本程序和其他相应要求做出了较为详细的规定，遏制了此前出现的出庭难、走过场、藐视司法权威的一些不良现象，在一定程度上向着良好的方向发展。但从上文的分析来看，制度建设还在路上，存在着相关立法空白与理论和实践相冲突的问题，仍需立法者和司法人员不断地去完善。在此，笔者针对此制度提出如下几点建议。

（一）完善出庭应诉制度规范和制约机制

第一，在制定相关法律法规和相应指导意见时，必须明确行政机关负责人出庭应诉的内在价值，紧密结合当前现实情况。确立此制度是为了更好促进行政诉讼案件审判，行政审判是为了缓解乃至消除行政争议，因此制度完善应侧重于行政争议的预防和化解方面。遗憾的是，在相关司法解释中对于

正当理由没有明确标准，而将其判定标准留给行政机关和法院，以致在实践中出现大量所谓的“正当理由”，使制度流于形式。对此，关于不出庭的正当理由应予一定的限制和判断标准。如，①不可抗力因素，包括自然灾害和意外事故等。②必要的公务处理，对于行政机关负责人来说，紧急处理的公务行为。③凭常识可以判断出来是正当的理由等。

第二，法律规范对行政审判中的行政相对人增加相应的程序权利条款。在当前的法律条文中，不仅在一定情况下法院有权要求负责人出庭应诉，而且在符合相关规定下负责人有权决定是否出庭。但在行政审判实践中发现，这些规定会产生侵害原告相应请求权的状况。而确立此制度的目的是给予双方合意解决纠纷提供平等的平台。因此在制定相关法律规范时应避免单向思维，应考虑双方的情况来增加行政相对人的程序权利。

第三，在出庭应诉方面强化监督指导并建立有关行政考核机制来改善当前出庭应诉不理想的状况。①完善相关监督条款，明确谁来监督，怎么监督，监督后果等一系列状况。②建立并完善考核机制，以科学合理的方式将出庭应诉情况纳入本年度行政工作考核范围。行政机关与法院主动向党委、政府、人大汇报有关出庭应诉的工作，进一步完善行政工作考核指标体系，提高领导干部的主动性与积极性。

（二）加强行政机关负责人的法治观念与应诉能力

行政机关的公职人员在法院审理行政争议过程中要意识到司法的权威性，尊重法院审判工作，不应消极应诉，避免此制度流于形式难以发挥自身的价值。不可否认，行政审判过程每一步骤都需要丰富的专业知识，虽然不需要被诉行政机关的负责人或者其他工作人员熟练掌握专业知识去应诉发言，但是必须避免只出庭应诉而不发声，走过场做样子流于形式的状况，总体上要做到如下几点：①建立一系列配套的出庭应诉培训机制，例如为公职人员提供旁听行政审判的机会、机关单位内开展行政诉讼经典案件的研讨会等措施，加强行政机关公职人员的应诉答辩能力。②组织应诉机关人员正确理性地看待出庭应诉，在行政审判结束后积极总结经验和反思应诉过程中出现的问题，强化法律法规学习能力，深入了解相关法律规范的内在价值和精神，树立法治观念和思维。③建立健全出庭应诉保障机制，在如何申报经费、怎样安排出庭人员、材料审核和其他相应的工作方面需要合理的规章与机制来保障，以实现此制度与相关机制的法制化和程序化。

（三）完善落实责任追究制度

对出庭应诉的理论研究和实践探索总是在不断发展和改进，相关内容在现阶段已经比较完善。但是纵观从中央到各地方的规范性法律文件，对应当出庭应诉却逃避乃至拒绝出庭的责任追究方式在法律条文中都显得有些模糊而不详细，例如法官在行政审判过程中遇到负责人没有正当理由拒绝出庭时，可以将此情况记录下来，可以在裁判文书里面记录相应的情况，也可以将情况与建议以书面的形式展现出来交给相应的政府机关来处理。然而对于处理的方式不外乎通报情况与批评教育，只有当情节严重的才去追究相应的责任。此类规定过于简单也没有相关的其他举措来落实责任，以至在现实中难以运行甚至敷衍。模糊的立法规定难以明确谁来追究责任、如何追究、用什么方式来追究、处理后如何监督等问题。不全面的责任追究方式使行政机关负责人拒绝出庭或者成“哑巴”出庭等状况没有了后顾之忧，是对法律权威的挑战，丧失了此制度在制定时要追求的价值和意义。

首先要建立健全责任追究制度，以文件形式明确责任主体，将出庭应诉情况与责任相连，一旦发现被诉行政机关的负责人消极应诉，拒绝应诉，流于形式应诉等相关行为时，将以法律法规规定追究责任。其次充分发挥监察委员会的职能，对行政机关公职人员进行监察，对应当出庭应诉而不应诉、失职失责的行政机关公职人员进行问责。最后建立健全监察委员会与行政机关联合责任追究模式。将逃避甚至拒绝出庭且无正当理由的负责人纳入重点问责的范围，根据出庭应诉情况、出庭应诉率、出庭表现有无出庭不出声情况和出庭后是否有无滥用职权违法行为等，要求出现上诉问题的被诉的行政机关的负责人做出书面报告，并定期反馈后续整改方式及结果。将问责的结果进行全面公示，接受法院、人大、社会的广泛监督。

（四）建立健全行政机关法院联动机制

建立健全行政机关和法院联动机制，加强相互沟通协调，推动双方良性互动。通过定期、不定期召开联席会议，行政诉讼案件审理专题培训活动等形式，一方面能够使行政机关的工作人员了解并掌握基本的行政诉讼知识、诉讼程序、庭审的技巧，从而提高应诉能力。另一方面能够使行政机关在与法院沟通交流中意识到自身出庭应诉对处理行政争议的重要作用。人民法院和行政机关的联动机制体现着司法工作和行政工作有机结合与良性互动，对负责人积极主动出庭、敢于应诉发言乃至行政审判工作有着重要的作用。

六、结语

行政机关负责人出庭应诉制度是具有中国特色的行政诉讼审判制度。高效、公平地处理行政纠纷，在法律框架内维护行政相对人合法权益是其根本价值追求。一方面其在行政诉讼审判中发挥巨大的作用，改善了之前各种形式不出庭和“哑巴”出庭的状况，拉近了行政机关与老百姓之间的关系，进而有效地缓解了官民矛盾，化解纠纷，提升政府公信力。另一方面也对行政机关依法行政、合理行政，建设法治国家、政府、社会起到了重要的推动作用。

然而，通过对制度规范和司法实践综合分析，发现现有制度难以解决行政审判中出现的问题，施行过程中或多或少与预期目标存在一定的差距。此制度是自下而上、地方实践先行的背景下产生的，决定了该制度的设计不可能解决所有问题，预示着该制度将随着司法实践的发展而不断完善，在实践过程中发现问题，在分析和解决现实问题中不断完善。出庭应诉的制度建设必然在建设法治国家、政府、社会过程中不断发展壮大，我们必须抓住制度的根本价值追求，在实践中寻找完善的方案和智慧，在历史与逻辑中，在理想与现实中前行。

参考文献

[1] 江必新. 论行政诉讼法司法解释对行政诉讼制度的发展和创新［J］. 法律适用，2018，（7）.

[2] 梁凤云.《行诉解释》重点条文理解与适用［J］. 法律适用，2018，（11）.

[3] 李蕊. 完善行政负责人应诉制度机制的理性思考——基于山东省相关实践的考察［J］. 法学论坛，2017，（1）.

[4] 喻少如. 功能主义视阈下的行政机关负责人出庭应诉制度［J］. 法学评论，2016，（5）.

[5] 孟焕良. 全国“民告官”第一案——包郑照诉苍南县政府强制拆除案［J］. 人民司法，2016，（15）.

[6] 李培磊. 2014—2015 年行政诉讼制度改革——以《行政诉讼法》修改和实施为中心［J］. 行政法学研究，2016，（2）.

[7] 章志远. 行政机关负责人出庭应诉制度的法治意义解读［J］. 中国法学评论，2014，（4）.

[8] 章志远. 行政诉讼中的行政首长出庭应诉制度研究［J］. 法学杂志，2013，（3）.

[9] 黄学贤. 行政首长出庭应诉的机理分析与机制构建［J］. 法治研究，2012，（10）.

[10] 江必新，梁凤云. 最高人民法院新行政诉讼法司法解释理解与适用［M］. 北京：中国法制出版社，2016.

[11] 耿宝建. 行政机关负责人出庭应诉指南［M］. 北京：法律出版社，2016.

[12] 姜明安. 行政法与行政诉讼法（第六版）[M]. 北京：北京大学出版社、高等教育出版社，2015.
[13] 应松年. 中华人民共和国行政诉讼法修改条文释义与点评 [M]. 北京：人民法院出版社，2015.
[14] 王旭军，史燕龙. 健全落实制度机制保障出庭应诉效果 [N]. 人民法院报，2018－10－11，(008).
[15] 梦沅. 浅议行政首长出庭应诉制度 [N]. 民主与法制时报，2017－10－19，(007).
[16] 马斌，王新亮. 行政首长出庭应诉价值意蕴探究 [N]. 人民法院报，2014－09－20，(2).

论商法外观主义原则的适用边界

——以“借名买房”与“隐名投资”为切入

李家骁[*]

摘要 外观主义，一般来说是指根据行为人的行为外观作为认定其意思表示效果的立法原则和学说。外观主义通常运用于交易的领域，而非交易场合大多不得运用外观主义，例外情形不多。❶ 实践中存在大量的隐名交易，最突出的是“借名买房”与“隐名投资”。借名买房纠纷在司法裁判中往往会突破外观主义，保护实际权利人，而隐名投资纠纷则多适用商法外观主义原则，实际权利人另寻救济。但商法外观主义不是解决商事纠纷的万能药剂，而应借助民法领域的一些理念而确定适用边界：一是在不涉及第三人情况下，应当充分尊重交易双方的意思自治，限制商法外观主义的适用；二是在涉及第三人时，要具体厘清三方之间的具体关系，不能将商法外观主义简单适用而忽略第三人的救济保护。

关键词 商法外观主义 借名买房 隐名投资 边界

在商法领域，虽然我国当前既没有制定商法典，也没有制定商法通则，然而在我国的商事单行法中，特别是一些具体的商事法律制度中，如表见股东、弃权与禁止反言等原则，均可体现外观主义的身影。因此外观主义实质上已然成为商法的一项普遍原则。❷ 而在民事法律领域，外观主义原则也体现得尤为突出。在民法理论层面，意思表示、公示制度以及缔约过失理论等为外观主义的诞生做了充分准备；进而在制度层面，外观主义典型表现为善

---

* 李家骁（1990—），男，山西黎城人。北京联合大学应用文理学院法律硕士（法学），主要研究方向：民商法。邮箱：ljxtry@163.com.

❶ 崔建远. 论外观主义的运用边界［J］. 清华法学，2019（5）.

❷ 全先银. 商法上的外观主义［M］. 北京：人民法院出版社，2007：16.

意取得制度、表见代理制度、真意保留以及取得时效制度。本文拟对比外观主义在民法与商法中的不同适用，结合对“隐名投资”及“借名买房”的社会现象的分析，探讨商法外观主义原则的适用边界和底线。

一、借名买房——民事领域外观主义限制的现状

随着房地产行业泡沫加剧，商品房限购政策一时间成为各地尤其是一线城市控制房价的热门举措，然而这却使得一些有购房需求但又不满足政策条件的人丧失了购房资格。虽说合同是依据买卖双方当事人的意思表示而成立，但由于各地的限购，使得买卖双方即便订立了买卖合同，也无法在产权交易中心完成登记过户。而“上有政策，下有对策”，由此使得“借名买房”应运而生。借名买房是指实际购买人因暂时不具有购房资格，因而与具备购房资格的名义购买人约定实际购买人负责办理房屋手续并享有房屋权属，待条件成熟后名义购买人协助办理房产过户的交易类型。[1] 简言之，该现象是指不具有购房资格实际购买人，以具有购房资格者的名义（即名义购买人）购房，而购房款由实际购买人支付的行为。

公示原则无疑是外观主义在民事领域的一种表现。根据《物权法》的规定[2]，无论是基于稳定交易秩序，还是出于保护善意第三人利益的考虑，以不动产登记簿的记载才是认定权利人的根本依据，这也就意味着，在不动产登记簿上的公示，使得被记载者具有了该不动产所有权的外观。

然而，在司法实务中，对于借名买房所涉及的案件，法院的裁判却并未按照外观主义原则来认定。如最高人民法院在审理“谭某、雷某与京达旅业房屋确权纠纷”一案中认为：再审申请人谭某与广志公司（案外人）订立的《协议书》中约定：“广志公司以谭某的名义购买涉案房产、房屋的首期款及按揭款均由广志公司支付、房屋的产权归广志公司所有”；且有充分证据证明该房产的首期房款、按揭款以及其他相关款项等实际上由雷某、京达旅业或者案外人广志公司支付。也就是说，虽然谭某拥有争议房产的权利外观，但法院根据其所签订的协议以及房屋款项的具体支付情况，排除了权利外观的适用，没有支持谭某的诉请，而是据此还原了房屋购买的实际情况本身，

---

[1] 张冰. 实务视角下的借名购买商品房产权归属研究［J］. 法制博览，2019（07）.

[2] 《物权法》第十六条的规定：“不动产登记簿是物权归属和内容的根据”；第十七条规定：“不动产权属证书是权利人享有该不动产物权的证明。不动产权属证书记载的事项，应当与不动产登记簿一致；记载不一致的，除有证据证明不动产登记簿确有错误外，以不动产登记簿为准。”

进而认定了真正的所有人。

再如江苏省高级人民法院审理的“乘某与殷某案外人执行异议之诉”一案中，案涉房产虽因开发公司原因不能办理过户手续，但是买受人名为殷某，实为乘某，有证据证明殷某已经将附带有一定福利性质的购房权以2万元的价格转让给乘某，购房款也是乘某实际支付。因此，殷某对房产的权利是名义上的，不是实质上的，乘某才是房产的实际购买人及权利人。也就是说，在本案中，“购房资格”被视为一种权力而以两万元的价格进行了转让，进而认定了乘某实际购买人的身份，并排除了殷某作为名义购买人的外观，保护了乘某的权益。

此外，广东省高级人民法院因“借款买房”而在《关于审理房屋买卖合同纠纷案件的指引》中做了专门的规定；[1] 无独有偶，湖北省高级人民法院也在会谈纪要中对借名买房案件的审判工作做了明确。[2] 两者并没有认可在民事交易领域屡试不爽的外观主义，而是以非常明确的态度对名义购买人的权利进行了排除。

由此可以看出，外观主义在民法中是受到限制的，民法所调整的对象追求自然生活和谐的状态。[3] 在现实中，如果借名买房协议所约定的房屋为一般商品房，即排除了保障性用房、福利性分房等较为复杂的情形下，一般商品房的借名买房协议应认定为有效[4]，在登记名义人与真实物权人之间，不适用外观主义原则，而一般按照“实事求是”的原则，将实际购房人作为权利人。

二、隐名投资——商事领域外观主义的现行边界

隐名投资指出资人向公司实际投资，但其姓名或名称并没有在公司的工商登记簿、股东名册、公司章程等文件中进行登记[5]，而由实际出资人委托他人在公司中代为持股的行为。隐名投资大体可以分为以下两类：

---

[1] 广东省《关于审理房屋买卖合同纠纷案件的指引》第二十八条规定：“借他人名义购买房屋，借名人请求确认房屋归其所有的，不予支持”。

[2] 《湖北省高级人民法院民事审判工作座谈会会议纪要》第四十一条：“因住房限购政策的限制，当事人约定一方以他人名义购买房屋，并将房屋登记在他人名下，借名人以其系实际买受人为由，要求确认房屋归其所有或办理房屋过户登记的，不予支持；借名人因自身条件变化或政策发生调整等原因符合住房限购政策的，可以判决登记人为其办理房屋过户登记手续。”

[3] 李清清. 论商法的外观主义［J］. 商场现代化，2016（7）.

[4] 马琳. “双限”政策下借名买房协议的效力与风险［J］. 房地产法律，2019（9）.

[5] 陈希. 隐名投资现象的法律规制［J］. 中州学刊，2018（10）.

第一种是“恶意型”隐名投资，即以规避法律为目的的隐名投资，主要是对投资主体和投资比例的相关限制性规定进行规避。如为规避《中外合资经营企业法》的规定❶，而在实践中中方就有可能采用隐名投资的方式代替外商进行出资，以完成外商投资的引进；而对于投资主体的规避在实践中更为常见，如为规避《公务员法》中对公务员不得从事营利性活动的规定，以及公司高管为规避《公司法》中有关高管竞业禁止的规定而进行的投资。

第二种是“善意型”隐名投资，即其没有规避法律或政策的目的，出于对自身身份保护，甚至被迫等情形，在不损害其他股东或第三人权益情况下进行的隐名投资。包括有合法的闲散资金而又不愿公布自身财产状况而进行的投资，以及因企业改制，为满足有限责任公司五十人上限的要求而被迫成为隐名股东情况。

最高人民法院在《关于适用〈中华人民共和国公司法〉若干问题的规定（三）》（下称《公司法司法解释三》）中，专门针对隐名投资行为所涉及的相关问题以“名义股东”与“实际出资人”的不同权利义务进行规定。如其二十四条第二款❷肯定了隐名协议的效力，并根据“实际履行出资义务”而对隐名股东的权利进行保护，这是在公司法注重形式的基础上，辅以实质要件，来保护隐名股东的权利。但从其第三款的规定❸可以看出，实际出资人并不因出资行为而当然获得股东身份，但也并没有将路子堵死，如果隐名投资人希望成为显名股东，其可以通过争取半数以上的其他股东同意的方式来进行。这种既肯定隐名投资协议效力，又不当然肯定股东资格的规定，看似矛盾，实际是符合公司人合性的特征的。但是从司法实践来审视该条的规定，虽然看起来似乎给隐名股东的“显名”之路留了一个口子，但实现起来却不太乐观。如北京市第二中级人民法院审理的“宋某与陈某股东资格确认纠纷”中认为：“宋某是否实际享有股权收益不是认定股东资格取得的条件。”虽然《公司法司法解释三》规定了实际出资人对名义股东的追偿权（当显名

---

❶ 《中外合资经营企业法》第四条规定：“在合营企业的注册资本中，外国合营者的投资比例一般不低于百分之二十五。”

❷ 《关于适用〈中华人民共和国公司法〉若干问题的规定（三）》第二十四条第二款：“实际出资人与名义股东因投资权益的归属发生争议，实际出资人以其实际履行了出资义务为由向名义股东主张权利的，人民法院应予支持。名义股东以公司股东名册记载、公司登记机关登记为由否认实际出资人权利的，人民法院不予支持。”

❸ 《关于适用〈中华人民共和国公司法〉若干问题的规定（三）》第二十四条第三款：“实际出资人未经公司其他股东半数以上同意，请求公司变更股东、签发出资证明书、记载于股东名册、记载于公司章程并办理公司登记机关登记的，人民法院不予支持。”

之路走不通时也必然会涉及赔偿问题)，但其实该规定并非以保护隐名股东为主，而是更多地倾向于对善意第三人利益的保护和维护公司的稳定。

因此，《公司法司法解释三》虽然在一定程度上考虑到契约自由的私法精神，但其主体仍是以尊重商法外观主义为原则。然而不可忽视的是，其中第二十四条第二款的规定，虽然仅仅只是整个规定中的一“款”，但结合其他条款的规定，可以看作商法领域对外观主义适用的一个司法实务边界，即：当在不涉及第三人、公司其他股东，而仅限于隐名股东与实际出资人之间关于投资权益的归属争议时，可以排除适用外观主义。

三、商事领域外观主义的边界扩展探讨

有学者认为，商事外观主义是民法信赖保护原则在民法的特定领域（商事领域）的具体化[1]，是为了保护第三人合法权利和公司的稳定。那么我们在讨论商事外观边界时，有以下问题可以思考：

第一，在不涉及第三人情况下，如何排除商法外观主义对隐、显双方的所有权属争议的适用?

在英美法系中，隐名投资行为非常常见，但在公司法和商法中却没有有关“隐名股东”的概念，其主要原因是因为英美法系国家拥有成熟的信托制度。[2] 但在笔者看来，《美国标准商事公司法》的规定[3]与我国公司法司法解释三有共通性，只不过我国的更具体，而美国的较为灵活（隐名股东的“显名之路”可以由公司自己设立相关的制度和途径，而非法律直接规定）。通过对比美国《商业公司法》以及《美国标准商事公司法》中有关股东权利的规定，可以看出，其将股东分为了记名、受益两个类别，在信托模式下，记名股东不享有公司受益，而受益股东不参与公司管理，两者的股东身份都是得到法律承认的。

将信托模式与隐名投资联系起来，不失为打破商法权利外观的一个选择。信托制度的特殊之处在于，其将财产管理处分权和受益权进行了分离，使得记名股东可以在公司的日常管理中行使管理处分权，而受益股东也保障了其受益权。但需要注意的是，在有关股权的信托合同中，需要明确受托人的权

---

[1] 刘胜军．论商事外观主义［J］．河北法学，2016（8）．

[2] 叶欣．隐名股东权利保护研究——论“善意型”隐名过冬的那个的合法权利保障［D］．北京：中国政法大学，2014．

[3] 《美国标准商事公司法》规定，公司可设立一种程序，使登记在制定人名下的股票的受益所有人被公司承认为股东。

限，如涉及股权转让、出资等涉及委托人核心利益的事项，约定必须取得委托人书面同意等。法院在认定股东权利时，既不需要否定记名股东，也不需要否定受益股东，而依托他们所签订的《股权信托合同》来处理相应的争议，外观主义的边界具体到哪些权属争议，可根据双方的信托合同进行认定。

第二，善意第三人权利受到侵害时，能否向隐名股东主张权利?

关于隐名股东与善意第三人，司法实践中已达成普遍共识的是：股权隐名持有不得对抗善意第三人对股权登记的信赖。典型案例是2010年最高人民法院公报案例——由上海市高级人民法院审理的“万国公司诉国宏公司财产权属纠纷”一案。在该案中，法院认为：“万国与国宏公司签订股权转让协议后已办理了股权转让的变更登记手续，故系争股权已移转于国宏公司名下，即股权变动已发生法律效力……遵循的是商法的外观主义原则，立法目的在于维护商事交易安全。”也就是说，在本案中，法院并未认可双方有“代持股权”的意思表示，且即使双方的确存在代持股协议，万国公司要求确认股权所有人的请求也不能支持，因为会打破商法的外观主义，妨害第三人的利益。

这一观点似乎并没有问题，毕竟商法外观主义就是为了维护商事交易的安全，且该判决也实际保护了债权人的利益。但如果情况反过来呢?债务人是隐名股东，债权人在得知存在“代持股协议”的情况下，能否要求执行登记在名义股东名下、实则为隐名股东财产的股权?如果根据商法外观主义原则，当然不可以，因为会损害善意第三人对登记事项的信赖，影响交易安全;但如果出于保护债权人的角度，无疑又是可行的，毕竟该股权是属于债务人的财产。

笔者认为，在此种情况下，商法外观主义应该被打破，隐名股东的债权人可以执行登记在名义股东名下、实则为隐名股东财产的股权。首先，我国《公司法》的规定[1]，表明对股东采取的是登记对抗主义，而非登记设定主义。如果第三人不对抗，甚至知晓了“代持股协议”的存在（即没有善意性），法院不应仅以登记为由而否认股东资格；其次，《公司法司法解释三》既然承认了“代持股协议”的效力，而隐名股东的债权人也正是基于此协议

[1] 《公司法》第三十二条规定：“公司应当将股东的姓名或者名称向公司登记机关登记；登记事项发生变更的，应当办理变更登记。未经登记或者变更登记的，不得对抗第三人。”

而主张权利；且第二十五条的规定[1]表明，除非是在善意取得的情形下，否则隐名股东是有权追回的。因此，虽然表面上是债权人直接面对名义股东，实则是两个层面，即债权人面对隐名股东，隐名股东面对名义股东。据此，在此种情况下，不应当适用商法外观主义。

四、结语

“借名买房”和“隐名投资”，虽然名称相近、情形相似，但因所属领域而可能导致不同外观主义的适用结果。在商事领域，外观主义原则更多的是出于对交易安全的保护，但其也应有适用的边界。本文借助对“借名买房”和“隐名投资”问题的分析，提出商法外观主义在两个较为宏观的边界：一是在不涉及第三人情况下，应当充分尊重交易双方的意思自治，限制商法外观主义的适用；二是在涉及第三人时，要具体厘清三方之间的复杂关系（如上述对于隐名股东债权人的保护案件），不能简单适用商法外观主义。商法调整的商事法律关系不是形而上学的，而是运动的、发展的、联系的、辩证的，以建立一个完善的市场运作机制作为价值追求的社会经济关系[2]。商法外观主义的边界和适用底线问题也非常复杂，还有待学者的进一步的研究和探讨。

---

[1] 《公司法司法解释三》第二十五条：“名义股东将登记于其名下的股权转让、质押或者以其他方式处分，实际出资人以其对于股权享有实际权利为由，请求认定处分股权行为无效的，人民法院可以参照物权法第一百零六条的规定处理。”

[2] 顾耕耘. 关于商法基础理论的几个问题［M］. 北京：人民法院出版社，2001.

反不正当竞争法在知识产权领域的适用研究

刘靖辰[*]

摘要 由于知识产权立法法定主义固有的局限性以及新型不正当竞争行为的涌现，导致知识产权法难以对具体化类型之外的智力成果给予保护，司法实践中转而寻求反不正当竞争法的保护。但是由于知识产权法与反不正当竞争法保护模式以及保护对象的不同，以及知识产权法对公共利益的考量，反不正当竞争法在非典型性智力成果领域的适用就需要进行精确的把握。考虑到知识产权法与反不正当竞争法对于智力成果保护的同一性，应当确定反不正当竞争法相对于知识产权法的双重属性，进而确定反不正当竞争法在智力成果领域的适用规则。

关键词 知识产权保护 反不正当竞争 法律适用

近些年来，随着市场的发展，新型的市场竞争行为也不断涌现。而这些未被知识产权法纳入保护范围的多元化市场竞争行为对知识产权法的疆界也不断提出新的挑战。于是在司法实践中出现了一批当被诉行为难以适用知识产权法之时，转而寻求反不正当竞争法的一般条款保护的司法判决。但这样的判决无疑会给知识产权法和反不正当竞争法之间原本就不甚清晰的关系又添上一层朦胧的面纱。这也成为学界亟待解决的问题，即当被诉行为明显超出知识产权法的保护范围，再由反不正当竞争法加以规制是否会将知识产权法的保护范围扩展到知识产权法有意放弃的领域。究其原因，现阶段无论是司法实践还是理论界对于知识产权法与反不正当竞争法之间的关系把握得还不够准确，进而导致各方莫衷一是，难以形成较为统一的认识。

---

* 刘靖辰，北京联合大学应用文理学院在读研究生。

一、知识产权法的本身属性及其局限

（一）知识产权专属性与公共性的双重属性

知识产权起源于13—14世纪，从早期封建社会的王授特权到现代社会的独占排他，都显示出对无形的智力成果保护的重要性。而在现代社会市场经济的竞争背景下，对知识产权的独占保护程度更是与日俱增。国家知识产权局发布的《2018年中国知识产权保护状况》显示，2018年全国各地人民法院新收知识产权案件283414件，仅广州知识产权法院全年判赔额就达9.15亿元。[1] 从数据上来看知识产权在市场竞争中的重要性也不言自明，拥有知识产权很大程度上和占有竞争优势是可以画等号的。

但是随着社会的发展与进步，法的社会属性增强，知识产权也不仅仅囿于保护权利人的专有权，社会公共利益愈发成为知识产权要考虑的重要因素。此外，公有性也是知识成果与生俱来的自有属性，可以说任何智力成果的产生都极大地依赖之前智力成果的基础，对知识产权的过度保护无疑会极大地阻碍社会的发展。所以对知识产权，如何恰如其分的进行保护，又如何恰到好处地实现智慧成果的共享是知识产权制度设计中不得不考虑的问题。于是在知识产权专有性和公有性的双重属性下，“公有领域为原则、知识产权为例外”[2] 成为知识产权的保护原则，这也是知识产权保护期限存在的原因。

（二）知识产权法定主义的局限性

由于知识产权的公共性导致其在保护过程中不得不考虑公共利益，所以知识产权法的保护采取的是一种设权式的保护模式，是通过法律的规定赋予权利人类似物权的保护模式，而且知识产权的保护范围是由法律明确规定的。在审理过程中，法院的逻辑模式往往是先审查权利人的权利基础，再对是否构成侵权进行认定。

一方面虽然由于知识产权的双重属性使得其在保护上必须坚持法定主义，但是另一方面这样的法定主义也对知识产权的发展产生着阻碍。首先，知识产权的发展趋势是其种类和数量势必会随着技术的进步与日俱增，所以仅仅依靠立法者的理性认识去预见知识产权的发展进而做出明确具体的规定显然

[1] 国家知识产权局．2018年中国知识产权保护状况［R］．2019-05-05．

[2] 王太平．知识产权的基本理念与反不正当竞争扩展保护之限度——兼评“金庸诉江南”案［J］．知识产权，2018（10）．

是不具有可操作性的，而且立法者如果在立法时过分地预见知识产权的种类，不仅浪费立法资源，而且还可能造成被滥用的后果。其次，法定主义会在一定程度上使得知识产权的司法判决沦为机械的过程。由于知识产权所涉案件具有很强的技术性，个案的差异与一般民事案件相比更大，专业性也更强，所以很大程度上审判有赖于司法者的创造性，而过度的法定主义必然会对这种创造性产生消极的弱化作用。❶

为了突破知识产权法定主义的固化性，所以在司法实践中，出现了对于不适用知识产权保护的案件转而寻求反不正当竞争法一般条款的保护的判决，但是不加辨别地适用一般条款，即反不正当竞争法的过度介入一方面会导致知识产权专有性与公有性的双重属性退化到只着眼于其专有性保护，相悖于社会的发展。另一方面由于反不正当竞争法的保护模式是行为规制模式，其不会事先赋予各方市场主体实质性的权利，而主要是通过对不正当竞争行为的规制达到恢复市场秩序的目的。❷ 所以在不正当竞争案件中，由于反不正当竞争法事先不设权的性质，所以也就没有审查权力基础的步骤，转而直接评价被诉行为是否构成不正当竞争以及所产生的法律责任越过知识产权的保护壁垒，会打破知识产权法和反不正当竞争法二者相对稳定的保护机制，混淆二者的立法目的，对知识产权法体系的建构造成负面的影响。

二、司法实践中对于知识产权法与反不正当竞争法的认识

由于知识产权法法定主义的局限性的存在以及对反不正当竞争法过度介入的考虑，对此类案件该如何处理就陷入了一个进退两难的困境。而解决问题的关键就在于如何处理这两部法律之间的关系。

最高人民法院2009年发布的《关于当前经济形势下知识产权审判服务大局若干问题的意见》规定："妥善处理专利、商标、著作权等知识产权专门法与反不正当竞争法的关系，反不正当竞争法补充性保护不能抵触专门法的立法政策，凡专门法已作穷尽规定的，原则上不再以反不正当竞争法作扩展保护。凡反不正当竞争法已在特别规定中作穷尽性保护的行为，一般不再按照原则规定扩展其保护范围；对于其未作特别规定的竞争行为，只有按照公认的商业标准和普遍认识能够认定违反原则规定时，才可以认定构成不正当

❶ 李杨．知识产权法定主义的缺陷及其克服——以侵权构成的限定性和非限定性为中心［J］．环球法律评论，2009（2）：73－85．

❷ 李自柱．反不正当竞争法一般条款的适用［J］．人民司法，2018（29）．

竞争行为，防止因不适当地扩大不正当竞争范围而妨碍自由、公平竞争。”[1]而在2007全国法院知识产权审判工作座谈会，最高人民法院副院长曹建明认为：“对没有专门规定予以禁止的行为，如果确属违反诚信或公认的商业道德、商业惯例并且有损害事实，不制止不足以维护公平竞争秩序时，可以予以制止。”[2] 这样的司法政策、观点将二者之间的适用关系着眼于“按照公认的商业标准和普遍认识能够认定违反原则规定时”，“不制止不足以维护公平竞争秩序时”，但是实质上这样的表述提供的是一个在司法实践中难以把握的认定标准。因为在实际的市场竞争中，由于各方市场参与主体的利益考量，对这样的适用关系难免会产生不同的认识从而产生不同的判决结果。仅仅由法官去判断反不正当竞争法的适用性也无疑是一个巨大的技术挑战。

例如，在涉及电视节目聚合平台的司法案件中，大多数法院对这类在聚合平台网站页面播放来自其他网站视频，而不跳转至其他平台网站的行为仍然按照侵犯信息网络传播权的认定标准，即被告聚合平台服务器并不存储涉案作品，而最终难以认定聚合平台侵犯著作权。[3] 但是在北京我爱聊网络科技有限公司与央视国际网络有限公司侵害著作权及不正当竞争纠纷上诉案中[4]，法院通过适用《反不正当竞争法》第二条，认为被诉行为具有不正当性，构成不正当竞争。可见，类似的案例在法院分别适用知识产权法和反不正当竞争法时会导致截然不同的判决结果。这样的判决结果必然是学者的讨论焦点，能否援引反不正当竞争法的一般条款作为法律依据，又在何种情况下可以援引都需要一个明确的、可把握的判断标准。

三、理论界对于知识产权法与反不正当竞争法的认识

目前我国理论界对于反不正当竞争法与知识产权法之间存在什么样的适用关系还没有形成统一的看法，主要存在“平行保护”与“补充保护”两种主流观点。而“补充保护”又分为“兜底保护”与“有限保护”。[5]

---

[1] 《关于当前经济形势下知识产权审判服务大局若干问题的意见》，法发〔2009〕23号。

[2] 2007年1月18日最高人民法院副院长曹建明在全国法院知识产权审判工作座谈会上的讲话[EB/OL].[2018-09-17].http://china.findlaw.cn/lawyers/article/d454175.html.

[3] 参见北京市第一中级人民法院（2014）一中民终字第3199号民事判决书。

[4] 徐清霜.《反不正当竞争法》一般条款的适用边界[J].山东法官培训学院学报，2019(3).

[5] 卢纯昕.反不正当竞争法在知识产权保护中适用边界的确定[J].法学，2019(9).

（一）平行保护说

平行保护说认为，在处理相关案件时，适用知识产权法或者反不正当竞争法是两个独立的请求，一个请求的成立与否也不必然的影响另一个，而且二者在关系上没有主次之分，在适用上也没有先后顺序。❶

（二）补充保护说

补充保护说认为，反不正当竞争法是知识产权法的一部分，虽然二者具有独立的个性，但是在保护知识产权领域存在重叠的部分，在这一部分反不正当竞争法发挥着补充《知识产权法》的作用，知识产权法优先于《反不正当竞争法》进行适用，而反不正当竞争法起到补充知识产权法空白的作用。❷

（三）兜底保护说

兜底保护说认为，知识产权法与反不正当竞争法不存在适用上的优先问题，但是近代知识产权的发展是在反不正当竞争法的大框架之下逐渐发展的，所以对于知识产权来说，反不正当竞争法是其基础，反不正当竞争法内容的伸缩决定了知识产权法的发展方向。❸

（四）有限保护说

有限保护说也认为，反不正当竞争法是知识产权法的补充，但是这种补充必须在不抵触知识产权法立法目的的情况下，由反不正当竞争法对知识产权法有空白的地方进行扩展保护。❹

平行保护说否定了反不正当竞争法与知识产权法之间的同一性，认为二者各司其职，在适用上并不存在重合考虑的问题。诚然，二者在保护的模式、保护的客体、保护的法益方面都存在一些区别，但是平行保护说忽视了二者同宗同源，共同从保护智力成果出发这一最本质的特征。补充保护说虽然认识到了二者之间的同一性，但是并未对反不正当竞争法的内容加以区分，忽略了反不正当竞争法逐渐发展衍生而来新内容。兜底保护说坚持了补充保护的观点，但是颠倒了二者之间的主次地位，虽然反不正当竞争法在适用上具有更高的灵活性，但是相应地也具有更高的不确定性，所以将其视为知识产

---

❶ 张伟君．从“金庸诉江南”案看反不正当竞争法与知识产权法的关系［J］．知识产权，2018（10）．

❷ 韦之．论不正当竞争法与知识产权法［J］．北京大学学报（哲学社会科学版），1999（6）．

❸ 李小武．还《反不正当竞争法》以应有地位——兼评 3721 网络实名案［J］．清华法学，2008（4）．

❹ 吴汉东．论反不正当竞争中的知识产权问题［J］．现代法学，2013（1）．

权法的基础恐怕在理论上难以立足。有限保护说同样也坚持了补充保护的观点，而且试图为如何补充划出一条分明的边界，但是该学说不仅没有解决二者的适用问题，反而增加了对“有限保护”的解释难度。所以无论是“平行保护”还是“补充保护”，都试图对二者之间的关系作出绝对性的解释，但是同时又都有失偏颇，这是由于反不正当竞争法的复杂性所决定的，所以需要对反不正当竞争法内容进行剖析，进而说明二者之间的关系。

四、反不正当竞争法与知识产权法关系的双重属性

不正当竞争不属于知识产权保护范围而又不利于自由竞争商业行为的发展。随后不正当竞争被《工业产权巴黎公约》（简称《巴黎公约》）纳入其中。这也是国内一些学者认为《反不正当竞争法》属于知识产权体系的主要缘由。但是《巴黎公约》在将其纳入其中时，是否是秉持着体系化的逻辑考量还是仅仅是出于对现实需求的考量。

（一）反不正当竞争法相对于知识产权法的部分同一性

1883 年最初版的《巴黎公约》并未提及不正当竞争，其内容是在后续的不断修订过程中添加的，可见公约订立之始并未考虑不正当竞争的相关内容。[1] 所以反不正当竞争法与知识产权法具有同一性的真正原因并不是在于反不正当竞争法曾辅助知识产权法发挥作用而后被纳入巴黎公约当中。因为法律规范在实施过程中的协同性，不能当然地说一部法律填补另一部法律的空白，因而这两部法律就属于统一法律体系。这两部法律真正的共同特点在于其保护的对象都是无形性的智力成果。知识产权法的特殊性也正在于此，正因为它所保护的客体只有知识产权，与其他法律相比具有无形性的特点，所以其自成一派，但是其本身又对智力成果的无限发展难以做到实时规制，所以需要反不正当竞争法中同样保护无形性智力成果的条款加以补充。

此外，《巴黎公约》规定，不正当竞争行为是“所有违反工商业诚实惯例的竞争行为”，由《巴黎公约》的订立目的以及不正当竞争规则的早期作用可知，《巴黎公约》的本意认为所有违背诚实信用的竞争行为都构成不正当竞争[2]，但是这个“所有”的范围要限定在与当时工业产权范围具有同一性的智力成果的范围之内。当认为《巴黎公约》对不正当竞争行为加以规定

---

[1] 孔祥俊. 论反不正当竞争法的竞争法取向［J］. 法学评论，2017（5）.

[2] 同上。

的出发点是为了保护类知识产权的智力成果，而非明确认识到不正当竞争行为本身时，由于不正当竞争行为随着市场发展不再仅仅局限在类知识产权的智力成果领域，所以超出的这一部分不应该包含在知识产权保护体系的范围之内。

（二）反不正当竞争法相对于知识产权法的部分独立性

从保护范围来看，随着市场竞争的发展，不正当竞争类型呈现出多样化的特点，其中的商业贿赂、虚假宣传等内容已经不具有智力成果无形性的特点，因而逐渐脱离工业产权的范畴而呈现出独立发展的态势。所以，这类条款独立于知识产权法而发生作用。

从保护对象来看，如前所述，反不正当竞争法早期目的主要在于辅助知识产权法发挥作用，但是随着市场的发展，它的辅助功能逐渐弱化，市场规制功能逐渐加强，其保护对象也逐渐发生着转变。早期的反不正当竞争法所保护的对象是不正当竞争导致丧失公平竞争地位的诚实经营者[1]，但是伴随着消费者地位的与日俱增，消费者的合法权益也被渐渐地纳入反不正当竞争法的保护领域之内。我国的《反不正当竞争法》第一条就表示其立法目的在于制止不正当竞争行为，保护经营者和消费者的合法权益，这也与反不正当竞争法中关于虚假宣传等内容相契合。将消费者权益置于反不正当竞争法的保护之下，无疑表明了反不正当竞争法从私法到公私法融合，其视野不再囿于仅仅为市场经营者提供一个公平竞争的市场环境，也将受到不公平的竞争行为影响的消费者权益和公共利益一并加以保护。但是基于其保护的智力成果的无形性，在竞争过程中，消费者绝对不会有智力成果的损害，所以，对于消费者的保护也是反不正当竞争法独立于知识产权法的内容。

因而对于知识产权法与反不正当竞争法关系要从保护客体是否属于无形性的智力成果来把握，进而从这一点出发将反不正当竞争法划分为保护无形性智力成果与不保护无形性智力成果两类。前者因为与知识产权保护客体具有同一性，所以其可以与知识产权法归于同一法律体系。而对于后者，由于反不正当竞争法不只通过保护无形性智力成果的途径来实现维护市场秩序的目的，所以这部分内容应该独立于知识产权法而存在。从整体来看，反不正当竞争法相对于知识产权法具有独立性和共同性双重属性，但是从智力成果这一点着手，反不正当竞争法具有部分独立性和部分共同性的特点。

---

[1] 孔祥俊．论反不正当竞争法的竞争法取向［J］．法学评论，2017（5）．

五、反不正当竞争法在知识产权领域的适用规则

由于知识产权法定主义的局限性，必然会有一类行为越过知识产权法的藩篱而落入反不正当竞争法的保护范围，所以知识产权法与反不正当竞争法的适用问题焦点就在于哪一类案件应该属于反不正当竞争法的调整范围。如前所述，鉴于反不正当竞争法与知识产权法关系的双重属性，应该以无形性的智力成果这一保护客体为标准，将反不正当竞争法不同属性的内容分而视之。

（一）知识产权法已作穷尽规定不再以反不正当竞争法作补充保护

由于知识产权所奉行的法定主义，当被诉行为明显落入知识产权法已经有明确规定的保护领域，就必须优先适用知识权法的有关规定。所以当需要援引相关法律时，应该首先检索知识产权法是否有相关规定。首先，根据反不正当竞争法的部分补充性来看，反不正当竞争法在适用时居于次级顺位，罔顾知识产权法的有关规定必然会导致知识产权法的优先主导弱化甚至失去。其次，在知识产权法当中，对于所保护的行为类型，侵权构成以及法律责任都有明确而且具体的规定，在这样明朗的制度设计下，对被诉行为的评价往往具有可预测性，能够使法律的稳定性得以保证。而在反不正当竞争法中，由于原则性的一般条款的适用，可能会导致法律判决的不确定性增加，不利于树立法的权威。[1]

（二）反不正当竞争法已经规定具体类型的不正当竞争行为，不适用一般条款补充保护

在反不正当竞争法中规定有商品混淆、商业贿赂、虚假宣传、侵犯商业秘密等具体类型的不正当竞争行为，而其一般条款属于原则性的规定。根据规则优先原则的适用规则，这时就不能再适用一般条款进行处理，只能针对性的适用具体类型中所规定的某一类进行处理，避免了法律适用向一般条款逃逸，一方面保证了法律的确定性和权威性，另一方面也保证了反不正当竞争法内部完整的体系结构与运行规则。

（三）未作特别规定的竞争行为，保护智力成果的不正当竞争行为由一般条款补充适用

如果被诉行为确实不属于知识产权的保护范围，而且在反不正当竞争法

---

[1] 孔祥俊．论反不正当竞争法的竞争法取向［J］．法学评论，2017（5）．

的具体规制类型中又没有规定，就需要适用一般条款进行处理，以达到维护市场秩序的目的。这时根据前述对于反不正当竞争法的分类，我们将商业贿赂、虚假宣传等不损害无形性智力成果的不正当竞争行为类型排除在要讨论的范围之外。因为根据反不正当竞争法的部分独立性来看，这类行为属于反不正当竞争法调整市场秩序的固有规制内容，不存在与知识产权发生适用边界不清的问题。而对于其余保护智力成果的部分将其纳入与知识产权一同考虑适用顺位的范围之内，当知识产权法无法做出调整时，就交由反不正当法中保护智力成果的规定加以调整，发挥反不正当竞争法的补充作用。

反不正当竞争法在智力成果保护领域的适用知识产权法定主义局限性的必然结果，而如何正确理解反不正当竞争法与知识产权法之间的关系就成为反不正当竞争法正确适用的关键。清晰地认识到反不正当竞争法内容的二分性，即相对于知识产权法的双重属性，有助于解决反不正当竞争法在智力成果保护领域适用复杂的问题，从而避免反不正当竞争法过度介入知识产权领域不利后果的产生。

山西寒食节民俗文化研究

王雅星*

摘要 在今天的传统节日中，关于忠君爱国的不外乎“寒食节”和“端午节”。作为古已有之的两个民间大节，“端午节”起源于南方百越，而寒食节则起源于北方山西。直到今天，寒食节这一天在山西的大部分地区，都有着体现其地域特色的风俗习惯。通过从寒食节的起源与山西的关系，山西各地寒食节的民俗，民俗背后的文化体现三个方面着手，剖析出山西寒食节的文化习俗的独特之处，推动今天对这一传统节日的保护与传承。

关键词 寒食节 山西 起源 民俗文化

古往今来，寒食节都是山西民间一个非常重要的节日，但它一直没有确切的日期，一说是在冬至后的105天，一说则在103天。相传晋文公曾把清明节前一天定为寒食节，但据南朝人宗懔《荆楚岁时记》载：“去冬节一百五日，即有疾风甚雨，谓之寒食，禁火三日，造饧、大麦粥。”❶ 即在冬至后105日，正是清明节前两天。在清初汤若望对历法改革以前，全国各地人们过寒食节的日期都不相同；在他改革之后，人们多习惯将寒食节定在清明节之前一日。现代二十四节气的定法沿袭汤氏，因此寒食节就在清明节前一日。山西地区的寒食节除了少数地方如榆次县、垣曲县在清明节前两天，其余大部分地区都是在清明节前一天。

---

* 王雅星（1994—），女，山西人，北京联合大学应用文理学院专门史硕士研究生，研究方向为文化遗产，E－mail：15819241158@163.com；

❶ 宗懔撰，宋金龙校注．荆楚岁时记［M］．太原：山西人民出版社，1987：33.

一、寒食节的源起及其历史变迁

对于寒食节起源的研究，中西方学者都有着独特的见解。“大致来说，主要有两种观点，一种是改火说，一种是子推说。”❶“子推说”是流传最广也是最普遍的一种说法。

“相传春秋时晋文公重耳烧死介子推后，非常后悔，便规定每年此时不得生火，只能吃冷食，寒食节由此得名。”❷

其中关于介子推的故事最早记载于《左传》，“晋侯赏从亡者，介子推不言禄，禄亦弗及。介子推与母偕隐，遂隐而死，晋侯求之不获，封田以志其过、旌善人。”❸ 其用简洁明了的语言记述了介子推的一生。但史料中关于介子推和寒食节的记载却不同步，关于寒食节的记载直到西汉末年桓谭的《新论·卷十一》才有记载，即：“太原郡隆冬不火食五日，虽病不敢触犯。为介之推故也。”❹ 虽涉及不多，但寒食节的禁火为介子推而设却是非常清楚的。

其后《后汉书·周举传》有较为详细的记载：“周举字宣光，汝南汝阳人。……举稍迁并州刺史。太原一郡，旧俗以介子推焚骸，有龙忌之禁。至其亡月，咸言神灵不乐举火，由是士民每冬中辄一月寒食，莫敢烟爨，老小不堪，岁多死者。举既到州，乃作吊书以置子推之庙，言盛冬去火，残损民命，非贤者之意，以宣示愚民，使还温食。于是众惑稍解，风俗颇革。”❺

除此之外，在山西介休的地方志中也有关于寒食节起源的记录，“‘寒食’，冬至后百五日，即有疾风甚雨，邑人为介子断火一月，莫敢烟爨。按，之推邑人也，寒食之风实始此乡，旁郡县因而效之，竟成风。”❻ 从《介休县志》这一段关于寒食节的记载，可以得知山西介休是最早为纪念介子推而设寒食节的地方。

不论是官方史料《新论》和《后汉书》还是地方文献《介休县志》的记载，都可以从中得知，寒食节最早都是山西为纪念其当地人介子推而设，传说与文字记载得到了互相印证，因而说山西是寒食之乡一点都不言过其实。

---

❶ 张小稳. 从地区性的哀思到全民性的欢愉——寒食节的诠释史研究［J］. 民俗研究，2017(6)：102－107.

❷ 陈勇. 青少年国学语文知识趣读［M］. 北京：中国纺织出版社，2016：129.

❸ 左丘明. 国学经典全鉴系列 左传全鉴［M］. 典藏版. 中国纺织出版社，2016：75.

❹ 刘正. 商周图像文字研究［M］. 上海书店出版社，2013：55.

❺ 范晔，司马彪. 后汉书（下）［M］. 岳麓书社，2009：672.

❻ 丁世良，赵放. 中国地方志民俗资料汇编 华北卷［M］. 北京：书目文献出版社，1989：592.

除此之外，据史书记载，在西汉之后寒食节进一步发展，地域逐渐向三晋扩展，寒食节的日期也在逐渐增多；到东汉末年，寒食节的习俗向山西中部和北部扩展开来，而且吃冷食的时间多达三个半月之久。到北魏时，虽然有过统治者，如魏武帝和石勒等都下令严禁过寒食节，但寒食节在其之后的六朝时期却被更多的地区接受，走出了山西地区，影响到了全国。同时，由于寒食节的时间太长不利于人们的身体健康，也逐渐缩短。但这一时期寒食节仍然只是民间的一个节日，从来没被当朝统治者正式承认，更不用说全国统一过节纪念。“直到唐太宗李世民时期，才下令将祭祖定于寒食节这天；玄宗时又编入《开元礼》卷第八十七“王公以下拜扫（寒食拜扫附）”，成为官方认同并倡导的吉礼之一。”❶ 到了“清中期以后，寒食节与清明节结合在一起”❷，寒食节逐渐式微，开始被清明节所取代，以致很少有人了解寒食节，更不用说主动去传承它。但在寒食节发源地山西地区，人们却对这一节日情有独钟，有关寒食节的习俗也一直延续至今。

二、山西各地寒食节的民俗

一直以来，大多数人都以为寒食节不过是扫墓、踏青、荡秋千、放风筝而已。然而所谓“百里不同乡，十里不同俗”，寒食节在不同的国家、地区都有着自己与众不同的风俗习惯，山西也不例外，有着自己独具特色的风俗活动，而且山西的各个地方在传承寒食节的过程中又保持着自己的地域特色。

（一）晋北地区

在晋北地区，如在忻州地区的农村，寒食节的习俗活动非常隆重。早在寒食节的前一周，当地好多家长都要给小孩子穿“连连子”，即将各种碎布剪成小圆片，用当地人称为“高粱箭箭”的东西与线串在一起，根据小孩子的年龄串片，除此之外还要给天地也各串一片。“连连子”最上边人们一般用红布串联叫“红阳婆”，最下边则用黑布串联叫“黑岭梁”，还有绿底底、花草草等做法。做好后挂在孩子们的背后，男左女右。到了这天早上，家里的大人会把“连连子”的线扯断，拿上它，扔到十字路口，叫“祛百病”；然后回家喝高粱稀饭，并且此后几天之内当地人家里都会喝它，主要是因为喝白水怕水面能照见先人们的影子；紧接着便是捏寒燕，捏好之后便把它插

---

❶ 李凤能．寒食节的兴盛与消亡［J］．文史杂志，2019（2）：111－113.

❷ 赵书．北京寒食节饮食习俗管窥［J］．时代经贸，2011（4）：62－63.

在酸枣枝上，等它放久变干之后也不食用；最后是要在太阳出来前扛上铁锹，到坟地选好取土的方位，将坟头、坟地周围的杂草清除干净，再将新土填到坟头，但不要超过墓头，如有塌陷和洞窟都要用土填埋。但在这个过程中都不能在太岁和三煞的方位取土，这就是老百姓常说，不能在太岁头上动土。忻州地区寒食节习俗充分体现了其地域特色。忻州素来被称为“高粱之乡”，高粱的种植历史非常悠久，是当地人民最喜欢吃的一种粮食作物。因此不论是“连连子”还是喝高粱稀饭，都是寒食节与其当地特色结合的体现。同时忻州地区捏寒燕却不食用，是有其历史原因的。忻州地区因为离晋中地区较近，是晋北门户地区，当地的人们一直以来就重视商业。在当地一直流传着这样一句谚语“有奈无奈，赤脚走到口外”，即不管你的生活水平如何，出门学商经商都是成年男子必不可少的人生经历。因此留在当地的亲人便希望自己外出经商的家人像燕子一样早日归来。除此之外，寒食节这天去祖先坟头除杂草，则是忻州地区对介子推孝道文化传承的外在体现。

（二）晋中地区

在晋中，作为寒食节发源地的介休，在寒食节这天，村里人要在长者的带领下到本地的介神庙举办隆重的祭祀仪式，缅怀介子推忠孝节义的民族精神。村正、举人等文人还会请剧团在庙前唱戏给介子推，而且还要唱“木疙瘩戏”（木偶戏）给牛马看，因为他们认为是天地来指派牛马来给介子推修建坟墓，但牛马与人不一样，理解不了人文戏曲，故而唱“木疙瘩戏”。

在饮食方面，在介休当地，每逢寒食节，“蛇盘兔”“子推燕”是其代表性吃食。相传人们为了怀念介子推对母亲的孝顺之心，当地的妇女用自己灵活的双手把面粉加工捏成“蛇”和“兔子”的形象，分别代表介子推的母亲和介子推，把“兔子”紧紧环绕着“蛇”，暗示着子女要承欢膝下，以此来表达孝道之心。除此之外，在当地方言中“蛇盘兔”与“必定富”谐音，蛇和兔子被山西民间一直视为富贵财富的象征，寄托着人们对财富的渴望和对美好生活的向往之情。这天，“蛇盘兔”蒸出来首先要拿去祭拜祖先，在祖先坟墓上滚上一圈，沾沾仙气，再让家里人吃。与忻州地区寒燕不可食用不同，是因为当地人相信，吃了沾有祖先黄土的“蛇盘兔”，家里最弱小的孩子，在新的一年里会身体健康、茁壮成长。

《东京梦华录》里曾记载：“寻常京师以冬至后一百五日为大寒食，前一日谓之‘炊熟’，用面造枣飞燕，柳条穿之。插于门楣，谓之‘子推燕’。”❶“子推燕”是用面和枣做成的一种面塑食物，在山西很多地方都会见到，而在介休更是附会许多当地文化。它不仅有以介子推为名的意思，也与介休方言“念念”（燕燕）联系起来，表现介休人始终不忘介子推不贪高官厚禄而忠义两全的高尚品质。除了纪念介子推，“子推燕”在介休，也是一种属于未出嫁女孩子的食物。介休人认为燕子作为一种飞鸟，最终是要离开父母成家的，就像是在家中的女儿一样，总有出阁嫁为人妇的一天。同时燕子飞去总有回来的时候，父母也希望女儿出嫁后也应当常回家看看，所以“子推燕”寄托了母亲对女儿最美好的祝福和期许。

但在晋中交城、文水一带，则喜欢吃炒面，即玉米、黄豆炒熟后拌以红枣，磨成面粉，吃时拌以稀饭，搅动成稠糊状，大约就是古代所说的“糗”，也可以直接放嘴里干食。这种吃法不仅有着悠久的历史，而且取材与当地种植的农作物相联系，经济实惠。

（三）晋南和晋西北地区

在晋南“如吕梁地区的柳林、中阳、临县等地，人们则是用白面蒸制鸟雀和其他动物、瓜果，俗称‘燕燕’‘寒燕’，蒸出来之后有的被扎在“枣圪针”上，有的则用线穿起悬挂屋内墙上或门上，据说这样是为介子推招魂。”❷ 与忻州不可食用和介休留给家里身体最弱的小孩吃不同，这种食品在20世纪七八十年代之前，亲戚和邻里之间经常会相互馈赠，并且特别受儿童喜爱，并有歌谣吟唱：“三月里寒食又清明，燕燕钻在圪枣林。”这种习俗不仅增添了小孩子的乐趣，也促进了邻里和睦与亲族友爱之情。这一天，吕梁地区还讲究吃用玉米面做成的油糕和“摊黄”——把玉米面搅拌成糊状，摊在“铁鏊”上烙熟，亦称“煎饼”，既能热吃，也可冷食。还有如凉粉、凉面、凉糕一类的食物，食品种类非常繁多。而“在晋西北一带将白面和好后，制成小拇指大小的小丁，晒干，再用细沙土炒熟，叫‘面豆豆’，亦称‘炒圪哒’。总之，要吃些预先加工制熟的冷食。有些山区农家还要上山采柏叶，插于门上和每人头上，一为驱邪，二为祈寿”❸。

---

❶ 孟元老撰，李士彪注．东京梦华录［M］．济南：山东友谊出版社，2001：67.

❷ 张余，曹振武．山西民俗［M］．兰州：甘肃人民出版社，2003：202.

❸ 同上。

三、山西寒食节文化体现

一直以来，物质活动与精神文化是密不可分的，一种物质活动背后也往往隐藏着其独特的精神文化，没有精神文化的支撑物质活动一般是难以维持下去的，更不用说流传千年之久。寒食节的风俗活动就是这样，它体现了山西当地方方面面的文化。

首先，体现在地域文化上。山西寒食节的习俗与各个地方的地域文化密切相关。在农业方面，山西地区多种植玉米、大豆、小米、土豆、高粱、红枣等，寒食节又是以食物命名的传统节日，因此千百年来，寒食节在山西与农业紧密结合，产生了许多具有地方特色的吃食。如晋北忻州地区盛产高粱，寒食节这天就会出现喝高粱稀饭的习俗；而晋南地区多种植玉米，因此吕梁地区用玉米面做成油糕和“摊黄”。

其次，体现在民俗文化上。寒食节在山西多个地区都出现了“蛇盘兔”“寒燕”的面塑食品，面塑这种民间艺术品，与山西地区风俗活动、民俗风情有着一致性。山西南部的面塑讲究染色，面塑制品华丽别致。而山西北部忻州等地的面塑，则以塑为主，着色为辅，着色与面的本色相间。除此之外山西人在面塑形象的选择上也有着自己的讲究。如“蛇盘兔”选择蛇和兔子来比喻介子推的母亲和介子推，与当地的一个古老传说有关。“在原始社会，相传以蛇为符号的部落和以兔为符号的部落产生了矛盾，互相厮杀。幸亏两位明智的酋长怜惜生灵，通过谈判，取得和好，并合为一个部落，兴旺发达强盛起来。从此‘蛇兔团结’传为佳话，还编出了‘蛇盘兔，必定富’的谚语，流传至今，作为美满幸福的象征用于男婚女娘嫁”[1] 因此寒食节做“蛇盘兔”，不仅是用来缅怀介子推，而且还寄托了当地人们对财富的渴望。

最后，体现在忠孝文化上。从晋北地区寒食节需要去给祖坟上除去杂草，添新土，到晋中介休到介神庙举行祭祀活动，并给其唱戏，都是山西地区对介子推忠孝文化传承的外现。虽然从它在山西出现、普及到今天，已经延续了千年之久，加入了相当丰富的文化习俗内容，但是其背后的文化内涵却没有发生本质的变化——忠孝文化。寒食节以忠孝文化为核心的内涵，作为介子推精神的精髓，在今天依然是中华民族传统道德的核心，也是维系民族、家庭团结的道德力量，对构建社会主义和谐社会、建设社会主义文化强国提

---

[1] 李居明．农历使用手册 2013 蛇年运程［M］．南方出版社，2012：265.

供了精神文化支撑。

寒食节起源于山西，而后发展至全国，随后式微和清明节合流，但其习俗在如今山西各地被最大限度地保留下来，并在21世纪的今天焕发出新的活力，为我们呈现了山西地区独特的精神文化。尤其是至忠至孝的优秀传统文化，不仅是中国古代社会的维护社会稳定的伦理准则，成为各个朝代得以立国的重要支撑，还在经过漫长岁月的演变后，其以忠孝为核心的内涵形成中华民族传统道德的核心，在今天依旧具有十分重要的现实意义。

参考文献

[1] 宗懔撰，宋金龙校注. 荆楚岁时记 [M]. 山西：山西人民出版社，1987：33.
[2] 张小稳. 从地区性的哀思到全民性的欢愉——寒食节的诠释史研究 [J]. 民俗研究，2017 (6)：102 - 107.
[3] 陈勇. 国学语文知识趣读图文珍藏版 [M]. 北京：中国纺织出版社，2016：129.
[4] 左丘明. 国学经典全鉴系列：左传全鉴 [M]. 典藏版. 北京：中国纺织出版社，2016：75.
[5] 刘正. 商周图像文字研究 [M]. 上海：上海书店出版社，2013：55.
[6] 范晔，司马彪. 后汉书（下）[M]. 长沙：岳麓书社，2009：672.
[7] 丁世良，赵放. 介休县志——中国地方志民俗资料汇编 华北卷 [M]. 北京：书目文献出版社，1989：592.
[8] 李凤能. 寒食节的兴盛与消亡 [J]. 文史杂志，2019 (2)：111 - 113.
[9] 赵书. 北京寒食节饮食习俗管窥 [J]. 时代经贸，2011 (4)：62 - 63.
[10] 孟元老撰，李士彪注. 东京梦华录 [M]. 济南：山东友谊出版社，2001：67.
[11] 张余，曹振武. 山西民俗 [M]. 甘肃：甘肃人民出版社，2003：202.
[12] 李居明. 农历使用手册 2013 蛇年运程 [M]. 海口：南方出版社，2012：265.

务川仡佬族丹砂开发探究

申　凤*

摘要　中国盛产丹砂。在中国古代，丹砂极具神秘色彩，在历史发展进程中曾扮演过重要角色。务川仡佬族拥有十分悠久的采砂炼汞历史，自古便有着“仡佬之源、丹砂古县”的美誉。丹砂的开采使务川很早之前便与中原王朝有了密切的交往。关于这片地区丹砂开采的情况零星载于各类史书典籍之中，历经数千年的演化，务川先民用他们的辛劳和智慧，在长期的生产实践与对外交流中，创造了独具民族特色的物质文明和精神文明。因丹砂而形成的文化，也以其悠久的历史和独树一帜的风格成为务川最具代表的特色文化之一。

关键词　务川　仡佬族　丹砂　开发

一、引言

丹砂，其别称为朱砂、辰砂与赤砂，它是汞的硫化物矿物（俗称硫化汞），含汞量极高，是提炼汞的最佳矿物原料。丹砂的开采与应用，如冶炼、制丹、炼汞、看病、养生和崇奉等，与原始的宗教信仰及其发展、入药养生、边陲经贸等密不可分。采砂炼丹活动的经久不衰更是真实地反映了那个时期的人们，尤其是上层贵族，在当时科学技术比较落后的年代里，对长生不老、得道成仙的迫切渴望与不懈追求，同时也在很大程度上促进了不同地区之间的经济交往、文化联系。

贵州是我国有名的矿产大省，境内拥有丰富的矿产资源，曾被誉为“汞矿之乡”“世界汞都”。[1] 在贵州分布的几大矿带中，尤以务川—开阳这一地

* 申凤，北京联合大学应用文理学院中国史研究生，研究方向：文化遗产学。

域丹砂开采的时间最为长久，其矿藏储存量在全国竟有五分之一左右，保有储量在贵州高达五分之三以上。“务川有砂，坑之利商，商贾辐辏，人多殷富……”[2]的历史记载，便是对古时务川丹砂经济繁荣的真实写照。在对大坪汉墓群进行考古的过程中，在墓葬中发掘出的大量丹砂，更是有力地论证了务川丹砂开发的历史最迟不晚于东汉末期。可以说，务川的历史发展进程毫无疑问地与仡佬族有着密不可分的关系。

二、务川仡佬族丹砂开发历史

务川县地处黔东北一隅，毗邻重庆，是中国两个以仡佬族为主体民族的少数民族自治县之一，古称巴、濮之地。丹砂在务川地区有着悠久的开发历史。中原王朝早在秦王朝时便开始对“西南夷”进行开发，“秦时常颎略通五尺道，诸此国颇置吏焉”[3]，因秦二世而亡，影响较小。直到汉武帝时才真正实现对“西南夷”的大规模、实质性的开发，先后在夜郎境内设牂牁、犍为二郡，并“募豪民田南夷”[3]。这一举措成为汉族人口批量移入西南民族地区的开端。随着汉人的到来，务川的丹砂开发取得更快的发展。

据古文献记载，务川之名首次见诸史籍是在唐朝时期魏征所著的《隋书·地理志》一书中，该书记载：“巴东郡统县十五，务川县第十四”[4]。务川置县较久，素为黔东北有名古县。因其境内蕴藏着丰富的矿产资源，务川先民很早便懂得利用自己身边的自然资源优势，借助中原地区人士对丹砂的迫切需求，采矿炼砂，积极与外界进行贸易往来。因此，务川虽地处偏远、交通闭塞，但因当地长期与中原地区往来密切，受到中原文化的长期熏陶，大都开化较早。所以，关于记录该地区采砂炼丹活动的历史文献的数量也较多，通过这些历史文献记载的只言片语，我们才得以较为清晰地窥探出务川丹砂开发历史的发展脉络。

作为著名的丹砂产地，在务川境内的仡佬一族中流传着许多与炼丹有关的传说，其中影响较大且较为真实可信的要属于“宝王献丹砂”。关于宝王的传说，大多在贵州省遵义市务川仡佬族苗族自治县境内的三坑、板场、官坝、太坝等偏远的乡镇地区传播。宝王，相传为仡佬族人的祖先，是当时濮人部落首领（还有一种说法是：宝王，名拉贡，为濮王手下专门负责采挖朱砂和冶炼水银的人）。因其率领族人向周武王（一说为周成王）进献丹砂而被加封为“宝王”，后世据此尊奉其为“宝王菩萨”。在仡佬族的传说中，宝王为丹砂之王，只有他才能够帮助族人寻到丹砂矿，借此安居乐业，换得仡佬一族数千年的生息与繁衍。“《逸周书·王会解》说：‘成周之会……卜人以丹砂。’甲孔晁注曰：‘卜人，西南之蛮也。’又说：‘卜即濮也。’”[5]由此可知，西南地区丹砂开采的历史最早可上溯至西周时期，宝王传说的真实性在《逸周书·王会解》中也得到了一定程度的论证。所以，务川地区的采砂炼丹活动极有可能也囊括其中。

在进行有关历史上务川地区仡佬一族内长期盛行的冶炼丹砂活动的学术研究时，除了可以从上述的传说、历史文献的相关记载中寻找关于记录该地区采砂活动的线索外，近些年考古学家在大坪汉墓群的墓葬挖掘过程中出土的大量丹砂，更是务川丹砂经济繁荣发展的一个有力证明。“2018 年贵州省文物考古研究所联合务川自治县文化遗产保护中心，对务川境内汞矿遗址进行了调查。据贵州省文物考古研究所助理馆员杨偲介绍，此次针对务川汞矿进行的考古，发现了矿冶遗址、古墓葬、古道路、相关建筑遗址及近现代工业遗产等各类遗存……共发现矿冶遗迹一百余处，朱砂矿脉分布密集，时间跨度长。其中以务川中部的三坑村、丹砂村、太坝村等地分布最为集中。”[6]据学者考证，“贵州丹砂的开采至少在隋唐时期就已有一定规模，后经宋元的持续发展，至明清时期达到一个高峰。”[7]进入民国以后，由于国内军阀割据、长期战乱，务川当地的丹砂开采深受影响，时有中断。新中国成立以后，在国家三大改造政策的推动下，1953 年成立了贵州省地方国营务川汞矿厂，1965 年更名为务川汞矿，对当时务川经济的发展起了重大的推动作用。虽然国营炼汞在 20 世纪末开始走向衰落，但民间炼汞的活动依旧相当活跃。“党的十一届三中全会后，农民个体采矿炼汞蓬勃发展，星罗棋布。在政府划定的区域内，仡佬族、苗族群众，以单家独户或几家联营的形式，仍以仡佬族传统工艺，用土法进行生产。”[8]进入 21 世纪后，由于国家环保意识的不断增强以及对农村产业结构的越发重视，民间炼汞行为大受限制，私人炼汞的活动才有所收敛。

图 1　务川国营汞矿部分遗迹

图 2　私人炼汞癞蛤蟆洞遗迹

（两幅图片均为实地考察拍摄，拍摄时间：2020 年 1 月 22 日）

三、务川仡佬族丹砂开采的过程与方法

仡佬族是人类历史中最先发现丹砂并学会加以应用的民族，大约在远古的石器时代间就已经发现并学会如何运用丹砂。务川仡佬族最早开始进行采砂炼汞活动的年代十分久远，最早可追溯至先秦时期。“现务川大坪镇一带，还可看到古代土法炼汞的遗迹。最著名的有：大坪山坑，是秦汉时期的朱砂井遗址；大箐洞，2000 多年前，仡佬人就在此开采矿石，冶炼丹砂制取水银，20 世纪末，洞内还存留有古代开采丹砂的摇船。”[9]看到这些，我们不禁会思考：在生产技术落后的古代，务川仡佬族是如何排除万难、实现丹砂的开发呢？

在务川，当地人世代以采砂为业，他们采砂炼汞的传统技艺被称作“土法炼汞”，其工艺流程可以分为采矿、淘砂、炼汞三个流程。

众所周知，丹砂是由一种赤红色的石头提炼而来，这种石头多分布于崇山峻岭之中，需经过多次的反复捶打方能采得，极不容易获取。在铁器时代未到来之前，当时没有什么质地比较坚硬的生产工具，仡佬族人运用他们非凡的智慧，采取了最为原始的火爆法（即高温淬冷法）。先用柴火猛烧山岩，随即迅速朝被火烧过后的山岩上泼洒冷水以待冷却，待山岩炸开后，再以尖锐的木棍、石器等工具，沿着岩缝开凿取砂，当地俗称这一过程为“打岩子”。当铁器工具在务川当地得到普遍推广之后，人们开采矿砂的难度才相对得以降低，但开凿出来的矿洞也仅能容纳一人。直到后来火药的广泛运用，开采矿砂才得到真正的发展。从当地 80 岁老人陈道行那儿了解到：“他从十五六岁开始跟随村里人从事私人采矿，一直干到了近 60 岁。那时政府对民间采矿管控不严，男女老少都有，采矿所需的火药均是从当地集镇上购买，很是方便。挖矿的人有时三五成群，有时一人也能开采，可以在矿洞附近就地进行冶炼，也可以将矿石带回家中用自制的土灶进行冶炼。这样的活动一直持续到 21 世纪初，当地政府开始对私人炼汞严加管控，才逐渐消停下来。”

取得矿砂以后，便进入了淘砂阶段。即用水洗之法，以锤反复击打，直至砂块变成细小的碎块；再将这些小碎块放入摇船上的摇篼内用水反复淘洗，过滤后的污水在船内沉淀，这些沉淀物就是混有丹砂的矿砂；最后将这些矿砂放入淘盆中用流水反复冲刷、淘选，就可直接获得红色的丹砂。

图3　务川县大坪镇新坑坝残留的村民自制土灶

（实地考察拍摄，拍摄时间：2020 年 1 月 22 日）

淘出丹砂后，剩下的砂矿还可继续利用，通过高温冶炼的方法化之成汞，辅之以硫继续淬炼，炼得丹砂。即如东晋著名炼丹家葛洪所言：“凡草木烧之即烬，而丹砂烧之或成水银，积变又还成丹砂，其去凡草木亦远矣。”[10] 在务川，仡佬族炼汞的基本原理是高温冶炼，炼汞的工具则多是当地居民自制的土灶。先在土中挖一条长约两米的小沟，再以黄土或石块在两边堆砌即可搭成一简易的灶台，以铁锅置其上，一般为两口。将矿砂放入铁锅内，放入适量的水，用竹甑子覆盖其上。将一口底部有缺口的小铁锅放在竹甑子上，在缺口的位置倒着放上一个坛子，通常称其为“盎子”，随后以火烧之。当锅内温度高到一定程度时，里面的矿砂遇热蒸发出的汞蒸气飘散至坛内，遇冷凝固，凝固下来的物体就是汞。再将汞与硫黄化合生成硫化汞，用炼汞的方法进行高温加热使其升华，便又可得到丹砂。

四、古时务川仡佬族丹砂的运输路线

务川是中国重要的丹砂产地。在盛产丹砂的地方，如务川的江边、板场等地形成了一个个繁华热闹的集镇。“2007 年 10 月至 2010 年 10 月间，我们曾两次对处在石垭子电站水淹区内的大坪汉墓进行了抢救性发掘，取得了一系列重要发现……发掘过程中，我们与北京大学文博学院科技考古中心合作，对墓内、矿山和河流中的朱砂进行了采样分析。初步检测结果表明，地点朱砂的 S 同位素一致，这表明，墓内的朱砂即出自当地。”[1] 大坪汉墓群的一系列发掘，充分证明了早在两千多年以前这里便是丹砂开采重地。

务川地处云贵之巅，属于贵州省北部。众所周知，那里为云贵之巅，层峦叠翠、山高林密，常有野兽出没，加之地势险峻，交通极为闭塞。那么，在那个科学技术极不发达的历史时期里，人们是如何突破其中的艰难险阻，实现丹砂对外运输的呢?

在务川文史界，过去多认为洪渡河水道是古时进入务川县的主要通道，而主要分布于河水两岸的大坪汉墓群便是这种观点的最好佐证。但近些年来，不少学者通过自己对洪渡河两岸的文物古迹的深入调查以及对务川县及其周边县城汉墓情况的进一步分析，他们提出了自己的一些新观点，并逐渐成为主流。他们认为，古时进入务川的主要道路应为陆路而不是洪渡河水道。

务川汉墓遗址主要分布在泥水、镇南、大坪、都濡等乡镇，由泥水向镇南逐渐增多，在大坪则形成了以江边为主的汉墓群。联系务川丹砂开采的相关记载，及“考古专家结合墓葬形制和出土遗物初步分析，整体来看，从墓砖到出土遗物，大坪汉墓均与峡江地区汉墓呈现出较多相似性。”[11]务川汉墓在文化面貌上与重庆峡江地区汉墓一致，且该地区目前尚未发现有早于西汉遗址的存在，因此可以大胆推测，极有可能存在一个峡江地带的人群，在汉初逆乌江及其支流而上或其他线路进入务川。现有考古材料表明，黔北一带的汉墓主要集中分布于道真、务川两县，这两个地区不仅在墓室结构上大体相同，而且其出土的器物也同属一种风格。这其中的关联使得我们对古时务川丹砂的运输路线有了一个越来越清晰的认识，即2000多年以前，汉人为了获取务川的丹砂，极有可能沿着长江溯乌江而上，至重庆峡江地区顺着乌江的一条支流进入道真，由道真进入务川，再从泥水至镇南然后到达大坪江边，并在江边发展成一个丹砂贸易的集散地，在这附近进行丹砂的开采、冶炼、贸易。

五、务川仡佬族丹砂开发的历史影响

在中国古代，丹砂就被广泛用作彩绘颜料、药物、炼丹原料及宗教物品等。务川丹砂开发历史悠久，早在先秦时期务川便已被纳入强国的势力范围。自隋在务川置县后，丹砂便成了该地对中原王朝纳贡的主要贡品。务川的朱砂、水银开发到了明清两代，更是达到了一个新的高峰时期，出于政治、经济等方面的原因，中原王朝不断加强对西南地区的控制，并开始有计划地进行移民。大量的外来移民带来了先进的中原文化，务川地区在外来民族先进文化的强势冲击之下，逐渐被同化，形成“蛮獠杂居，渐被华风”的社会格局。

丹砂经济的繁荣推动了这一地区仡佬人民的社会分工，农耕经济、手工作坊的出现，表明了传统意义上的集镇已经开始形成。《务川县志》❶一书中“唐，开集镇于板场”的记载，就是最有力的证明。明清之际，丹砂开发趋于鼎盛，有关务川丹砂开采方面的史籍方志记载数量增多。据明嘉靖《思南府志·风俗篇》载：“务川有板场、木悠、岩前等坑，砂产其中。坑深约十五六里，居人❷以皮为帽，悬灯于额，入而采之，经宿乃出。”又因“郡产朱砂、水银、蜡诸物，皆中州所重者。商人获利，故多驱焉，”务川所隶属的思南府“上接乌江，下通蜀楚，舟楫往来，商贾鳞集”[2]。为了便于大量丹砂的开发与运输，发展丹砂贸易，“（明）万历十四年（1586），陕西汞商陈君仁捐资修建大坪瓮溪石拱桥于两山岸之间，桥高数十丈。”[14]（今桥、碑犹存）丹砂的开采与运输，不仅推动了当地贸易的发展与人口流动，而且促进了民族间的交往与融合。通过发展丹砂贸易，务川先民实现了化“蛮荒之地”为膏腴之地的伟大创举，对务川的社会文化和族群发展带来深远的影响。

丹宝王祭拜是仡佬族原始的民间信仰。在务川，采砂人素来坚信“宝王”是保佑他们采砂打槽的活菩萨，在进行开采之前都要对宝王进行祭拜。沐浴更衣，轻点丹砂于额，点香燃烛，将酒肉陈列于案，祈求庇佑。在盛产丹砂的三坑、太坝、板场、金鸡山等地均设有宝王庙，至今仍保持着祭祀宝王的传统。宝王庙、宝王菩萨的产生及其祭祀，从侧面反映了丹砂作为一种独特的“灵物”融入人们的社会生活，并日渐发展成独特的信仰，凸显了当地人独特的宗教观。

六、结语

仡佬族是中国一个独具特色的古老民族，同时也是最早在西南地区进行开拓的民族之一。务川作为中国仡佬族的主要聚居地之一，在这片土地上创造了辉煌灿烂的丹砂文化，因丹砂兴起的贸易往来，更是中原地区与西南边陲的少数民族间的交往与融合的有力见证。然而在当今社会，科技的飞速发展使我们的社会生活条件得到极大的改善与提高，丹砂也日渐失去了往日的神秘与辉煌，它的身影逐渐淡出大众的生活和视野，被人们所淡忘。但是作

❶ 据载，明万历四十年（1612），知县封尚瑞曾纂修《务川县志》，今已失传。现务川尚存的旧志，仅清代和民国初年抄、刻的《南园纪事》《都濡备乘》和续编《南园纪事》二、三卷。

❷ 居人：明时，对以开采朱砂为业的人的一种统称。

为曾经中华文明中的一环，丹砂陪伴人们走过了无尽的岁月，辉煌的丹砂文化不应被淹没在历史的长河中。不论是现在还是在将来，丹砂都应该作为一种不可多得的物质文化遗产和精神财富被我们世代传承！

参考文献

[1] 李飞. 丹砂之路：汉代务川朱砂的开采与汉文化南渐 [J]. 当代贵州，2017 (23).

[2] 洪价，钟添，田秋. (明嘉靖)《思南府志》[M]. 台北：新文丰出版社，1985：378—379.

[3] (西汉) 司马迁. 史记 [M]. 北京：中华书局，1982：1421、2993.

[4] (唐) 魏征. 隋书·卷29·地理志上 [M]. 北京：中华书局，1997：825、829.

[5] 何光岳. 南蛮源流史 [M]. 南昌：江西教育出版社，1988：254.

[6] 王文娟. 省考古所对"丹砂古县"汞矿遗址开展考古——务川新发现矿冶遗迹百余处 [N]. 遵义晚报，2019-03-25 (3).

[7] 曾超. 乌江丹砂开发史考 [J]. 涪陵师范学院报，2006 (4).

[8] 中国人民政治协商会议务川仡佬族苗族自治县委员会文史资料研究委员会. 务川文史资料选辑 (第6辑) [M]. 1992：139.

[9] 俞灵. 丹砂文化：一个民族遥远而又清晰的记忆 [N]. 中国民族报，2009-04-17.

[10] (东晋) 葛洪撰，王明注. 抱朴子内篇校释 [M]. 北京：中华书局，1980：63.

[11] 刘昶. 贵州发现仡佬族古先民"丹砂文化"线路 [EB/OL]. [2014-07-09]. http://gzwc.gog.cn/system/2014/07/09/013656917.shtml.

[12] 王进玉，王进聪. 中国古代朱砂的应用之调查：第11卷 [J]. 文物保护与科学，1999 (1).

[13] 谢东山. (嘉靖) 贵州通志 [M] //天一阁藏明代方志选刊续编. 上海：上海书店，1990：325.

[14] 贵州省务川仡佬族苗族自治县志编纂委员会. 务川仡佬族苗族自治县志 [M]. 北京：民族出版社，2001：14.

从一家之经历看民国时期山东民众离乡现象

孟昕蕾*

摘要 民国时期的中华大地上，积贫积弱、军阀割据、战乱不断、社会动荡、灾害频降、民不聊生，当时的山东省更是天灾人祸交加，民生极度困苦，百姓流离失所。济宁市嘉祥县朱庄村的八旬老人朱传绪曾写过一篇回忆录，里面记叙了他小时候的所见所闻。朱传绪老人的母亲薛望香是村子里唯一一位百岁老人，她记忆中的家族故事非常多，有些故事与当时的国家社会有紧密联系。为此，笔者对薛望香老人进行了多次采访，通过她的记忆来了解那个时代的社会变迁。

关键词 民国时期 山东民众离乡 济宁市嘉祥县朱庄村

一、民国时期山东民众离乡的原因

民国时期的中华大地上，积贫积弱、军阀割据、战乱不断、社会动荡、灾害频降、民不聊生，当时的山东省更是天灾人祸交加，民生极度困苦，百姓流离失所。旱灾、蝗灾、水灾交替出现，有时还伴有黄河泛滥，天灾导致了山东的民众难以维持生计。同时，有限的耕地资源无法满足迅速膨胀的人口对耕地的需求，人多地少的矛盾十分突出，对于没有地或占地少到难以维持生存的农民而言，迁徙他乡便成为他们无奈之下的选择。而连年的战乱更是逼迫他们不得不避难逃生，迁徙离乡。

济宁市嘉祥县朱庄村的八旬老人朱传绪曾写过一篇回忆录，里面记叙了他小时候的所见所闻："新中国成立后我朱庄村属山东省嘉祥县第七区北朱

* 孟昕蕾（1995—），女，北京人，北京联合大学应用文理学院中国史研究生，研究方向为中国史文化遗产。

庄，处于鲁西南平原地带，地势低洼，沿湖地区常受水灾旱灾，十年九不收，多数百姓外出逃荒要饭，饥寒交迫，甚至卖儿卖女，民不聊生，属于最贫困地区之一。”

民国时期，山东农民离村现象非常严重，成为当时的一大社会问题。据有关资料统计，在民国 38 年的时间里，山东仅流入东北三省的人数就达 1836.4 万人。❶ 而 1912—1931 年“九·一八”事变出现之前，山东流民的数量逐年加大，至 1927 年达到顶峰。

（一）自然灾害

频繁的自然灾害是民国初年山东地区流民潮出现的直接原因。民国初期山东的自然灾害主要有水、旱、潮、风、雹、虫、疫、地震等，其中以水、旱灾害最为常见，发生频率高，影响范围广，危害严重；而潮、风、雹、虫等灾害也常常造成大面积饥荒，导致流民的出现。

1912—1931 年，山东省年年都有自然灾害发生，其中以旱灾和水灾为重。此外，虫灾与风雹灾也时常出现，给人民生产生活造成极大危害。这段时期的山东地区，灾害种类多并且各种灾害相伴发生；灾害发生的频率高，波及范围广，危害程度深。天灾造成田地荒芜，粮食减产，人民生活困难，许多地区甚至出现人吃人现象。为求生存，农民纷纷离家出走，大量流民开始涌现。

（二）战乱匪祸

天灾人祸共同构成了民国初期山东地区流民潮出现的直接原因。山东地处东部沿海，靠近中国的权力中心，是贯通南北的重要地区，战略上的重要性是显而易见的，因此山东成为帝国主义及国内军阀争夺的重要地区。频发的战争导致农民流离失所，沦为流民。很多人为了生存，不得不走上烧杀抢掠的土匪之路。

革命军北伐时期，奉、直、晋、鲁北方军阀联合抵抗，集中了大量兵力混战于北方各省。❷ 进入 1920 年后，山东地区频繁地爆发了多次大战，给山东人民带来了深重的灾难，人们的生产和生活受到毁灭性的打击。加上地方军阀各自为政，为争夺地盘，穷兵黩武，无限制地扩充军队，各省财政自然亏空，入不敷出。亏空的部分完全落在了老百姓的身上，在已经过于繁重的

---

❶ 路遇. 清代和民国山东移民东北史略［M］. 上海：上海社会科学院出版社，1987：341.

❷ 高乐才. 近代中国东北移民历史动因探源［J］. 东北师大学报（哲学社会科学版），2005(2).

捐税上继续增加额度并另立新的税项，强迫征收，贪得无厌。到 1928 年，按正额累计，山东的苛捐杂税竟征至 1939 年，百姓苦不堪言，只好携眷离乡，闯关越海，远离故土。

民国初期，山东地区土匪活动猖獗，土匪的数量之大、分布的地域之广、人数之多实属罕见，达到了空前的规模。到 1930 年，土匪人数保守估计为 2000 万左右。❶ 民国时期，大多数的土匪是因为生活窘迫，无奈之下不得已才沦为土匪的，山东更是如此。而在走上土匪道路之后的烧杀抢掠，又使得其他人流离失所，如此循环，民不聊生，许多农民或铤而走险，或举家迁移。

二、济宁市嘉祥县朱庄村实例及简析

朱传绪老人的母亲薛望香是村子里唯一一位百岁老人，她记忆中的家族故事非常多，有些故事与当时的国家社会有紧密联系。为此，笔者对薛望香老人进行了多次采访，通过她的记忆来了解那个时代的社会变迁。

（一）境外做华工

薛望香老人的大哥曾经是一名华工，1918 年响应国家号召，漂洋过海去到法国，为一个工厂的老板做饭。她的大哥作为华工在法国待了十年之久，直到政策允许华工回国的时候才踏上回国的船只。

第一次世界大战的交战国以租界的形式出现在中国的土地上，这导致 1914 年的中国被拖入危险的战争状态中，“中华民国”政府为防止被卷入战争的旋涡，竭力避免战火蔓延到自己的土地上，于是在 1914 年 8 月 6 日发表声明，声明“在战争中保持绝对中立”，并附上《“中华民国”局外中立条规》。❷ 从 1915 年 11 月起，中国方面重新申请加入协约国，但这项提议并没有被协约国接受，它们觊觎的只是中国的劳动力。而当时的中国政府认为派遣平民劳工去帮助协约国，是中国支持协约国参战的最好做法，由此拉开了一战时期中国向法国输送 14 万劳工的序幕。❸

在招募到法国的 14 万人中，有一万多人将他们的生命留在了那片陌生的土地上；战后有几千人留在了法国，在那里成家立业，成为留居法国的第一

❶ 贝思飞. 民国时期的土匪［M］. 上海：上海人民出版社，1991：1.

❷ 中国第二历史档案馆编. “中华民国”史档案资料汇编（第 3 辑）［M］. 南京：江苏古籍出版社，1991：380.

❸ ［法］马骊. 一战华工在法国［M］. 莫旭强，译. 长春：吉林出版集团有限责任公司，2015：15.

批移民；但是战后大部分华工还是选择回国。回国后，他们中的一小部分人投身革命或参与了国家的政治变革，更多的人依旧重操旧业，继续当工人或农民。但这段绝无仅有的经历深深改变了他们的人生。

作为孔孟之乡的山东省在这段历史中起到了恰如其分的作用，绝大多数赴欧华工都来自山东。1914 年夏天，日本向德国宣战，而它在一战期间全部的军事行动都是发生在山东，被德国占据的青岛后来很快又被日本所攫取。收复青岛并进一步阻止日本的侵略行动，是推动中国向欧洲派遣劳工计划出台的最大动力。在第一次世界大战后的巴黎和会上，当英法等大国决定让日本继续占据青岛后，这一决定成为导火索，导致了著名的五四运动的爆发，进而改变了中国的历史发展。山东问题影响了华工的观念，他们为收复自己的家乡做出了巨大的牺牲和贡献。❶

（二）向南去逃荒

薛望香老人的二哥曾逃荒去南方，中途经过安徽泗县时结识了老人的二嫂，二人同在一地主家做工，老人的二哥做保安，二嫂做丫鬟，直到二人结婚，之后回了山东老家。

民国时期，华北地区战火连绵，天灾不断，窘迫的生活压力使得人们纷纷踏上去外省求生的道路。在过去一百多年中，因受黄河决口改道的影响，山东同河南、河北一样，曾有大量人口外移。据记载，此时山东“定陶、嘉祥、范县、寿张、朝城、堂邑、馆陶、博平、高唐、德县等灾民投奔山西、陕西、河北的很多”❷。纵观民国时期山东去往省外的流民，主要以关东地区为最，也有流亡西北以及东南沿海地区的，但与前往东北地区的流民相比则相差甚远。

（三）向北闯关东

薛望香老人的三哥曾闯关东去东北，到了吉林长春，在当地学水暖工程，学成之后先后去了辽宁的沈阳和锦州做工，后又到天津做了两年工，直到 1943 年才辗转到北京。

山东流民去往省外，以关东地区为最。所谓“关东”，是指今辽宁、吉林、黑龙江三省。因地处我国东北方向，又称“东北”。“关东”这个称谓源自明初山海关建立之后。当时人们把山海关以东地区称为“关外”，把山海

---

❶ 徐国琦．一战中的华工［M］．上海：上海人民出版社，2014：5.

❷ 章有义．中国近代农业史资料［M］．北京：生活·读书·新知三联书店，1957：899.

关以南地区统称“关内”，包括今山东、河南、河北等省区。在史学界，又把关内人士大量流亡东北地区的这种特殊的移民现象统称“闯关东”。“闯关东”历史悠久，在近代更是达到了高潮，与“走西口”“湖广填四川”一起组成了我国近代移民历史上一道独特的风景线。山东与东北地区地理位置相近，交通便利，而且山东人“闯关东”历史悠久，因此，一直以来，山东人都是“闯关东”人口的主力。到了民国时期，华北地区各派军阀长期混战，自然灾害频繁发生，致使生灵涂炭，“民不聊生，于是扶老携幼，迁往东北省，不绝于途”[1]，山东流民“闯关东”进入高潮。民国时期的“闯关东”被喻为20世纪移民史上的奇迹，甚至可以算得上是人类有史以来最大的人口迁移之一，可谓“全部近代史上空前的大举”[2]。据史料记载，从民国元年至民国十七年间，短短17年时间，东北地区共增加人口达8866415人。所增人口除人口自然增长之外，大部分是因移民所致。而在这些移民当中，“大概移往东三省之人口，百分之八十为山东人，次之为河北及河南人”[3]。

民国年间的闯关东，虽然是当时社会经济形势所迫，但这对移民本身、对东北三省，甚至对民族、国家都具有重要的意义。山东民众移民东北实质上是贫苦农民在死亡线上自发的不可遏止的悲壮的谋求生存的运动。山东贫苦农民向东北三省的迁移，大大促进了东北三省农业、工商业、交通运输业的发展。山东民众移民东北使得东北三省与全国人口的分布趋于均衡，同时大大促进了汉民族与东北少数民族的融合。山东民众移民东北增强了东北边疆的力量，移民在同日俄帝国主义侵略势力的斗争中做出了重要贡献。[4]

（四）吃粮当兵

薛望香老人的丈夫在结婚前曾是一名军人，由于生活没有出路，所以老人的丈夫选择入伍，当时是由韩复榘亲自招入军中的，他们的队伍曾经驻守过德州，打过鬼子，后来还参加过台儿庄战役。

最初决定当兵的时候，大部分人只是把它看作一条出路，毕竟当时的中华大地战火纷飞，军人一度成为短缺资源，各路军阀都在招兵。在国内军阀混战死伤不多的情况下，招兵非常容易。据日本人长野朗在《中国社会组织》一书中的描述：“兵士的募集，大概在农村举行。写着资格，工银和检

---

[1] 石方. 中国人口迁移史稿［M］. 哈尔滨：黑龙江人民出版社，1990：408.

[2] 江沛. 二十世纪的中国农村社会［M］. 北京：中国档案出版社，1996：84.

[3] 陈彩章. 中国历史人口变迁之研究［M］//民国丛书（第三编）［M］. 上海：上海书店（商务印书馆1946年版影印），1991：16.

[4] 路遇. 民国时期山东人闯关东［J］. 历史足音，2014（2）.

查日期的招纸，张贴起来。一到日期，征兵官就来，带着合格者而去。在战争中，来不及到农村去招募，就募集大都会底游民，而不断地把军队快速集聚起来。甚至把招募新兵的旗帜预先立于多游民阶级的十字路口，一到聚集有人，就带去使其穿起制服，拿起洋枪就成为兵士了。”❶ 可见在灾民和游民中招募兵员非常容易。只是这样形成的军队没有灵魂，更没有战斗力可言。民国时代，当时的军人多是在没有出路的情况下屈尊行伍或在不堪的境遇中被迫从军，由在灾荒中为求活命的饥民和无业游民而组成的军队，成为“灾荒救济所”和“就业中转站”❷。

三、结语

其实，民国时期的山东民众不论有没有离乡，有没有迁徙，生活都是极度艰苦的，只是离乡之后的生活稍有好转而已。毕竟当时的中国，任何地方都避免不了战乱和灾荒，能够在那个天灾人祸并行的年代维持自己的生命，已经是非常难得了。在民国时期特殊的历史环境下，山东地区先是处于北洋军阀的统治之下，后又沦陷在日本人的手中，频繁的天灾人祸，造成大量人口流离失所，或沦为乞丐，或外出逃难，百姓生活苦不堪言。兄弟四人走了四条不同的路，为生活四处奔波，却殊途同归，融进了时代的潮流。一家人不同的人生经历反映了相同时代背景下的百姓生活。

流民迁徙是一个复杂又具有代表性的社会现象。历史上，每一次出现流民的大规模涌动，都预示着社会已接近穷途末路之时。民国时期的山东地区不断涌现的流民潮，正是那个时代社会走向末路的一个缩影。

参考文献

[1] 路遇. 清代和民国山东移民东北史略 [M]. 上海社会科学院出版社，1987.
[2] 夏明方. 民国时期自然灾害与乡村社会 [M]. 北京：中华书局，2000.
[3] 山东省地方史志编纂委员会. 山东省志 [M]. 山东人民出版社，2000.
[4] 高乐才. 近代中国东北移民历史动因探源 [J]. 东北师大学报（哲学社会科学版），2005.
[5] 贝思飞. 民国时期的土匪 [M]. 上海：上海人民出版社，1991.
[6] 王鹏. 民国初期山东流民问题研究 [D]. 四川师范大学，2011.

❶ 池子华，朱琳. 流民生活掠影 [M]. 沈阳：沈阳出版社，2004：288.
❷ 陈檐. 下层军人来源与军队战斗力关系的考察——以民国时期政府军为对象 [J]. 南京理工大学学报（社会科学版），2013 (5).

[7] 中国第二历史档案馆编. “中华民国”史档案资料汇编［M］. 第3辑. 江苏：江苏古籍出版社，1991.
[8]［法］马骊. 一战华工在法国［M］. 莫旭强，译. 长春：吉林出版集团有限责任公司，2015.
[9] 徐国琦. 一战中的华工［M］. 上海：上海人民出版社，2014.
[10] 章有义. 中国近代农业史资料［M］. 北京：三联书店，1957.
[11] 石方. 中国人口迁移史稿［M］. 哈尔滨：黑龙江人民出版社，1990.
[12] 江沛. 二十世纪的中国农村社会［M］. 北京：中国档案出版社，1996.
[13] 陈彩章. 中国历史人口变迁之研究［M］. 上海：上海书店（商务印书馆1946年版影印），1991.
[14] 路遇. 民国时期山东人闯关东［J］. 历史足音，2014（2）.
[15] 池子华，朱琳. 流民生活掠影［M］. 沈阳：沈阳出版社，2004.
[16] 陈樵. 下层军人来源与军队战斗力关系的考察——以民国时期政府军为对象［J］. 南京理工大学学报（社会科学版），2013（5）.

论新中国成立以来我党应对海外“中国威胁论”的做法与基本经验

王　野[*]

摘要　新中国成立70年以来，尤其是改革开放之后中国实力不断提升、综合国力不断增强，受意识形态偏见、霸权主义以及文化差异的影响，以美国为首的西方资本主义国家提出并宣扬“中国威胁论”，严重损害了中国的国际形象，阻碍了中国的发展。作为中华人民共和国的执政党，中国共产党在应对过程中采取了有效对策，具备长远的格局，加固负责任大国的形象，加强沟通交流并明确反霸且不称霸的立场，同时总结经验并反思自身问题。当前，“中国威胁论”仍然甚嚣尘上，中国共产党更应该认真总结经验、完善策略，坚持社会主义初级阶段基本路线，坚定走和平发展之路。

关键词　中国共产党　“中国威胁论”　做法与经验

新中国在中国共产党的领导下走过了70年，研究中国共产党在其过程中应对海外“中国威胁论”的经验具有重要的理论意义和现实意义。第一，这是维护我国国家切实利益的内在需要。“中国威胁论”严重阻碍了我国经济建设的顺利进行，我党只有加强对其相关内容的研究才能更好地回应国际上“中国威胁论”的攻击，减小其对我国经济和综合实力发展的阻碍。第二，这是巩固世界和平发展和树立中国负责任大国形象的内在要求。中国取得的成就和对世界的贡献把中国越发推向世界舞台的中心，中国在世界范围内受到的关注越多，中国对世界产生的影响力就会越大。“中国威胁论”这类用心险恶的阴谋言论不仅有损中国在世界上的良好形象，还违背世界和平友好发展的时代主题。因此，对其进行科学的分析和合理的应对有助于维护中国

* 王野，北京联合大学马克思主义学院在读研究生。研究方向：海外共产党研究。

良好形象，巩固世界和平发展的道路。第三，这是进一步提升我党执政能力和执政自信的必然要求。中国共产党作为新中国的执政党，是“中国威胁论”攻击的实质对象，总结并分析我党在应对过程中的优势和问题就成为应对“中国威胁论”的基础工作和关键点。只有认清自身优势，反思不足并加以改进，才能在“中国威胁论”面前占有强有力的主动权和话语权，才能在新时代背景下铸造新的辉煌成就，才能在经济全球化的时代为世界贡献中国的力量。因此，研究中国共产党执政以来应对海外“中国威胁论”的经验是具有一定时代价值和研究意义的。

一、“中国威胁论”的成因与影响

“中国威胁论”一词早在新中国成立初期就已出现，理论化形成的时间是20世纪90年代初。该论调认为随着中国经济的不断发展、综合国力的提升和军事力量的增强，将会危及其他国家尤其是周边国家的利益，同时向国际发展秩序发出挑战，对亚太地区甚至世界的稳定发展构成威胁。❶ 该论调的根本目的是遏制中国的发展，是美国等西方发达国家巩固其国际地位的王牌，也是我党重视并积极应对的外部挑战之一。

“中国威胁论”在历史上的前身是近代时期的“黄祸论”，当代热战时期，“黄祸论”经过历史的发酵和西方社会的加工改造后，实现了向“中国威胁论”的转化，成为以美国为首的西方发达国家遏制中国发展的武器。冷战结束至20世纪90年代末，美国先后掀起了四次“中国威胁论”的浪潮，形成了五种代表性论点，分别是“中国军事威胁论”“经济威胁论”“政治与意识形态威胁论”“文明威胁论”“粮食与人口威胁论”。21世纪的“中国威胁论”的主导者依旧是美国为首，新增了“软实力”和“民族主义”方面的内容，其产生的影响不断扩大。2010年至今，“中国威胁论”浪潮时高时低，内容扩充到了“一带一路”、网络、文化等方面，该阶段特点是美方“盟友”增多，影响范围更广程度更深。❷ 2017年12月，美国全国民主基金会发表了题为“锐实力：崛起的权威主义影响”的研究报告❸，“锐实力”论所针对的是中国发展模式和文化在海外影响力日趋上升这一问题，它既是新时代美国制造的“中国威胁论”，更是美国将中国视为战略竞争对手在意识形态领域

❶ 张明明. 解析“中国威胁论”［J］. 理论前沿，2003（21）：18－22.

❷ 苏珊珊. 冷战后“中国威胁论”的历史演变［J］. 社会主义研究，2019（2）：140－147.

❸ 刘国柱. “锐实力”论与美国对华战略环境的转变［J］. 美国研究，2019（2）：88－90.

的体现。2019 年 5 月，第 11 届北极理事会部长级会议在芬兰罗瓦涅米举行。美国国务卿蓬佩奥在会议期间发言称中国在北极地区的活动是一种“威胁”，并污蔑中国有可能把北极变成“另一个南海”，同时宣称美国将加强在北极地区的活动，以抵制中俄的“攻击性行为”。中国外交部发言人将此番言论驳斥为“颠倒黑白、别有用心”。[1]

（一）“中国威胁论”的成因

“中国威胁论”有多种成因，其主要原因是意识形态的偏见和美国霸权主义以及中西方文化差异。

第一，意识形态的偏见。意识形态是一个国家、社会、民族的思想之魂，它映射了这个国家、社会、民族的思想、文化、风俗和习惯，直至最核心的思想政治、价值取向、理想信念等。思想、观念、意识的生产最初是直接与人们的物质活动，与人们的物质交往，与现实生活的语言交织在一起的。“人们的想象、思维、精神交往在这里是人们物质行动的直接产物。表现在某一民族的政治、法律、道德、宗教、形而上学等的语言中的精神生产也是这样。”[2]“因此，道德、宗教、形而上学和其他意识形态，以及与他们相适应的意识形态便不再保留独立性的外观了。它们没有历史，没有发展，而发展着自己的物质生产和物质交往的人们，在改变自己的这个现实的同时也改变着自己的思维和思维的产物。不是意识决定生活，而是生活决定意识。”[3]意识形态作为上层建筑体系的一个部分，是扎根于人们现实的物质生产和物质交往中的，实质是人们维系自己存在和发展的物质生产活动和经济基础的反映。因此，特定的经济基础是造成意识形态根本差异的原因，而意识形态本身也代表着特定阶级的根本经济利益。

美国是资本主义国家，中国是具有中国特色的社会主义国家，二者之间的经济基础和社会制度有明显的差异，进而产生了意识形态的差异。阶级社会中，意识形态象征着统治阶级对被统治阶级的剥削和压迫。若上升到国家与国家之间的意识形态问题，则更要明确地认识到意识形态差异的斗争，其目的永远是各个国家、社会、民族的根本利益，特别是根本利益之间的占有、分配和争夺。继东欧剧变、苏联解体之后，中国成为世界上最大的社会主义国家，同以美国为首的资本主义国家的意识形态迥异，中国也成为这些资本

---

[1] 胡欣. 美国又在散布北极“中国威胁论”［J］. 世界知识，2019（11）：74.

[2] 马克思，恩格斯. 马克思恩格斯选集：第 1 卷［M］. 北京：人民出版社，1995：72.

[3] 同上书。

主义国家想要遏制发展并且对意识形态进行渗透和影响的对象。近年来，中国经济等方面飞速发展，在国际范围树立起负责任大国的形象，中国在世界舞台上发挥着越来越重要的作用。这当然是美国等资本主义国家所不愿意看到的，它们认为中国和中国文化的发展是对西方资本主义的意识形态和价值观的威胁。基于对社会主义制度以及社会主义意识形态与生俱来的敌视和警惕，“中国威胁论”就成为它们遏制中国发展的武器。

第二，美国霸权主义。美国的霸权主义是“中国威胁论”产生的重要原因，美苏冷战以苏联解体而告终，美国确立了自己在世界上的霸权地位，从此之后，美国也在不断巩固自己的霸权地位。近年来，虽然俄罗斯综合国力逐渐增强，但是与美国的距离却差之甚远，美国早已不将俄罗斯视为“够实力”的对手。日本及欧洲一些国家的发展虽也十分显著，但受制于地域面积偏小、经济体系单一化、过分依赖美国发展等自身问题，也不会被美国列入“竞争对手”的名单当中。新中国成立 70 年以来，全国各族人民在中国共产党的领导下，自力更生、艰苦奋斗，实现了中华民族由“站起来”到“富起来”的伟大飞跃，并全力向着“强起来”的目标逼近，为实现中华民族伟大复兴不停奋斗着。尤其是改革开放以来，中国的发展更加实现了质的飞跃，无论是在经济、航天还是军事等方面，中国都踏着响亮而有力的步伐迈向世界舞台，推动世界的发展。与此同时，中国发展的脚步声也声声沁入了美国政府的耳中，引起了美国政府的注意和警惕。与别的国家相比，美国将发展更为突飞猛进的中国视为威胁其霸权地位的首要国家，为进一步巩固自己在世界上的霸权地位，美国精心炮制了“中国威胁论”并在世界范围内大肆宣扬。

第三，中西方文化差异。文化是人类在长期的社会实践中所创造的部分财富，文化对社会的发展有着重要的影响，其拥有从意识到行为，再到制度、物质的多种表现形式。西方文化中有明显的战斗意识，西方人好战好征服，侵略性和扩张欲望很强，在其历史上，战争连年不断，处处体现了西方人崇尚武力，喜欢扩张的特征。“二战”后，西方的殖民地相继独立，建立起了拥有独立主权的国家，和平成为世界发展的主题，西方国家意识到以军事手段绝对占领早已行不通，所以其侵略方式变成了经济掌控、文化入侵和制度控制的强制推广。虽然这些手段并非直接使用武力，但其本质与扩张占有的欲望并没有什么区别，西方国家的这种“好战文化”成为现代西方文明的重要文化特征。相比较而言，中国历史上，除了春秋战国时期战争比较频繁外，总体上相对于西方国家要和平，百姓安居乐业，甚至部分时期处于自给自足、与世无争的状态。美国文化与中国文化大有差异，美方更易采取“打倒”或者“压制性”的态度对待正在不断发展壮大的中国，因此文化差异也是“中国威胁论”产生的原因之一。“中国威胁论”的产生和发展与西方尚武扩张的文化影响是必然联系的，是他们把自己的文化传统不加改变地强加给中国的表现。

（二）“中国威胁论”给中国带来的影响

中国一贯走互利共赢的合作发展之路，为世界共同发展不断贡献自己的力量，对世界而言根本无“威胁”一说。“中国威胁论”的内容几乎涵盖了中国发展的诸多重要方面，成为中国发展之路上的阻碍，严重影响了中国同世界各国和平发展的进程，对中国造成的影响不仅仅是国内范围的，更是国际范围的。

国内方面，“中国威胁论”动摇人民齐心发展的心志。“中国威胁论”的言辞会使得部分民众对祖国的发展产生不科学、不客观的理解，既有可能因为“威胁”而理解为中国的发展是违背“和平发展”之说的，也有可能理解为中国目前的发展已经远远赶超美国和西方发达国家等这类不切实际的言论。这样一来，就会动摇民众奋斗的决心和信念，阻碍中国发展的进程。

“中国威胁论”阻碍中国统一大业。在新中国成立的70年里，实现祖国统一一直是全民族共同的梦想。但是在“中国威胁论”的煽动下，“台独分子”“藏独分子”“疆独分子”等企图破坏祖国统一、分裂祖国的恶势力人群大力宣扬“中国威胁论”的内容，不仅发表破坏祖国统一的恶劣言论，更是制造暴乱事件侵害公民的财产和人身安全，动摇社会的稳定。

国际方面，“中国威胁论”损坏了中国在国际范围内的良好形象。新中国从建立至今已有70年，尤其是改革开放以后，中国更是大踏步地发展着，为世界的发展贡献着力量，中国也在世界上树立起负责任大国的形象。但是“中国威胁论”的兴起，使得部分国家盲目地听信所谓中国会带来“威胁”的言论，进而在国际合作中阻碍双方的合作交流，在国际舆论中制造有损中国良好形象的言论。

“中国威胁论”影响了中国与邻国之间的友好关系。中国一向顺应时代的潮流，走和平发展的道路，不仅重视与世界其他国家的友好往来，更加重视与邻国的合作和交流。但是“中国威胁论”的散播使得部分邻国产生了对中国警惕和提防的心态，误以为中国的发展会“威胁”到自身国家的利益，甚至部分国家减少了与中国的交流与合作，这样严重影响了中国与邻国间的和平发展之路。

二、中国共产党应对“中国威胁论”的做法

新中国成立至今70年，中国共产党一直坚定不移地带领着中国走在和平发展的道路上，而中美之间的关系也处于不断变化之中，从中美建交到美国大力吹鼓“中国威胁论”，从热战时期到冷战时期，从合作到贸易摩擦。中国是一向坚持走和平发展的路线的国家，中国的发展格局同“中国威胁论”里提及的内容是全然不同的，面对这些违背事实的恶劣言论的攻击，中国政府也给出了中国的“应对方法”。但与此同时，中国也应该反思自身的问题并加以改进。要保持清醒的头脑，坚定务实，有理有节，在维护世界和平与发展的前提下科学应对当下面临的挑战。

第一，中国共产党带领中国人民树立敢于斗争、积极应对的心态，应对新中国成立70年以来中美关系的变化。中国人民爱好和平，中国党和政府为朝鲜半岛实现永久和平，贡献了超强的政治智慧和军事力量。我军以劣势装备打败了比“八国联军”参战国多出一倍、人数多出76倍的十七国联军，为中国人民赢得了近70年的和平时期，为中华民族赢得了空前的尊严和自信，为后代赢得了丰厚的精神财富。❶

新中国成立后美国虽与中国建交，但表面上的友好也遮掩不住美国对中国的压制和对中国发展的干扰。改革开放以来中国的发展突飞猛进，中美双方在各方面的合作进一步增加，但中国已经成为美国政府眼中威胁其霸权地位的首要对手，对中国的压制更是变本加厉，中美之间的关系也处于波动不定的状态。“中国威胁论”就是美国压制中国的首要理论武器，近年来由美方引发的“中美贸易摩擦”就是其遏制中国发展的手段之一。❷ 中国共产党理应冷静分析，促进产业升级，在新兴技术市场上摆脱以往被动的局面。

掌握科技创新要素是应对中美贸易摩擦的关键，中美贸易关系由起初的以美国为主导的形式发展为“互补型”关系，再到现如今的“抵制型”关系，继而引发了中美贸易摩擦，其变化的动力就是对科学技术以及创新能力的追求。应对中美贸易摩擦，中国政府科学把握中美贸易实质，科学应对贸易摩擦；中国政府要加快科技创新，争取新技术领域的话语权；中国政府充分发挥以生态系统为基础的大国优势，巩固国际范围内的良好形象；中国政

---

❶ 罗援．抗美援朝战争打出了中华民族的硬骨头［J］．党员文摘，2019（8）：49－51.

❷ 艳红．中美贸易战根源、趋势及中国应对［J］．现代管理科学，2019（6）：13－15.

府重视知识产权，完善相关的法律法规。中美双方应加强交流与合作，维护中美两国政府与人民之间的良好友谊，携手推进科学技术创新与发展。中国灵活应对中美关系的变化，不仅维护自身利益，也保持和平友好的态度。面对美方挑起的贸易摩擦，我党主张可打可谈，既不主动挑起斗争，也不被动受其压制，而且永远敞开交流互动的大门。

第二，中国共产党选择长远的格局，面对外部威胁做到有理有利有节。“中国威胁论”的提出不在于一时，其发展过程也是随着以美国为首的西方国家与中国之间实力的比较而一步步进行的，因此，想要彻底消灭“中国威胁论”以及其带来的影响，必须要经历一定的过程。中国政府采取的态度就是理智长远的，没有给予过于激进亢奋的行为回击，因为中国政府明白，任何过分激进的言语和行为都会有损中国坚持走和平发展道路的大国形象，应对这样的无稽之谈我党讲究有策略的应对。

中国的发展格局是长远并和平的，任何动摇中国发展理念的言行都是对中国发展理念坚定性的考验，正如“中国威胁论”中对于中国所描述的“威胁性”的论调就是对中国和平发展理念的荒谬之谈，也正是对其坚定性的打击和考验。面对这样的情形，中国政府和人民若给予强烈的回应甚至行为回击，便落入了“中国威胁论”制造者所设计的圈套，这样就会有利于他们进一步实施抹黑中国形象的计划，进一步坐实“中国威胁论”的诬蔑，进而达到阻碍中国发展、损耗中国实力的目的。因此，中国若采取激进的反击等于是自戕，应当把和平发展放在首位，顾全世界发展的长远格局，不得操之过急。

第三，我党积极承担责任，加固中国负责任大国的良好形象。中国一直走和平发展的道路，不仅致力于本国的复兴与发展，更着眼于世界和全人类的发展问题。改革开放以来，中国通过自身的努力一步步踏上了世界的舞台，以实际行动推动世界的和平与发展，并得到了世界的认可和好评，逐渐在世界范围内树立起了负责任大国的良好形象。[1] 与此同时，以美国等西方国家为首挑起的“中国威胁论”，也随着中国实力的提升而得到了更大程度的渲染，其核心的思想就是捏造中国在强大以后会在世界称霸的假象，但这恰恰是与目前中国的所作所为截然相反的。

应对“中国威胁论”的恶意诬蔑，中国共产党瞄准它的核心观点给予回

---

[1] 张云莲，李福建. “中国威胁论”对中国国家形象的挑战 [J]. 思想理论教育导刊，2016 (8)：48－53.

击。“中国威胁论”扬言中国的发展是自私又极具称霸性质的，那么中国在世界上已经树立起来的负责任大国的形象就是最响亮的回击和最有力度的反驳，正因如此，这个良好的形象更应当被中国捍卫和保护，不仅仅是为了回击“中国威胁论”的不正言辞，归根结底这是中国长久以来的发展理念和绝不动摇的发展方向。中国将一直承担着负责任大国的责任，帮助发展伙伴，推动世界的和平与发展，同时加固自身良好形象。

第四，我党加强对外学术交流，积极借鉴经验。2009 年以来中国共产党始终坚持制度自信，推进我国本土化且具有中国特色的信访制度，把“引进来”和“走出去”有机结合，搭建起了“社会矛盾预防与应对国际论坛”“社会治理亚洲论坛”“中国、法国和西班牙人民权益保护制度论坛”三大国际论坛。其中“社会矛盾预防和应对国际论坛”是一场由多个国家相关领域专家学者参加的国际性论坛，“社会治理亚洲论坛”则是亚洲国家相关领域专家学者研究交流社会治理问题的大型论坛。这些国际性论坛的举办极大地推动了信访制度国际交流的深入，广泛宣传我国信访制度创新的实践经验和政策主张，在国际社会不断传播“中国声音”，贡献“中国方案”，增强了我国信访工作研究在国际上的影响力和话语权，展现我国在国际上的地位和整体实力。

新中国成立 70 年以来的发展有目共睹，但是对于世界而言，各国都随着时代的步伐前进着，不仅仅是中国变强了，换言之是世界强壮了。美国自冷战结束以后就不断加固自己称霸世界的地位，它“打压”过的国家不只有中国一个，世界上还有很多因为发展壮大而遭受美国干扰的国家，就类似于运用“中国威胁论”来影响中国一样，美国也曾动用贸易战击败了“威胁”其霸权地位的其他国家，可以说美国为了捍卫自身称霸世界的地位，将任何国家的“发展”都视作一种“威胁”并加以干扰，这完全违背了和平与发展的时代主题，阻碍了全人类的发展进程。

作为负责任的大国，作为“中国威胁论”的被攻击方，我党积极加强同世界其他尤其是周边国家的交流与合作，增进双方的友谊与信任，对外讲好中国故事，让外界更多更真地了解中国、信任中国，从而赢得更多的合作机会和发展机遇。不仅在产业方面，人才的合作培养也是我国同他国进行交流和学术合作的重要途径，改革开放以来，我国每年都资助优秀的学生出国留学深造，同时热烈欢迎并资助国外留学生来华学习汉语、同国内学生共同从事科研工作。我国政府同时积极借鉴别国应对美国“打压”的经验，结合中国自身的实际状况和特点，辩证性地予以吸收和反思，科学理智地将别国的经验运用于本国的对策之中。

第五，我党明确自身坚定立场，求同存异。反霸与称霸是两个不同的概念，中国在坚持反对霸权主义立场的同时，明确表明中国现在不称霸，将来发展壮大了也同样不称霸。❶ 这个立场是我们中国的声音，反霸且不称霸，踏踏实实地紧跟和平与发展的时代步伐，这是中国明确的立场，中国也以实际行动呼应着它。中国发展理念的前提是“和平”，这个词与“霸权”的含义是互相排斥的，“霸权”就存在着“压制”甚至“战争”，而“和平”代表着“共同”与“美好”。中国高举和平发展的旗帜，就表明中国与“霸权主义”是对立的，中国不仅不支持“霸权”，也绝对不会走上“霸权”的道路。中国要将自己这鲜明且坚定的立场广布于世界，发出中国的声音，喊出中国的气势，让世界更多更深地了解到中国的态度和观点，让舆论的光芒呼应正义的曙光。

与此同时，中国政府与人民也应理解“中国威胁论”之所以会对中国造成影响的不可抗因素——“差异”。差异是矛盾的起点，“中国威胁论”的始作俑者是以美国为首的西方发达国家，而中西方的差异是尤为突出的，体现在中西方文化的各个方面，这些差异沉浸在历史的积淀中，不能被忽视更无法去更改，并且“中国威胁论”的产生与发展正是基于这些差异之上。中国共产党应具备求同存异的态度，抵制负面影响也要理解差异的可存在性，同时更加积极主动地为世界发挥中国的作用，让世界更加了解中国，让世界看到中国所走的和平发展之路。

“话语体系作为理论和现实的总结与升华虽然其形成和传播具有滞后性，但是影响却极为长远和深刻，一旦它深入到世界各国人民的头脑深处，实现情感和语言上的融合，那就必将与中华文化、‘一带一路’‘中国梦’等等一样，愈加发挥出独特持久的魅力。”❷ 习近平同志在2013年8月19日全国宣传思想工作会议上指出：“要精心做好对外宣传工作，创新对外宣传方式，着力打造融通中外的新概念新范畴新表述，讲好中国故事，传播好中国声音。”我党在新时代的背景下，更积极有力地扩大话语体系，对外更宽更广地讲好“中国故事”。

---

❶ 邓小平同志在1974年4月出席联合国大会第六届特别会议的发言［EB/OL］.［2019-10-18］. www. iresearch. cn.

❷ 韩强. 十九大与党的对外话语体系建设［J］. 北京联合大学学报，2018（4）：98-103.

三、中国共产党应对“中国威胁论”的基本经验

从“中国威胁论”的产生到发展，中国共产党一直用自己的实际行动带领着中国人民与之做顽强的斗争。新中国成立70年来，我党在应对过程中取得了一些成效，但是彻底地消灭其言论和影响不能急于一时，眼下我党更要积极着眼于总结经验和改进应对策略，方可在新时代的背景和全球化的格局下合理有效地应对“中国威胁论”带来的影响。

第一，中国共产党要始终坚持社会主义初级阶段的基本路线，敢于同“中国威胁论”进行斗争。领导和团结全国各族人民，以经济建设为中心，坚持四项基本原则，坚持改革开放，自力更生、艰苦奋斗，为把我国建设成为富强民主文明和谐美丽的社会主义现代化强国而努力。新中国成立以来，尤其是改革开放以后所取得的成绩和进步是对我党执政和领导能力最强有力的认可和肯定，当下“中国威胁论”仍在世界范围内损害着中国的良好形象，动摇着中国同世界他国的友好关系，所以我党首先敢于同“中国威胁论”进行斗争，不断捍卫自身立场和观点，同时要继续坚持基本路线，不断取得新的进步和发展，在国际范围内方可掌握更多的主动权和更稳定的地位。

第二，中国共产党要重视“中国威胁论”所带来的影响，但同时也要认清其终将会走向灭亡的结局，进一步增强我党的执政自信并立足做好本职工作。中国的和平崛起打破了“强国必霸”的铁律，开创了大国崛起的新境界——和平不再是“战争的中场休息”。❶ 战争代表着利益的争夺，现如今和平发展是时代的主题，任何蓄意挑唆战争、阻碍和平的行为都与时代的发展背道而驰，最终也会遭受到时代的淘汰，只有顺应时代的发展主题才是长久的发展策略。面对“中国威胁论”带来的动摇和冲击，中国共产党要理性客观看待，要保持清醒冷静的状态；中国共产党要认清“中国威胁论”的本质仅仅是以美国为首的西方发达国家炮制的别有用心的言论，要认清其带来的影响是可被消灭的；中国共产党要坚定走和平发展的道路，捍卫自身负责任大国的形象，要更加自信地坚持用实际行动反击荒谬的言论。“中国威胁论”给中国带来的动摇和冲击必将不攻自破，正义的光明迟早会来。

第三，中国共产党要善于同“中国威胁论”进行斗争，积极化解其影响，加强对外交流。新中国成立70年来，中国共产党领导着中国人民完成了

---

❶ 陶绍兴. 第三波“中国威胁论”之突围［J］. 西安建筑科技大学学报，2015，34（4）：8－13.

从“站起来”到“富起来”的伟大飞跃性发展，现在新时代的发展背景下正举国向“强起来”的目标奋进，我国用短短70年的时间实现了别国百年都无法取得的辉煌发展成就，却也无法避免部分国家对我国的认识和理解不能同我国这种“快速”的发展进程保持一致，因此，“中国威胁论”很容易成为别国“误解”中国发展的罪魁祸首，我党更应该积极化解这种“误解”，向“中国威胁论”的制造者和宣传者及其言论进行积极有效的回应和批判。与此同时，我们要让世界走近中国、了解中国，世界方能信任中国。我们要让世界更加清晰地看到中国的发展历程，更加深入地了解中国的和平发展理念，更加真切地感受到中国的热情与真诚。我党要对外讲好“中国故事”，继续完善应对策略，做好中国的国际宣传工作，迎接世界的关注和认可。

第四，中国共产党要继续为世界发展提供更多更好的“中国智慧”。从毛泽东提出的“两个务必”，到习近平提出的“勇于自我革命”“全面从严治党”，不仅展现了中国共产党为探索和破解长期执政难题形成中国方案的持续努力，也凝聚了中国共产党人在应对长期执政考验上的“中国智慧”，为世界其他执政党派提供加固执政能力的经验。习近平主席2015年9月在纽约联合国总部出席第七十届联合国大会一般性辩论时发表的重要讲话中提出“构建人类命运共同体”这一治国理政方针理论。近几年，“人类命运共同体”连同“一带一路”、“共商、共建、共享”等话语被多次写入联合国的决议，已经成为国际社会热议的词汇，这些“中国智慧”极大地丰富了我国和平共处五项原则的内涵，提升了我国在国际范围内的话语权和地位，是新时期我国外交理念的升华。

第五，中国共产党应积极处理好与周边国家的关系，认真对待中美两国的关系。近期，美国官方加强了对中国“一带一路”“构建人类命运共同体”的批评指责，并进一步给中国制造“债务陷阱”，美国对中国在世界地位、作用的提升表现出明显的焦虑和不安。同时，美国也在强化自己的外援机构，设立新的项目，增加资金，与中国“竞争”在印太地区和世界的外援、投资、基础设施建设等。[1] 美国不仅激化中国同部分周边国家之间的矛盾，同时也增进了自身与中国在多个领域的“竞争”关系。当下，中国政府应当积极应对美国带来的外部环境危机，积极主动与周边国家增进交流互信，及时有效处理周边关系问题，营造有利于中国发展的国际舆论。同时，中美关系

---

[1] 楚树龙，陆军．美国对华战略及中美关系进入新时期［J］．现代国际关系，2019（3）：20－28．

的友好发展才是双方在经济全球化的背景下互利共赢的前提。随着现代化进程的持续推进，中国仍需要继续发展国防事业、加强军事能力建设，坚定地提升应对美国军事手段的威慑和反应能力，不断缩小与美国的军事实力、综合能力方面的差距。

研究和分析“中国威胁论”产生和演变的进程，可以看出其复杂的历史文化背景和终将使其走向灭亡的内在本质，但其对中国产生的影响是不容忽视的。现如今，以美国为首的西方发达国家正在进一步通过对“中国威胁论”的宣扬来阻碍中国的发展乃至全世界的和平发展，这更加要求中国共产党积极吸取经验并反思不足，采取有效的措施应对其带来的“外在危机”和“内在隐患”，在国际范围内提高我党的执政自信和话语权。我们也深刻认识到，历史的发展规律是不容违背的，时代的进步车轮是坚不可摧的，和平的发展主题是永恒不变的，只要我党毫不动摇地走中国特色社会主义道路，坚持大力发展生产力，为人民谋幸福，为世界谋发展，任何谣言和权威都将垮塌，任何攻击和霸权都将灭亡，我党定会打破“中国威胁论”的重重围困，迎来正义的光明。

私人档案收集整理问题初探

杨　凡[*]

摘要　私人档案资源在我国档案建设发展过程中长期处于边缘化地位，只是在近几年才逐渐得到重视，关注点多集中于对外国私人档案资源建设经验介绍、私人档案重要性等初步研究层面，尚未深入具体的私人档案资源的收集整理等具体工作中。本文采取文献调研和现场调研等方法对私人档案的收集整理进行探索分析，界定了私人档案概念和种类，从实践和文献研究两方面分析和总结了目前我国私人档案资源收集管理的现状和存在的问题，并就如何更好提高私人档案收集整理提出对策建议。

关键词　私人档案　收集整理　现状　存在问题　对策建议

一、引言

随着我国档案事业的发展，私人档案的建设也越来越受到关注。西方国家私人档案建设起步早，有许多先进理念值得借鉴。我国学者针对中外私人档案建设理念的不同与差距等问题开展了大量研究。我国私人档案的研究尚处于起步阶段。有鉴于此，本文希望通过对有关私人档案的收集整理方面文献的归纳与总结，为私人档案的收集整理提供参考意见。

二、私人档案的概念及建设研究价值

（一）私人档案的概念

《中华人民共和国档案法》（简称《档案法》）没有明确提出“私人档

---

* 杨凡，女，1997 年出生，硕士研究生，研究方向：图书情报与档案管理。

案”这个概念，但是包含了一些相关的提法，比如“个人所有的档案”。《中华人民共和国档案法实施办法》将个人所有的档案定义为私营组织以及公民个人在私人事务活动（包括非职务研究和创造）中所形成的和通过合法继承、赠送或者在《档案法》公布实施前向社会收集和有偿征购等方式所获得的档案。❶

私人档案的概念在国外大多数国家都较为笼统，多把不属于公共范围的档案均看作私人档案。❷ 在法国这样一个档案法制制度相对完善的国家，其对私人档案的定义为：“凡不由国家经费的单位和个人形成的档案及政府官员在非公务活动中形成的档案，均为私人档案。”❸ 我国学者在学习借鉴西方私人档案的理念并结合我国的基本国情后，总结出为人们普遍接受的概念为：私人档案是指所有权归私人所有的、由私人或私人机构和组织在个人生活或社会活动中形成的以及依法获得的各种形式和载体的档案材料。❹

（二）私人档案收集种类

关于私人档案收集种类的界定，法国档案学家米歇尔·迪香在《论档案立法问题》一文中指出：“私人档案包括个人档案、家族档案、企业档案和私营机构档案（这里是指在政治经济制度下允许存在的私营企业和私人机构）。”美国档案学家谢伦伯格认为：“只要是个人或私人机构在社会活动中或履行其法定职责过程中，或者在与其本职业务过程有关的情况下制作或收到，并作为其职能、政策、决定、程序、行动或其他活动之证据，或者由于其所含内容具有情报价值而被该机构或其合法继承者所保存的一切簿册、证件、地图、照片和其他记录材料，不论其物质形式和特性如何。”这些观点同样适用于我国的私人档案收集整理工作，所以，私人档案的收集种类主要可以包括各类证明文书、各种财产文件、个人收藏等。❺

（三）私人档案收集整理研究的意义

1. 私人档案是国家档案资源体系的重要组成部分

2007 年，国家档案局提出推动建立覆盖人民群众的档案资源体系，并把

---

❶ 胡志富，张卓群，丁莹．私人档案概念释义、鉴定与管理研究——从蒋百里史料捐赠谈起［J］．中国档案，2017（9）：74－75.

❷ 许庆兰．中、法私人档案管理制度比较研究［J］．黑龙江档案，2014（3）：19－21.

❸ 孙海燕．中外典型私人档案利用的比较和启发［J］．兰台世界，2015（20）：69－70.

❹ 孙爱萍，王巧玲，徐云．国家层面私人档案信息资源建设的思考［J］．档案学研究，2015（6）：46－49.

❺ 张世林．我国私人档案所有权法律研究［J］．档案学通讯，2013（3）：57－60.

它作为档案事业的发展方向和目标加以落实。2010 年国家“十二五”发展规划提出，在进一步全面完善覆盖人民群众的档案资源体系中实施“以人为本”战略。私人档案是国家整体档案资源建设的重要组成部分，也是践行以人为本的重要资源建设的内容之一。只有深切关注人民群众的私人档案才能真正做到以人为本。自《档案法》颁布以来，私人档案建设受到了更多的关注。尽管私人档案事业在我国整体档案事业的发展中占据重要地位，但由于目前私人档案大多藏于个人，没有被我国的档案管理部门统一进行管理，所以私人档案资源管理经常处于被边缘化的境地。为大力建设我国的档案事业，在国家层面上非常有必要加强私人档案的建设。

2. 私人档案的建设受到社会的普遍关注和重视

私人档案从非组织生活的角度记录并反映了社会风貌。随着当今社会的快速发展，私人档案虽然一般为个人所有，但是它已然不再是纯粹的私人财产，私人档案中的一部分将会成为我们国家民族文化发展过程中重要的组成部分，能够产生很高的社会价值。在很多西方国家，比如意大利、加拿大等私人档案事业起步较早的发达国家早已普及私人档案的社会化管理理念，且私人档案的社会化管理在这些国家中收效良好。国内一些学者认为我国私人档案的发展也应借鉴西方国家的先进经验，尽早普及私人档案的社会化管理。

3. 公民参与私人档案建设的意识逐渐增强

随着我国经济发展水平和人民群众受教育水平的提高，普通民众参与社会生活、获得身份认同感的愿望越来越强烈。在这一前提之下，私人档案资源的管理与建设必将会受到广大人民群众的殷切关注。公民通过收集整理私人档案可以记录和回顾自己参与社会建设工作的方方面面，并为将来的社会工作提供指引。但是我国目前因为缺乏一套必要的、行之有效的私人档案收集制度，难以对大部分公民生活的点点滴滴进行收集整理。所以建立并完善私人档案的收集管理制度不但可以记录每个公民的社会生活，而且能够激发普通民众对于社会主义建设的参与感和使命感。只有公民真正地通过对私人档案的收集整理参与到档案工作中来，我国的档案事业才能焕发活力。

三、我国私人档案收集整理现状分析

（一）私人档案收集整理现状

20 世纪 80 年代以来，私人档案在国家和社会发展过程中的地位和作用日益受到关注，私人档案的收集整理逐渐成为档案学界研究的热点与重点。

一些组织和机构也以此为契机，形成了一些收集私人档案较为成功的案例，例如，2015 年 9 月，蒋百里外孙钱永刚先生将著名军事学家蒋百里先生最有代表性的军事著作《国防论》的部分手稿赠与浙江大学；❶ 香港中文大学卢玮銮教授在 2002 年荣休后，自愿将其毕生珍藏的文学资料尽数捐赠香港中文大学；❷ 朝阳区档案馆在收集名人档案的基础上，进一步开展了网上展厅业务，通过在网上展览本馆的名人档案，不仅让人民群众可以学习名人的无私奉献精神，而且起到了很好的宣传私人档案收集理念的作用。但是在我国目前私人档案收集成功的案例只属个例，对于私人档案的收集整理尚在起步阶段，尚未建立起针对私人档案收集整理由顶层设计到具体管理的制度，多是依靠个人自发地捐赠或者组织自觉进行私人档案建设，不能形成对私人档案大规模的有序的收集整理。

（二）关于档案馆私人档案建设现状的两点认识

1. 私人档案的收集整理已成为一种国际化趋势

目前世界上对私人档案立法保护的国家已达 90 多个。这其中尤以法国、意大利最为突出。法国对于私人档案的管理具体体现在《档案法》第十一条规定上，对具有历史意义而涉及公共利益的私人档案实行国家登记制度进行监控。法国的档案管理部门主要负责登记私人档案以及维护私人档案的真实完整。在法国档案部门的多年经营之下，法国的私人档案登记制度已经得到逐步的落实；❸ 意大利关于私人档案管理的探索较早。早在 1939 年，意大利第一次把对私人档案的监督管理写进了档案法规，规定一切公务档案和有关公共利益的私人档案都归国家监督。❹ 意大利的档案机构体系由国家档案机构、非国家的行政和经济机关的档案馆、私人档案馆三部分组成。私人档案馆是意大利整个档案机构体系的重要组成部分。意大利也在档案法规中明确了私人档案馆的地位。在意大利，私人档案馆主要负责对具有重要价值的私人档案的确立、鉴定、寄存以及转让与出售等事宜。在私人档案馆的管理之下，意大利的私人档案事业发展得井井有条。❺

---

❶ 胡志富，张卓群，丁莹．私人档案概念释义、鉴定与管理研究——从蒋百里史料捐赠谈起［J］．中国档案，2017（9）：74－75．

❷ 马辉洪．从私人档案到公共档案——以“卢玮銮教授所藏香港文学档案”为例［J］．档案管理，2013（1）：19－21．

❸ 许庆兰．中、法私人档案管理制度比较研究［J］．黑龙江档案，2014（3）：19－21．

❹ 王秦川．国内外私人档案管理比较和启示［J］．陕西档案，2014（2）：48－49．

❺ 孙爱萍．意大利私人档案管理及启示［J］．档案学研究，2002（4）：48－50．

2. 我国私人档案管理尚处于初步发展阶段

我国的《档案法》要求我国档案工作的组织管理原则为“统一领导，分级管理”。意指在国家的顶层设计规划下，将全国的私人档案信息资源体系建设纳入国家档案信息资源体系建设之中，再按照不同的行政区划分层次进行监督指导管控，以分而治之的形式开展服务。因此在各个区划中，每个区划的综合档案馆便要肩负起收集整理保存所在区划的私人档案的重大责任。根据有关调查，在我国大约仅有62%的公共档案馆了解私人档案捐赠者的期望。并且很多档案馆表示获取私人档案仅限于版权所有者授权的个人，其他的档案馆表示按版权所有者要求的获取仅限于“有资格的学者”[1]。另外，许多档案馆由于档案管理员对于私人档案收集管理知识的不了解，导致在私人档案的收集管理方面存在较大问题。

（三）私人档案收集整理存在问题分析

1. 私人档案法制体系不完善

我国档案立法起步较晚，有关私人档案收集整理的法规尚不完善。《档案法》中对于私人档案的许可、转让、出售等问题无详尽规定。私人档案法律制度的不完善导致档案管理部门在管理私人档案时“无法可依”，造成私人档案收集整理发展迟缓，阻碍了我国私人档案事业的发展。加之我国人口众多、地区发展差异显著的国情，私人档案的收集整理制度很难统一。

2. 私人档案著作权不明确

档案著作权归属，是指受著作权法保护的档案作品其权利主体属于谁。我国对于私人档案的著作权保护现状堪忧。目前，馆藏档案中私人档案的著作权状态尚不确定，还需慎重对待。而且据有关调查，我国仅有三分之二的公共档案馆提供馆藏私人档案的著作权状态信息。私人档案的著作权可以属于国家、法人单位和其他机构，也可以属于公民个人。当私人档案保存在公民个人的手中，私人档案的所有权和著作权都归公民个人所有。当公民的私人档案移交档案馆后，即私人档案的所有权发生转移后，著作权一般不会发生转移。但是通过合同或者继承方式转让著作权中的部分权利是允许的。要注意的是此时著作权中的发表权、署名权、修改权和保护作品完整权这些基本权利一般不会发生转移。但是当私人档案的著作权和所有权转移给档案馆后，档案馆就拥有了对私人档案的占有、使用、收益和处分的权利和著作权

[1] 王英. 馆藏私人档案利用的著作权制度研究［J］. 浙江档案，2016（12）：9－12.

的各项权能。[1]

3. 私人档案所有权不清晰

所有权是指拥有某种财产所具有的权利。私人档案的所有权即为拥有私人档案的主体所具有的权利。在我国的法律体系当中，以宪法为根本，民法、物权法、档案法等相关法律法规形成的法律体系共同构成了我国对私人档案所有权保护的法律依据。所有权问题在私人档案研究领域占据重要地位。但是，在现实情况中，存在私人档案捐赠个体与档案馆之间关于私人档案所有权归属不清的隐患。从法律角度来讲，一旦出现纠纷，应用法律条文去解决私人档案所有权问题比较困难。

4. 公民的私人档案意识比较薄弱

在日常的社会生活中，只有少数人会注意留存和整理私人档案。私人档案这一概念还尚未被公众接受。这与媒体和档案机构的宣传力度有关，宣传力度直接影响了私人档案在公众心中的接受程度。同时，由于档案知识的缺乏，公众认为档案离自身生活非常遥远，自然就缺乏对自身社会生活材料的积累。

四、私人档案收集整理的对策建议

解决私人档案的收集整理问题可以从国家层面、相关组织机构方面、档案馆的责任方面以及公民意识方面入手，通过不断完善针对私人档案建设的法规体系、建立收集制度、普及著作权和所有权知识，以及提高公民私人档案意识，有效地促进私人档案收集整理状况的改善。

（一）国家建立针对私人档案建设的法规体系

从国家层面上，尽快建立健全私人档案收集整理的法律制度，从立法的角度实现对私人档案的监管。有了法律的指导，私人档案的收集整理工作才能有序发展。可以借鉴私人档案管理发展较好的西方国家的立法条例，如法国的档案法等就对我国的私人档案立法工作具有很好的借鉴意义。另外需根据我国档案工作的实际情况，坚持从实际出发来制定法律法规。再结合我国政治、经济事业发展的基本国情，制定促进我国私人档案事业发展的法律法规。[2]

---

[1] 张世林．我国私人档案所有权法律研究［J］．档案学通讯，2013（3）：57－60.

[2] 杨锦锦，霍艳芳．个体私人档案意识探析［J］．山东档案，2016（2）：15－18.

（二）相关组织机构建立健全收集制度

关于收集制度，国外由于起步较早，私人档案的收集体系比较完善。而我国关于私人档案的收集整理研究起步较晚，目前尚未有明确的收集制度，只是出现了一些关于私人档案收集的思想。

关于国外私人档案的收集工作方法，有关学者将其概括为刚性方法和柔性方法。刚性方法即为强制性手段，目的是收集和保管涉及公共利益的、对国家和社会有重大价值的私人档案。柔性方法即采用鼓励、购买等手段收集私人档案。在私有制国家，私人档案属于私有财产，国家无权过问，因此主要通过鼓励捐赠私人档案等方式来获取私人档案。❶

我国档案学者提出了分层收集的思想。具体实施方案为将私人档案信息资源体系的构建分为普通大众层、精英骨干层和杰出贡献层。如此分层收集就可以根据不同层次的人群建设私人档案的不同需要，采取更有针对性的收集方案。❷

（三）档案馆向公众普及私人档案的著作权和所有权知识

对于著作权的管理来说，首先要清楚地认识著作权属性。档案馆的管理人员应充分学习著作权知识；有关负责人员在接收私人档案时对捐赠私人档案者或者被征收私人档案者应给予正确的指导，可通过订立合同等以契约的形式管理著作权，以避免今后发生著作权纠纷等事宜。

另外，可以效仿西方国家建立适当的经济补偿制度，制定合理的档案利用费用收取和退还方案等。对于捐赠者来说，捐赠私人档案前应基本了解著作权等相关法规，保护自身合法权益。

档案所有权的归属是判断私人档案的前提条件。判断不了档案是否属于私人档案，私人档案的收集整理则无从谈起。私人档案的所有权包括档案的占有权、使用权、收益权和处分权。档案馆和公民个人都应清楚掌握所有权的基本内容，合理利用私人档案。❸

（四）进一步提高和规范公民的私人档案意识

就公民个人私人档案意识现状而言，我国公民已初步具备了私人档案形成过程中的记录、保存备查、证明意识。在此基础之上，公民个人在日常生

---

❶ 张玮琼. 中外私人档案收集工作比较研究［J］. 兰台世界，2010（14）：2－3.

❷ 孙爱萍，沈蕾，逯燕玲等，等. 国家层面私人档案信息资源体系的构建［J］. 档案学研究，2016（6）：55－59.

❸ 张世林. 我国私人档案所有权法律研究［J］. 档案学通讯，2013（3）：57－60.

活中应注意培养自身对于私人档案的全面收集、合理整理以及长久保管等意识。正如上文中提及的钱永刚先生和卢玮銮教授的案例，正是因为他们自身所具备的私人档案意识，才使得他们能够收集整理私人档案，并且以公共利益为重慷慨地捐赠出来。

与此同时，档案馆应加大对私人档案概念的宣传力度，大力向公众普及私人档案概念[1]，例如，改进高校档案专业培养计划，将私人档案管理融入档案专业的教学计划当中，培养具备先进的私人档案管理理念的人才。利用课余时间组织大学生开展私人档案宣传活动，身体力行宣传私人档案理念。学生还可以亲身参与到私人档案建设工作当中来，积累自己生活中形成的档案。

五、结束语

综上所述，由于我国私人档案建设起步较晚，私人档案的收集整理存在法制体系尚未建立、著作权等知识产权不明确，以及公民档案意识薄弱、组织管理制度和人才缺失等诸多问题。应当通过不断完善私人档案建设的法律法规、建立收集制度、普及著作权和所有权，以及提高公民私人档案意识等方法逐步解决这些问题。虽然我国的私人档案事业建设还处于起步阶段，但是随着我国私人档案事业顶层设计的不断完善和私人档案工作的不断探索，我国的私人档案建设在未来不久的日子里必将步入正轨，获得更好的发展。

---

[1] 杨锦锦，霍艳芳．个体私人档案意识探析［J］．山东档案，2016（2）：15－18.

土地伦理视角下的农地经营权流转问题研究

——来自利奥波德《沙乡年鉴》的启示*

邓思宇　向小倩　张远索❷

摘要　八大以后土地经营权制度成为深化农村改革的重点，三权分置下的经营权流转也成为热点问题备受关注。为了探索伦理思想对农地流转的影响，对当前我国在农地流转中因违背伦理思想而出现的问题进行研究。研究发现，在农地流转过程中出现的种种问题多因忽视了伦理思想的运用。借鉴《沙乡年鉴》中利奥波德所提的伦理观中的共同体思想、利益观思想与土地金字塔思想对当前我国农地流转中的问题进行分析并提出对策建议，用道德软引导与法律硬约束共同作用。应加强各方利益主体的可持续发展的思想、加强农地流出方的思想转变与对农地的保护意识、规范农地流转市场秩序与完善农地流转交易平台等措施，有助于在土地伦理观的指导下实现农地经营权的有序流转。

一、引言

“三农问题”一直备受国家高度重视。为推进解决“三农”问题，提高土地利用效率，增强农民收入和农村繁荣等要求便成为农业发展的目标方向。

---

* ［基金项目］北京市属高校高水平教师队伍建设支持计划项目（编号：CIT&TCD20180326）；张远索为本文通讯作者。

❷　邓思宇（1997—），女，北京人，研究生，研究方向为城市地理、土地利用，E－mail：dsy. 1360318687@ qq. com；向小倩，女，四川成都人，研究生，研究方向为文化遗产区域保护规划，土地制度政策，980998599@ qq. com 张远索（1977—），男，山东济南人，北京联合大学应用文理学院教授，博士，研究生导师，研究方向为土地制度政策，房地产市场分析，E－mail：yuansuo@ buu. edu. cn.

“三农”问题的关键离不开农地，农地经营权的流转问题愈发受人关注，逐渐成为热点问题。为此中央政府也相应出台文件，将在农地流转过程中出现的问题逐渐规范化、合理化、有序化。

自改革开放以来，随着新农村和城镇化的不断推进，以家庭为单位的家庭联产承包责任制已经无法满足现代农业发展的要求。“三权分置”下的农地经营权流转过程中出现诸多问题，大部分学者的研究大多集中于对农地流转制度、流转主体的利益保障机制、流转行为的影响因素等方面。基于伦理学视角下的农地流转问题研究较少，在农地流转过程中忽视了伦理思想的指导，造成农地流转过程中的诸多人地矛盾。学者唐晋淑在她的研究中表明农地流转中的经济正义问题反映了相对应的伦理思想，要保证农地流转的公平规范、高效有序运行就要依据伦理学的指导[1]；学者王立刚阐述合乎伦理规范的土地流转是保持土地可持续利用的基本保证，要实现人与土地和谐相处的道德目标与公平分配的伦理原则[2]；牛文浩等人提出我国农地经营权资本化流转难以实现的原因在于各方主体利益观的差异，只有增强伦理意识，构建有效的保障机制，才能实现全体社会成员的共同利益[3]；薛葵认为在农地流转过程中要保持公正原则，政府在处理“三农问题”中秉持着伦理思想的指导才能更好地为农民谋福利，使农民真正成为农村经济的主体[4]。而现如今在经营权流转方面出现的问题多因违背了伦理思想，此外有关伦理思想对农地流转行为的研究也相对薄弱，没有成熟的思想指导行为的发生固然会问题多发。

基于伦理视角下研究农地经营权流转问题才能从根本上实现人与土地的和谐发展，培育正确的伦理思维方式，实现人地的共同利益。本文拟对当前我国在农地流转中因违背伦理思想而出现的分析并提出政策建议，旨在对政府有关部门出台后续相关政策提供参考。

二、《沙乡年鉴》主要体现的伦理观

在美国著名生态伦理之父利奥波德所著的《沙乡年鉴》一书中，首次将土地伦理这一概念摆在大众视野面前。土地伦理与传统伦理观有所不同，差异在于土地伦理将人与土地自然环境都作为研究主体，而传统的伦理观将自然环境作为研究背景，将人与人之间的关系作为研究主体[5]。利奥波德所提出的土地伦理打破了以人为核心的利益观思想，提醒我们要转变并思考人类是土地征服者的思想，做到真正的热爱土地、热爱自然，强调要重视人与自然、生态之间的和谐共生关系。

（一）土地伦理观中的共同体思想

利奥波德认为“土地伦理扩大了共同体的界限，土地不仅是土壤，还包含水、动物和植物，这是一个共同体，统称为土地共同体。”在《沙乡年鉴》中还有一句话“土地伦理改变人类角色，把人类从土地共同体的征服者变为他的普通成员和公民”。在土地共同体概念中，自然环境是共同体中的一员，人也是共同体中的一员，两者之间是平等的关系，强调人类并不是土地的征服者而是与土地自然平等的一员，与整个共同体的生死存亡、繁荣衰落混成一体，一荣俱荣，一损俱损。身为共同体中的一分子，人类的思想行为都会对这个共同体造成不同程度的影响，影响或好或坏，关键便在于人类在进行人类活动时是否遵循尊重自然、热爱自然的伦理思想。

利奥波德将人与自然归结于一个共同体，人和自然均是共同体中重要的一员，两者之间并不存在支配领导关系，而是平等的共生关系，都要遵循伦理思想方能做到和谐共生。土地伦理观中的共同体思想与儒家思想中的自然观有异曲同工之妙，双方观点都强调要尊重自然、保护自然、转变人类是自然的征服者这一思想。

（二）土地伦理观中的利益观思想

在土地共同体中，人与自然是一个真实存在的整体，在这个整体中存在无数的关联与牵绊。在土地共同体中人类活动遵循土地伦理思想便可以与自然各取所需的同时又能做到互利互惠。利奥波德认为土地伦理衡量的尺度之一便是内部利益的协调性。

人与自然之间应保持一个平衡关系，这种健康的关系才能达到可持续发展的状态。人类活动要遵循伦理思想，保障自然可以承受住人类活动带来的负面影响，控制在一定限度内的人类活动，不仅使人类自身获益也可以使自然获益。人和自然之间共同的利益是生态环境，只有良好的生态系统，人类才能更多的获益。在共同体思想中，人类自身的利益是个人利益，共同体的利益才是整体利益，个人利益要服从整体利益。人类作为共同体中有思想的成员，要坚持以整体利益为主原则，个人利益补充发展，做好共同体内部之间的利益协调。

（三）土地伦理观中的土地金字塔思想

利奥波德所提出的土地金字塔模型类似于生态金字塔。在他的描述中，植物从太阳与大气中汲取能量，能量则在一个被称为生物群的系统中不断循环，在这一生态系统的循环中一旦某一因素发生改变，其他因素便会做出调整与之适应，这就是生态平衡。金字塔思想实际上就是共同体的循环意识与整体意识。

利奥波德认为在共同体中土地不仅是土壤，还是流转在土壤、植物、动物之间的能量源泉，一切生物在死亡腐烂后依旧会回归土地，这是一个持续不断地循环系统[6]。在土地共同体中我们要保持循环意识和整体意识，不过分改变自然，顺应自然的发展趋势来利用自然。利奥波德在《沙乡年鉴》中有描述为了经济利益而强行改变自然环境，亲眼目睹荒漠化逐渐形成。土地共同体中存在的个体都有自身的意义，如果为了追求经济利益改变环境最终会受到环境的反噬。

三、我国农地经营权流转中存在的伦理问题

农地是农民最重要的财产之一，农村财政收入大部分源于农地产值，要想增加农民收入，就必须提高农地利用效率，提高农地利用的收益，这才是实现农民增收的基本途径。因此是要提高农地利用效率就涉及农地经营权流转，农地产权的自由流转有利于形成规模效益，带动流转地的经济发展，缩小城乡差距。国家支持并鼓励农地的经营权流转，但在流转方面的规范并不成熟，导致在流转过程中市场出现损害农民利益、挫伤地方政府积极性等一系列问题。究其根源在于流转过程中的无序混乱，并没有形成完善而成熟的农地流转体系。现阶段的农地流转中过分追求经济利益，忽视伦理思维，造成流转市场秩序混乱，撂荒多发，损害农民利益及农地的使用效率。

农地流转过程中的组成结构大体分为三部分：（1）农地流转的转出方，即持有农地经营权和承包权的利益主体，这一类大都是农民自身或全体村民；（2）农地流转的中间方的机构，指的是主要负责农地流转过程中的监察执行、保障流转工作合理有序进行的利益主体，多为村委会及基层地方政府；（3）农地流转的转入方，指拥有资金和技术，准备对农地进行规模化生产的经济组织或个人，多为企业或农场主等。分别从以上三方面利益主体的角度寻找在农地流转过程中有违伦理思想而导致的问题。

（一）农地经营权流转流出方

从农地流出方这一角度来看农地流转过程中违背伦理思想的问题主要是农地流转市场秩序不规范、农户所得知的流转信息不充分、流转体系不成熟、流转平台不完善，流转市场中并没有成熟而固定的流转程序，以至于农户与

农地流入方的在签订相关合同协议后发现自身利益受损，造成有苦难言的局面。一方面因当初对农地流转市场信息的匮乏做出决定有误而后悔，另一方面由于市场的不完善，易造成农户毁约或临时抬价，造成农地流转过程中的无序混乱局面，加大农地流入方与流出方的矛盾，伤害农民流出方积极性的同时也挫伤了流入方经济组织对农地流转的投资积极性。

此外，农户对农地的流转意愿不大，有时会造成农地资源的浪费，形成“撂荒”局面。由于我国历史上土地制度原因导致农户的农地分散细碎，难以形成规模、集约化生产，在流转过程中可能需要多家共同流转才能形成流转规模，流转交易成本增加，难以实现规模经营的优势。

（二）农地经营权流转中间方

在农地经营权流转过程中政府发挥着至关重要的作用，既要起到监管市场秩序，保护农民合法权益，打击企业投机行为，又要通过农地流转带来的益处缩小城乡差距，即注重一定的经济效益。

在村委会或基层政府这一角度下最常见的问题之一便是政府在农地流转中的行为过于强势或为追求地方政绩联合流入方损害农民的合法权益。地方政府为追求本地区的经济目标，坚持扩大农地流转规模，强制推动农地流转，损伤农民合法权益，由于个体农民没办法与其抗衡，容易造成政府与企业暗中合作，压低农地流转价格，损害农民经济收入；也曾出现政府和农地流入方为追求高经济作物，放弃粮食生产，造成当地粮食安全出现问题；更有甚者坚持大规模农地流转能推动区域发展，不加限制的招商引资，在招商引资过程中并未标明农地流转中的土地用途，导致企业钻了空子，将农地变为非农耕地，损伤农地质量，或在农地上的工作超过农地承载量，违背了农地应适度经营发展的自然规律。

（三）农地经营权流转流入方

农地流入方在面对农地流转中的角色定位在于为自身创造更高的价值。接受农民手中的土地进行集约化发展有利于获得规模效益，此外还能提高该土地的利用效率。但在这一过程中会出现违背伦理思想而过分重利的行为。

近年来，国家鼓励农地经营权进行流转，鼓励集约化生产，形成规模效益。使得农业领域的商机增多，有部分企业开始进行投机行为，在逐渐进驻农地流转过程中要警惕个别企业的别有用心，过分追求经济利益使得企业等经济组织进行“圈地”运动，从中骗取国家所给的农业补贴，或利用农业用地生产的优待却不从事农业活动，私自改变土地使用性质，这一现象会造成耕地资源的浪费。

农地流入方在面对村委会或地方政府与农地流出方时会因为流转市场规则的不完善而受到经济方面的损失。此外由于农地多为分散细碎化分布的现实情况导致农地流入方要想进行规模生产就要与多家沟通进行意向沟通与合同签订，众人意见不同是一大难题，交易成本也会相对较高，所以农地流入方的获地困难相对较大。

四、土地伦理观在农地经营权流转中的运用

农地流转过程中出现的问题虽纷繁复杂，但大多问题解决的关键都在于要遵循一定的伦理思想。在伦理思想指导下的农地流转会逐渐走向有序流转、规范流转。利奥波德在《沙乡年鉴》中提到的土地共同体思想、利益观思想和土地金字塔思想对农地流转过程中出现的无序、混乱现象有着一定的指导作用。

（一）共同体思想指导下的建议

土地伦理观中的共同体思想向我们传达了人与自然应该和谐相处，平等共生。我们在利用农地时不仅要注重它所带来的经济效益，更要关注生态效益。在流转过程中农地进行集约化生产形成规模效益的同时要更多关注农地的承载力，不能为追求高产高收益而损伤到农地质量。

在此伦理思想指导下，农地的经营者（不论是农地流出方或是农地流入方）都应重视农地的自身价值，保障农地质量，做到可持续发展。政府作为农地流转中的监察机构，应该不断建立和完善流转平台，保护农民流转权益，规范流转市场秩序，选择较优的农地流入方进入当地农地流转市场，严格保障农地的可持续发展；农地的流出方应转变流转思想，当自身没办法发挥土地的最大价值时可以考虑将其流转出去，也可以获得更高的效益。此外，还应加强对农地的保护意识，避免将农地流转到只一味追求利益而不顾生态影响的企业手中。

（二）利益观指导下的建议

土地伦理观中的利益观思想告诉我们在农地流转过程中要关注整体利益，个人利益应服从整体利益，加快农地流转的目的在于增加农民收入，提高农地利用效率，缩小城乡差距。因此，保障农民的权益，促进当地经济发展，形成农业专业化生产便是整体利益。坚决抵制流转主体中的某一方为追求自身利益而损害其他主体利益的行为。

在利益观的指导下，政府首先应当用道德软引导各方利益主体重视在农地流转过程中的违背伦理思想的行为，加之用强硬的法律手段约束，颁布相应法律法规、完善流转市场的服务机制等措施积极促进农村土地规模化流转的发展；其次保障土地流转市场秩序和流转平台的完善，将农地流转间的口头协议落实到具体合同，将流转信息更好地展示。在给农地流出方，提高农民法律意识等方面采取防止农民权益流失的风险防范措施；最后在保证本地区的粮食安全的基础上，鼓励农业产业化经营，鼓励土地连片开发形成专业化发展区，从而获得更高效益，推动当地经济发展。

（三）土地金字塔指导下的建议

金字塔思想实际上就是共同体的循环意识与整体意识。在农地流转过程中既要注重土地的社会、经济效益，又要重视土地的生态效益，注重农地流转过程中的循环及整体意识，做到在流转过程中尽量保障多方主体的利益，土地流转中尽量做到流出方、政府和流入方利益制衡，构建利益制衡机制。

在农地流转过程中严格把控农地流转出前与转出后的土地使用性质不变，各利益主体在经营农地时不过度使用土地，导致土地质量下降。农地流转还会带来农村生态风险，规模经营会破农村生态资源环境[7]。在土地金字塔思想指导下各方利益主体应热爱土地，尊重土地，将整体利益作为追求目标，而非为个人利益伤害环境，保护生态环境。

五、结语

为增加农民收入，促进农村繁荣发展，就要深入推进农地经营权的流转，提高农地利用效率与农地收入，整合农村零散细碎化的农地，将之形成规模，进行专业化生产，提高土地利用的综合效益。农地流转在近些年已经取得初步成效，但随之也逐渐暴露出在流转过程中的问题，如在流转过程中政府过分追求经济利益或政绩造成农民的权益受到侵害、流转过程混乱无序等，打消农民进行农地流转积极性的同时由于流转市场并不完善，矛盾多发，也挫伤了企业向农村投资的积极性。《沙乡年鉴》中的土地伦理思想将人与土地等自然环境看作是一个生命共同体，在土地伦理观下的共同体思想、利益观与土地金字塔思想可以为解决当前我国农地流转过程中出现的问题提供一定的指导，将农地经营权流转过程中遇到的问题参考伦理思维提出解决建议。在人类的活动中，始终要遵循着伦理思想的指导才能发展得更好。和谐的人地关系背后是土地伦理观的指导，利奥波德所提出的土地伦理观提醒人们转变自身是环境征服者的想法，更多的尊重土地、热爱土地，唤醒了人们对于生态环境效益的关注，改变了以人为核心的利益观，更全面地考虑人与自然的关系。

参考文献

[1] 唐晋淑. 农村土地流转中的经济正义问题研究 [D]. 吉首大学，2013.

[2] 王立刚. “三不”政策：土地流转的伦理解读 [J]. 湖南工业大学学报（社会科学版），2009，14（06）：54-56.

[3] 牛文浩，张钰婧. 经济伦理维度中我国农地资本化流转研究 [J]. 中共郑州市委党校学报，2016（02）：49-52.

[4] 薛葵. 土地流转制度的经济伦理学解读 [J]. 唯实，2009（02）：30-32.

[5] 郭施宏. 人与土地的伦理关系——评奥尔多·利奥波德的《沙乡年鉴》[J]. 社会发展研究，2014，1（01）：226-232.

[6] [美] 奥尔多·利奥波德. 沙乡年鉴 [M]. 胡向春，刘鑫，译. 武汉：长江文艺出版社. 2018：190-192.

[7] 朱强. 农地流转风险与防范研究 [M]. 北京：北京师范大学出版集团，2013：219-222.

旅游/文化/大数据篇

新环境下大数据分析与情报分析的对比研究

袁　雪*

摘要　随着大数据时代的快速发展，大数据分析引入情报研究已经成为不可阻挡的趋势，复杂的数据网络技术给情报分析发展带来方便的同时也带来了很多挑战。认识传统情报分析的局限性与不足，了解大数据环境下情报分析面临的新环境，发现大数据分析与情报分析的共性和差别，总结情报分析在大数据环境下的注意要点，对于情报分析的发展具有重要的现实意义。

关键词　大数据　大数据分析　情报分析

一、引　言

情报学与情报分析早在20世纪50年代就开始发展起来，而大数据分析则是近几年新兴发展的产物。❶ 随着网络的不断发展，数据资源呈指数级增长。传统的情报分析已不能满足用户日益增长的需求，因此，大数据环境下的情报分析就显得尤为重要。大数据的概念一经提出，就受到了各行各业的广泛关注，它的主要特点就是“大”，数据过多使得普通人难以从中得到有价值的信息。而大数据分析是大数据理念与方法的核心，是对海量的、类型多样的、增长快速并且内容真实的数据进行分析，从中找出数据之间未知的相关关系，进而辅助决策的过程。❷ 大数据和大数据分析为情报学的发展带

* 袁雪（1995—），女，河北承德人，北京联合大学在读硕士研究生，研究方向为图书情报，E－mail：1261787140@ qq. com。

❶ 李广建，化柏林. 大数据分析与情报分析关系辨析［J］. 中国图书馆学报，2014，40（05）：14－22.

❷ 张云中，李紫千. 大数据分析到情报研究：天堑抑或通途？［J］. 情报理论与实践，2019，42（06）：17－21.

来了巨大的机遇，其中影响最大的就是情报分析，因为在大数据的背景下，情报分析需要大量的数据来提供支持。但是，情报分析也不是简单地套用大数据分析的概念，两者既有共性，又有各自的特点，如何在大数据环境下进行情报分析是我们需要关注的问题。国内学者李广建、化柏林[1]在进行大数据分析与情报分析的辨析中提到，只有弄清楚大数据分析与情报分析究竟有何共性，又有哪些不同；大数据的思想理念、方法技术在引入情报学后会带来哪些影响，又有哪些适应性问题需要改造，才能真正有针对性地助力情报学和情报分析的快速发展。因此，在大数据推动社会变革的背景下，情报研究的发展既应抓住机遇，又要直面挑战。

二、传统情报分析流程及局限性

（1）传统的情报分析流程包括：情报需求的提出、情报假说、情报收集与整理、情报分析与生产、情报产品的交付与反馈等5个情报关键环节[2]。在传统情报研究中，情报人员需要根据情报任务的主题、情境以及情报用户的特点，将情报需要转化为情报需求。确定需求后，情报人员围绕需要研究的情报问题收集相关的事实材料和科学原理，在此基础上调用自身的情报经验和领域知识，并运用自己的创造性思维和逻辑推理能力进行论证形成假说，为情报收集与整理提供依据。接着情报人员需要根据情报需求制定情报收集计划，选择合适的情报收集手段，明确具体的情报采集渠道、情报规模及范围等内容，并对收集到的情报进行评估，对于有价值的情报进行分析。在传统情报研究中，情报分析模型兼顾定性模型和定量模型，前者以比较性模型、关注事物动态发展的过程模型、描述实体关系的关系模型等居多，后者以对事件进行长期预测时使用的仿真模型为主。经过分析整理后得到最终的情报产品，当时一般是以纸质的形式交给情报用户。

（2）随着大数据时代的发展，传统情报分析逐渐显现出局限性和不足，用户需求的不断变化以及海量数据的冲击都对传统情报分析提出了新的挑战。首先，计算机之于数据的分析相较于情报人员更快捷方便，在获取了大量的数据后，计算机能够快速精确分析出用户的需求及偏好，从而快速获得用户的情报需求。在提出情报假说过程中，大数据通过数据驱动，进行归纳整理，

---

[1] 化柏林，李广建．面向情报流程的情报方法体系构建［J］．情报学报，2016，35（2）：177－188.

[2] 袁晓芳．情报分析中大数据分析技术与框架研究［J］．中国高新科技，2019（17）：96－99.

从而得到相关关系的假说，相较于传统情报分析，简化了归纳流程，提高了效率。而在情报收集与分析中，传统的人力收集更显现出很多弊端，大数据分析利用网络爬虫等采集技术对网页、数据库中的数据进行自动或半自动获取，能够及时收集到快速更新的信息。传统情报分析与生产的过程中，大多采用定性与定量相结合的方式，描述的是实体关系，可能会忽略其他相关关联；情报产品采用图文报告的纸质形式不便于长久保存，也没有可视化表现得更清晰明确。[1] 总之，传统情报流程的每一个环节都显现出了不足，需要融合大数据的背景作出新的改变。

三、大数据环境下情报分析面临的新环境

从情报问题的变化看，情报问题变得更加多样化、复杂化。造成这种现象的原因有以下三个方面。首先，海量的、多样化的数据为情报用户带来了全新的数据视野，用户的需求在大数据的环境下也发生了改变，更加注重情报的时效性、准确性，也为情报人员提供情报服务带来了新的挑战。其次，计算机网络的高速发展，使得一些机构和个人具备了独立操纵数据分析挖掘的能力，使得情报问题更加复杂多样。对情报人员数据综合处理能力、信息鉴别能力和情报分析能力都提出了更高的要求。此外，任何事物之间都有或多或少的联系，大数据环境下，使得这种联系变得更快速更密切，信息环境瞬息万变，蝴蝶效应表现得更为明显，政治、经济、文化、军事等都有可能导致情报问题更加多样化、复杂化。

从方法技术发展角度看，可以看到大数据时代情报学的研究对象已经从传统的信息收集、传播、存储和检索转换成对数据的描述、收集、检索、关联、挖掘以及服务模式的研究，这种转变伴随的是技术方法的不断革新和发展。[2] 而大数据时代是一个数据分析的时代，新的环境下产生了很多大数据分析的方法和技术，这些方法技术依托互联网时代新兴发展起来，并且融合以前的技术理论为情报分析提供支持。传统情报研究是定性与定量相结合的方法。定性方法包括对比法、归纳法、德尔菲法、访谈法、结构性分析方法等，定量分析方法包括统计分析、数学分析、抽样分析、计量分析、贝特斯分析、形态分析等。但在大数据环境下，从情报流程的开端，收集数据源开

---

❶ 黄晓斌，钟辉新．大数据时代企业竞争情报研究的创新与发展［J］．图书与情报，2012（6）：9－14.

❷ 迟玉琢．大数据背景下的情报分析［J］．情报杂志，2015，34（1）：18－22.

始，就融入了互联网和物联网两类应用，前者一般使用 Web 构建技术，后者则使用无线传感器来构建。相较于传统方式，这两类应用会源源不断地产生数据，为情报分析提供大量数据的来源。而数据采集、组织和挖掘任务的复杂性更对传统的以关系型数据库为代表的集中式数据处理方法提出了挑战，因此分布式计算相关方法和技术逐渐被广泛应用。目前主流用于大数据处理的分布式计算平台有 Hadoop、Hive、Storm 和 Spark，这也对情报分析人员的计算机技术提出了新的挑战。

从用户需求看，我国在 20 世纪 90 年代就开始了基于用户需求的情报理论体系研究。如靖继鹏[1]等人从“以用户为核心”的角度建立了情报科学理论体系，接着越来越多的学者开始关注用户的需求。情报用户的需求是情报活动的原动力，而情报服务系统的目的就是满足用户的情报需求。它们看似相互关联，但在传统的情报服务中，情报用户和情报服务系统是相互矛盾的，主要是因为传统的情报机构没有互联网的支持，缺乏收集和处理情报的先进技术，也没有分析和处理大量数据的能力，因此无法获得情报用户数据，并有效地处理这些数据。而大数据环境和数据挖掘技术的发展给社会带来了根本性的变化的同时，用户的需求也逐渐朝着多样化、个性化和专业化转变。如何及时准确地把握用户真正的情报意愿和目的，更好地组织挖掘和分析用户数据，是实现对用户情报需求判读的基础。因此，情报服务机构在大数据环境下，不能仅仅专注于情报的智能采集、分析、解读等工作，还需要依靠大数据分析，通过对用户情报需求的深度挖掘，认真解读用户的个性化需求，为用户提供精准、有针对性的个性化服务。

四、大数据分析与情报分析的共性和差异

（一）大数据分析与情报分析的共性

大数据分析与情报分析都是以信息和数据为基础资源和研究对象，对信息和数据进行有效的组织管理和分析挖掘，为用户提供相关服务的过程。因此，大数据分析和情报分析有着天然的联系，两者的共性主要表现在三个方面：重视对数据的定量分析，关注多源数据融合，强调相关性分析。

1. 重视对数据的定量分析

大数据分析与情报分析都很重视对数据的定量分析。大数据的特点在于

[1] 靖继鹏，李勇先. 试构造以用户为核心的情报学理论体系［J］. 情报业务研究，1991（4）：193－198.

数据体量巨大，数据类型繁多，数据价值密度较低，处理速度较快。大数据分析就是对冗杂的数据去粗求精，将其定量分成小数据，依照聚类分析、关联规则挖掘、时间序列分析、社会网络分析、路径分析、预测分析等方法进行处理。❶ 情报分析也十分重视数据基础，早期的情报分析也要求从业人员具备相应的专业知识，具有处理数据的技巧。但随着科技与网络的快速发展，学科不断综合化以及专业化，这便要求从业者有跨学科的知识，并且能够熟练应用计算机技术对信息进行处理，让所得情报“用数据说话”。但是两者之间也是存在差异的：大数据的定量分析，自足于相关系统中已经存在的数据，这些数据可能包括用户的电脑数据、企业的营销数据、挖掘的关联数据等，类似行业的正常运转便能为大数据分析提供源源不断的数据源。而情报分析的数据需要专门的搜索与建构，需要保证数据的有效性和准确性等，需要对所得数据进行不同的加工和处理。

2. 关注多源数据融合

多源数据融合就是把通过不同渠道、利用多种采集方式获取的具有不同数据结构的信息汇聚到一起，形成具有统一格式、面向多种应用的数据集合。多源数据融合要解决的问题是协同利用多源信息，使不同形式的信息相互补充，以获得对同一事物或目标更客观、更本质的认识。在大数据背景下，大数据所包含的信息种类多样，组成结构千差万别，而这些数据又可能从多角度、多层次展现人类、事物之间的联系，如何将这些不同结构、不同形式的数据融合到一起，并从多源信息中发现有价值的知识与情报，是大数据分析需要时刻关注的问题。这种多源融合不仅能够为企业挖掘新的发展模式，也对竞争机会的选择有预见作用，并且可以为用户提供决策上的参考价值。在情报分析领域也需要更加多源的要素，进行相互补充，因为情报分析的领域研究的问题也十分综合，单一的数据很难满足具体的分析需求，有时相同的信息可能隐藏在不同的数据源中，情报研究者需要通过对数据的整合对结论进行验证和补充，从而提高情报分析的准确性和科学性。❷

3. 强调相关性分析

大数据时代在数据处理理念上有三大转变：要全体不要抽样，要效率不要绝对精确，要相关不要因果。换而言之，在庞大的数据库中通过对整体数

---

❶ 黄晓斌，钟辉新. 基于大数据的企业竞争情报系统模型构建［J］. 情报杂志，2013，32(3)：37－43.

❷ 李广建，江信昱. 不同领域的情报分析及其在大数据环境下的发展［J］. 图书与情报，2014(5)：7－12，19.

据进行分析，来发现两个事物之间的相关关系，从而利用这种关系创造经济价值。相关性原理也是情报学的基本原理之一，同时也是情报实践的常用分析方法。从情报结构角度来看，情报之间是按照一定的规则相互关联的，而关联性又是对知识、情报等方面有组织、有规划分析的基础。大数据将因果分析转向现象分析，在于分析出数据与现象之间的关系，并不在乎前因后果。而情报分析需要探求事物的本质，更加要求严谨性和逻辑性，力求探索事物的本质，摸清对方的意图，这样对未来进行预测才有保障。

（二）大数据分析与情报分析的差异

1. 数据对象

大数据分析对象并不限于某种数据类型，通常以数值数据与结构化的短文本数据为主要对象。而从当前实际应用的成果来看，情报分析的主要对象是文本，主要任务是在文本中寻找语意之间的关联。

2. 数据规模

大数据分析要求的是所有数据，是要求全体并非抽样的一种分析方法，数据规模极其庞大。情报分析往往不需要全部数据，一定量的数据就足以完成任务，因为限于技术限制、政策限制以及需求度的关系，有些数据不容易被获取。

3. 分析时机

基于当今的计算机技术以及庞大的数据源，大数据分析的突出特点是实时分析，对当前信息加工处理，并且得到分析结果。情报分析很少对分析时机有所区分，虽然需要新数据进行处理，但是在总结数据规律、未来发展趋势时，需要一定阶段的滞后数据。

4. 分析任务

大数据分析是通过关联性实现模式挖掘与预测分析，并且强调发现事先不知道的新模式未知的相关关系，这一点与情报分析有显著的差异。就预测分析而言，大数据分析主要包括趋势预测和缺失信息预测。趋势预测是指通过事物的一些基本属性信息和先前的态势分析，预测事物发展的轨迹和最终影响力。[1] 缺失信息预测是指对现有信息中缺失的信息项或者还没有出现的信息进行预测。而情报分析的目的和任务通常情况下是明确的，要回答具体的问题。情报人员需要做的就是紧密围绕情报分析课题的需求，广泛收集各

[1] 李广建，杨林. 大数据视角下的情报研究与情报研究技术［J］. 图书与情报，2012（6）：1－8.

类相关信息，运用多种工具与方法进行内容分析。❶

五、大数据环境下情报分析的注意要点

在大数据的背景下，大数据分析工作本身的发展非常重视总结过去的经验，以此提供实践指导，这种方法也非常适用于科学领域的分析工作，重视分析新的工作环境，能够给未来的发展提供明确的方向。目前大数据分析的技术概念已深入应用于许多领域，也影响了人们的思维方式和工作方式。所以，情报分析工作应该注意以下三点。

（一）注重情境研究

网络技术的快速发展给情报分析工作带来了新的机遇和挑战。我们需要先了解情报所处的情境，并对情境有充分的认识，在此基础上进行情报分析才更可靠。通过总结之前情报分析失败的案例，可以说明情境分析的重要性，并利用情境来提高信息分析的有效性。

（二）注重整体性分析

整体性分析对于情报分析来说是十分必要的。现如今，数据类型多种多样，数据本身庞大杂乱，其中很多数据具有结构化特征，有很多数据又是非结构化的存在方式，所以仅凭个人或者单个机构，在海量的数据面前是非常无力的。与此同时，情报问题的复杂性也要求情报工作者能够进行协同分析，努力实现信息共享，对海量数据进行结构化处理，从而更快找到有价值的信息，这就是分析整体性的体现。

（三）注重时效性和分析预测

在传统的情报分析流程中，可能需要充足的时间才能得到可靠的决策，但是当前基于大数据进行分析，分析指向性有所减弱，用户的情报需求复杂多样，需要情报分析更加注重时效性和预测性，不仅为用户短期决策提供依据，也对用户进行长期规划提供有针对性的指导。❷

六、结语

目前大数据技术在情报工作中的应用还处在非常初步的阶段，作为一个

❶ 陈宇. 大数据分析与情报分析关系辨析［J］. 教育教学论坛，2019（11）：48－49.

❷ 庞娜. 认知情报学：大数据背景下情报分析的新机遇［J］. 情报理论与实践，2018，41（12）：55－60，98.

新兴的理论和实践领域，大数据思想是对社会理念、用户需求以及技术手段发展水平的集中体现和综合反映，大数据思想不可避免地会对情报分析工作产生诸多影响，在大数据环境下，情报分析的技术体系、过程与方法都在发生着变化。通过分析，传统的情报分析研究存在很多缺陷，不能满足情报用户的多种需求。作为情报人员，要顺应时代发展，首先要转变思维方式，以数据化的视角分析解决问题；其次要了解大数据分析与情报分析的共性和差异，注意在大数据环境下进行情报分析时考虑情境因素、整体性以及时效性，以此迎接大数据时代为情报工作带来的新挑战！

哈萨克斯坦马文化旅游开发研究

马克图（MAKHMUD BULAROV） 刘 啸 马 静*

摘要 在哈萨克斯坦的众多国宝中，汗血宝马具有重要的地位，是哈萨克斯坦的象征和骄傲。哈萨克斯坦和中国正式建立外交关系后，哈萨克斯坦已经两次向中国赠送“汗血宝马”，表达了中哈两国可合作关系的发展。所以，本文从旅游开发角度对哈萨克斯坦针对中国旅游市场开发马文化旅游进行研究。

关键词 哈萨克斯坦 汗血宝马 旅游开发 文化旅游

一、引言

哈萨克斯坦共和国是一个位于中亚的内陆国家，也是世界上最大的内陆国。国名来自其主体民族哈萨克族。原为苏联加盟共和国之一，1991 年 12 月 16 日宣布独立。

16 世纪之前，哈萨克斯坦境内生活的是游牧的突厥民族，直到 18 世纪初期，俄罗斯帝国将哈全境吞并，哈萨克斯坦开始沦为俄罗斯帝国的殖民地，至今哈萨克斯坦的民族和文化属于突厥文化、伊斯兰文化和斯拉夫文化的结合体。

在哈萨克斯坦的国家珍宝中，汗血宝马最为世人所熟知。可以说汗血宝马在一定程度上是哈萨克斯坦特产的代表，作为全球范围内的优良马种，汗血宝马已经成为哈萨克人的骄傲和荣誉。汗血宝马在中国也享有非常高的知名度。早在中国的汉朝时期，通过丝绸之路，哈萨克人的汗血宝马就已经被

---

* 马克图，男，哈萨克斯坦，北京联合大学研究生，研究方向：旅游管理，邮箱：Bularóvm@ bk.ru。

进献到了中国。进入新时期，哈萨克斯坦和中国正式建立外交关系，哈萨克斯坦已经两次向中国赠送“汗血宝马”，表达了中哈两国可合作关系的发展，同时汗血宝马也是中哈两国人民友谊的见证。马文化在中国传统文化中具有非常重要的地位，中国的马文化经过长远的发展已经非常成熟。

二、哈萨克斯坦马文化旅游资源 SWOT 分析

（一）优势

1. 优良的自然环境适合养马

哈萨克斯坦是世界最大的内陆国，国土面积为 272.49 万平方千米，约占地球陆地表面积的 2%，国土面积排名世界第九，领土横跨亚欧两洲。国境线总长度超过 1.05 万千米。哈萨克斯坦通过里海可以到达阿塞拜疆和伊朗，通过伏尔加河、顿河运河可以到达亚速海和黑海。东南连接中国新疆，北邻俄罗斯，南与乌兹别克斯坦、土库曼斯坦和吉尔吉斯斯坦接壤。哈萨克斯坦属大陆性气候，1 月平均气温 -19 ~ -4℃，7 月平均气温 19 ~26℃。哈萨克斯坦北部的自然条件与俄罗斯中部及英国南部相似，南部的自然条件与外高加索及南欧的地中海沿岸国家相似。这里既有低于海平面几十米的低地，又有巍峨的高山山脉，山顶的积雪和冰川长年不化。降水量，北部 300 ~500 毫米，荒漠地带 100 毫米左右，山区 1000 ~2000 毫米。西南部属图兰低地和里海沿岸低地。中、东部属哈萨克丘陵，东缘多山地。哈萨克斯坦的半荒漠和荒漠大多都在西南部，北部自然环境类似俄罗斯，较为湿润，北部和里海地区均可接受来自海洋的水汽。哈萨克斯坦地域辽阔，草原面积广，非常适合马的生存，也为养马产业的发展提供了良好的自然环境和条件。哈萨克斯坦的马奶、马肉已经成为吸引游客的特色产品，在全球享有盛名。同时哈萨克斯坦还生产优质的蜂蜜和驴肉等特色产品，能够打造以这些产品为主要特色的系列马文化旅游产品。

2. 深厚的马文化活动

在哈萨克斯坦的众多国宝中，汗血宝马已经成为哈萨克斯坦的象征和骄傲。因哈萨克斯坦的地理原因，在历史发展过程中，骑马对于哈萨克人是非常重要的一种交通方式，无论是生活迁徙还是行军打仗，都离不开骏马的支持，尤其是汗血宝马在历史上对哈萨克斯坦的进步和发展做出了突出贡献。哈萨克人对于马匹尤其重视和喜爱，甚至把马作为重要的家庭成员，不舍得鞭打马匹，也不会给马带上笼头，并且还会花费重金为家中马匹打造配饰，

尤其是小马驹的降生对于整个家族都是非常神圣和重要的。有一种情形可以表现哈萨克人对马的喜爱和重视，比如每天早上在拜见完父母大人后，都会去马厩看望马儿是否安好。哈萨克斯坦的国徽也加入了一匹金色的汗血宝马形象，这是全球范围内仅有的把马作为国徽设计的国家。

哈萨克族的每个小男孩都会举行“骑马礼”，男孩子 5 岁时举行。他们从小就在歌声和马蹄声中成长，成为大草原的主人。这是一种非常庄重、寄托哈萨克族人内心祈愿的生命仪式。不过，如果一个家庭中全是女儿，那就要为大女儿举行。而如果四五个孩子中，只有一个是女儿，那么除了为男孩子举行之外，也要为这独女举行。

赛马是哈萨克斯坦非常重要的一项日常活动，每年四月份是哈萨克斯坦的赛马节，不仅有马匹的速度竞赛，还有马匹选美以及马术表演等活动。在哈萨克斯坦的各个主要城市随处可见汗血宝马形象的雕塑和喷泉。经过漫长的历史积累，可以说马文化产业已经成为具有哈萨克斯坦特色的代表产业之一。

3. 马文化外交源远流长

中国对“汗血马”的最早记录是在 2100 年前的西汉，汉初白登之战时，汉高祖刘邦率领的 30 万大军被匈奴骑兵所困，凶悍勇猛的匈奴骑兵给汉高祖留下了极深的印象，而当时，汗血宝马正是匈奴骑兵的重要坐骑。汗血宝马就是来自土库曼斯坦、哈萨克斯坦一带。为了发展马文化产业，保护国内的汗血宝马品种，哈萨克斯坦政府在 2001 年建立了阿哈尔捷金马协会，由哈萨克斯坦总统亲自担任协会主席。并且总统先生还亲自著书一本——《阿哈尔捷金马——我们的骄傲和荣耀》，详细介绍了汗血宝马的发展历史。

此外，哈萨克斯坦目前的消费水平和物价水平还不是太高，相比较于一些其他开发马文化旅游资源的国家来讲，哈萨克斯坦发展马文化旅游产业具备了一定的价格优势。

（二）劣势

第一，哈萨克斯坦马文化旅游形象宣传力度不足。

哈萨克斯坦马文化历史非常丰富，并且是汗血宝马的主要产地，但是在中国却有很多人认为汗血宝马是来自蒙古国的主要马种。由此可见哈萨克斯坦的马文化旅游形象宣传力度严重不足。另外，在中国境内和旅游市场很少看到有关哈萨克斯坦马文化旅游形象的宣传广告。不管是在电视和报纸等传统媒体领域还是互联网领域都出现很多东南亚国家的海岛旅游宣传，但是几乎看不到哈萨克斯坦的马文化旅游形象宣传。

第二，哈萨克斯坦缺少具有吸引力的马文化特色旅游产品。

哈萨克斯坦是汗血宝马的主要产地并且具有久远的马文化发展历史，但是其国内并没有开发出对中国游客非常具有吸引力的马文化特色旅游产品。大量的中国游客在希望参与马文化类相关的旅游活动时，第一选择往往是蒙古国或者我国内蒙古草原而不是哈萨克斯坦。哈萨克斯坦国内的马文化旅游活动基本都是骑马体验，目标性的客户群体非常单一。对于对马文化感兴趣但是并不想骑马体验的客户群体来讲，哈萨克的马文化旅游活动并不具有吸引力。

第三，哈萨克斯坦马文化旅游景区基础设施落后。

哈萨克斯坦国内地域广袤，但是交通运输条件非常落后，游客抵达哈萨克斯坦后前往旅游景区非常不便利，不仅路途遥远且需要克服严重的颠簸，造成很大一部分游客因为畏惧遥远的旅途而不愿意选择前往哈萨克体验马文化旅游。在一些马文化旅游景区内，很多酒店和饭店都非常破旧，难以满足中国游客的住宿和吃饭需求；景区内汉语指示牌短缺，造成游客的旅游体验差，不愿意再次前来哈萨克斯坦旅游也不愿意把哈萨克斯坦的马文化旅游推荐给更多的人。

第四，哈萨克斯坦旅游企业经营行为不当。

因为游客稀缺，所以针对前来哈萨克斯坦进行马文化旅游活动的游客往往会被一些旅游企业重点“关注”，诱导或者强迫这些游客过度消费，以获取更高的经济利益，严重损害了哈萨克斯坦国内马文化特色旅游的形象，导致游客体验非常差。

（三）机遇

第一，哈萨克斯坦国内的政策机遇。

哈萨克斯坦现在处于经济发展的重要时期，近些年国家经济发展取得了一些不错的成绩，但是旅游等第三产业的发展还比较滞后。充分开发和利用国内的马文化旅游资源，带动经济发展，完善产业结构正是哈萨克斯坦政府目前的迫切目标。为此，哈萨克斯坦政府制定了多项优惠和鼓励政策，希望能够促进国内旅游等第三产业的发展，深度开发马文化旅游资源，积极打造具有哈萨克斯坦特色的马文化旅游产业。

第二，“一带一路”发展倡议带来的机遇。

“一带一路”发展倡议提出后，哈萨克斯坦积极响应并且深度参与实践。

在“一带一路”各项政策的支持下，哈萨克斯坦和中国之间，以及和其他国家之间的互联互通建设取得显著成果，打通了旅游文化交流的渠道；同时哈萨克斯坦马文化旅游资源的相关基础设施也不断得到完善。

第三，国际上“大旅游”时代的来临。

目前，出国旅游已经不再完全是某些富裕家庭的专属活动，大量的普通家庭也能够实现独立自主的出国旅游，并且全球范围内各个国家游客的旅游热情也越来越高涨。现在的游客群体受到的束缚极少，走出“国门”的实际能力非常强。全民热衷旅游的“大旅游”时代的来临，为哈萨克斯坦开发马文化旅游资源产品创造了广阔的空间。

（四）挑战

第一，来自其他国家马文化旅游资源过度开发带来的挑战压力。在中亚，许多国家都具备发展马文化旅游的能力和条件，比如中亚地区的乌兹别克斯坦和北亚地区的蒙古国等都是汗血宝马的故乡，自然环境也和哈萨克斯坦十分相似，在快速发展地区马文化旅游资源产品的过程中，自然会给哈萨克斯坦马文化旅游产业的发展带来压力。

第二，马文化的衰退和消亡。随着哈萨克斯坦马文化的广泛传播，吃马肉逐渐成为哈萨克斯坦的一种饮食特色，每年哈萨克斯坦都要宰杀大量的马匹来满足本国和国外游客吃马肉的需求，受此影响，哈萨克斯坦的马文化正在逐渐衰退，造成人们对哈萨克斯坦马文化旅游失去兴趣和信心。

三、哈萨克斯坦对中国旅游市场开发现状

哈萨克斯坦是中亚五国中旅游产业发展非常突出的一个国家。在地理位置上哈萨克斯坦位于古代丝绸之路的必经之地。现在的哈萨克斯坦政治体制稳定，国内的旅游资源储备丰富，同时也积累了深厚的历史文化。2018 年意大利国家电视台曾经把哈萨克斯坦评为年度最受欢迎旅游地，由此可见哈萨克斯坦旅游产业的发展潜力之大。在最近几年，哈萨克斯坦和中国之间的全面友好合作关系持续发展，两国之间的民间交流更加频繁，不论是在合作范围还是在合作深度上都实现了良好的发展。

但是，在旅游交往领域，现阶段两国之间的交流还比较少。迄今为止中哈两国之间的有关旅游合作协定还是 1990 年签署的。现在中国针对哈萨克斯坦旅游者的消费市场刚刚起步，规模还非常小，同样哈萨克斯坦针对中国游客的消费市场也处于发展的初级阶段。每年中国游客前往哈萨克斯坦旅游的

人数不足两万人，其主要原因在于哈萨克斯坦旅游产业发展相对滞后。新时期，中国提出了“一带一路”发展倡议，哈萨克斯坦积极参与其中，其国内的旅游产业发展也迎来了新的契机，2018年后哈萨克斯坦已经把旅游产业作为国家三年发展规划的重要内容，历史文化旅游、人文旅游、马文化特色旅游今后都是哈萨克斯坦旅游产业发展的重要内容。

四、哈萨克斯坦马文化旅游资源开发的建议

（一）加强哈萨克斯坦马文化旅游形象宣传

首先，哈萨克斯坦要针对中国旅游市场，加强马文化旅游形象的宣传和建设。哈萨克斯坦拥有悠久的马文化历史，同时更是汗血宝马的重要产地，所以哈萨克斯坦应该积极地把这些内容推广出去，提高哈萨克斯坦马文化旅游在中国旅游市场的知名度。

其次，丰富哈萨克斯坦马文化旅游形象的宣传渠道，除了传统的电视和报纸媒体宣传，针对中国旅游市场，应当充分发挥网络的便捷性和覆盖性优势，积极运用互联网展开马文化旅游形象宣传，吸引更多的中国游客。同时还应该在哈萨克斯坦和中国国内的各大机场进行广告宣传，针对高出行频率的人群进行宣传能够更加具有针对性。不仅从事马文化旅游的企业应当针对中国市场加强宣传力度，同时哈萨克斯坦政府应该担负起宣传本国马文化旅游的责任。

（二）开发马文化特色旅游产品

汗血宝马在中国历史上具有非常高的知名度，同时汗血宝马也被非常多的中国人所熟知。对此，哈萨克斯坦国内的马文化旅游企业可以积极开发“汗血宝马”主题的旅游产品，提高对中国游客的吸引力。同时哈萨克斯坦的马文化旅游企业还应当积极开发个性化的马文化旅游产品，比如有的中国游客对于马文化的发展历史比较感兴趣，则可以开设马文化博物馆，讲述哈萨克马文化的发展历程；比如有的游客喜欢亲身体验骑马的乐趣，则可以修建骑马体验的园区，满足游客骑马的愿望；再比如有的游客和家庭希望体验草原的游牧民族生活，则可以发展“牧家乐”活动，按照当地的方式为游客提供原汁原味的草原游牧民族生活。通过打造这种个性化的马文化旅游产品，哈萨克斯坦才能够在中亚各国的马文化旅游竞争中胜出。

针对来自中国的游客想要骑马体验草原的愿望，哈萨克斯坦可以在主要景区开设“马术学校”，一方面对马文化进行有效的传播，另一方面还能够

满足中国游客想要骑马驰骋草原的愿望，加强对中国游客的吸引力，提高中国游客的满意度，实现长远稳定发展。在饮食上应该尽量提高哈萨克斯坦的特色食物，提高马肉以及其他土特产等食品和中国菜在饭店供应中的比例，让中国游客在哈萨克斯坦参旅游过程中能够吃得舒服，以便在当地停留更长的时间，参与更多的马文化旅游活动。同时还应该重视中国的传统和重点节假日，在这些假期和节日一方面要扩大宣传力度，吸引更多的游客前往哈萨克斯坦参与马文化旅游活动。

（三）完善马文化旅游景区的旅游基础设施

为了吸引更多的中国游客，哈萨克斯坦应该针对马文化旅游景区，对相关的基础设施进行全面改造。比如完善景区周围的交通运输基础设施建设，让更多的中国游客能够更加便捷地到达马文化旅游景区，避免因为旅途遥远而失去参观旅游的兴趣。同时在马文化旅游景区还应该积极改善酒店、饭店等基础设施建设，以便能够更好地服务中国游客，延长中国游客在境旅游及景区的滞留时间。同时应该在旅游景区内设置更多的汉语指示牌，并扩大旅游服务中心的覆盖范围，提高旅游服务中心的响应速度，以便提高中国游客在哈萨克斯坦进行马文化旅游的满意度。

（四）整顿马文化旅游企业的经营行为

在哈萨克斯坦国内，部分马文化旅游企业为了获得短期利益，存在一些坑客和宰客行为，比如旅游产品标价模糊、先体验后付费等行为，在一定程度上造成了中国游客对前往哈萨克斯坦旅游的恐惧性。只有对马文化旅游企业的行为进行规范，创造良好的马文化旅游产品体验环境，才能够打消中国游客的顾虑，吸引更多的中国游客前来哈萨克斯坦体验马文化旅游产品。

五、结语

在旅游交往领域，现阶段两国之间的交流还比较少，现在中国针对哈萨克斯坦旅游者的消费市场刚刚起步，规模还非常小，同样哈萨克斯坦针对中国游客的消费市场也处于发展的初级阶段。2018 年以后哈萨克斯坦已经把旅游产业作为国家三年发展规划的重要内容，历史文化旅游、人文旅游、马文化特色旅游今后都是哈萨克旅游产业发展的重要内容。

参考文献

[1] 孙国学. 基于马文化视角的内蒙古休闲马业开发［J］. 实践（思想理论版），2019

(10)：52.

[2] 宋河有. 创意旅游与主题旅游的融合：动因与实现路径——以草原旅游目的地马文化主题创意旅游开发为例 [J]. 地理与地理信息科学，2018，34 (5)：119 –124.

[3] 菅瑞珍. 浅析内蒙古马产业与马文化 [J]. 当代畜禽养殖业，2018 (9)：49 –50.

[4] 李星璐. 武汉赛马文化历史与城市发展关系研究 [D]. 天津：天津体育学院，2018.

[5] 孙然，刘峰，等. 基于马文化的养马岛休闲渔业品牌的构建 [J]. 甘肃农业，2017 (22)：33 –36.

[6] 孙然，刘峰，等. 养马岛"海岛马文化"旅游发展探析 [J]. 甘肃农业，2017 (16)：40 –42.

[7] 刘玉春. 黑河马文化产业发展路径探析 [J]. 黑河学刊，2017 (3)：31 –32，45.

[8] 王强. 符号学视域下的云南茶马文化特色精品酒店游客体验研究 [D]. 昆明：云南大学，2017.

“互联网 +” 背景下旅游目的地竞争优势分析

——以云南省香格里拉普达措国家公园试点区为例

马晓霞*

摘要 随着互联网时代的到来，全球范围内的旅游目的地竞争日益激烈，旅游目的地竞争力也逐渐成为国内外研究的热点领域。旅游业作为云南重要支柱产业之一，已步入发展的快车道，在“互联网 +” 背景下，云南旅游行业蓬勃发展。而云南省香格里拉普达措国家公园试点区作为国家公园十大试点区之一，同时作为云南较为著名的旅游目的地，其自身有着独特的优势。本文通过对国内外旅游目的地竞争力的研究文献的梳理和回顾，重点对普达措国家公园试点区竞争力优势进行分析并对旅游目的地网站建设作简单分析。

关键词 “互联网 +” 旅游目的地竞争力 普达措国家公园试点区

一、绪论

（一）研究背景

在 2015 年第十二届全国人民代表大会第三次会议上，李克强总理在政府工作报告中提出制定“互联网 +” 行动计划，推动新兴产业与传统行业相融合[1]。旅游业作为国民经济的综合性产业和拉动经济增长的重要动力，在“互联网 +” 的环境下产生了全新的变化和不断的发展。除了旅游目的地实际体验外，游客通过互联网能够自由选择旅游交通方式、住宿预订、旅游景点购票、旅游攻略查询、旅游购物等多元化旅游服务。旅游者从单纯的游客变成游客 + 网民的双重身份，旅游产品不再仅仅体现在产品本身，还加入了

* 马晓霞，硕士，研究方向为国家公园、生态旅游及可持续发展，Email：2285383605@qq.com。

大量网络体验成分，不少旅游者可以通过看网站上的游记或者评价而选择去与不去。同时，消费价格也越来越透明和可比较；旅游过程越来越便捷；线上旅游产品的线下展示，越来越成为旅游消费者关注的重点。

2018 年，互联网覆盖范围进一步扩大，贫困地区网络基础设施“最后一公里”逐步打通，“数字鸿沟”加快弥合；移动流量资费大幅下降，跨省“漫游”成为历史，居民入网门槛进一步降低，信息交流效率得到提升。❶ 据中国互联网信息中心统计数据[2]，截至 2019 年 6 月，我国网民规模达 8.54 亿，较 2018 年底增长 2598 万，互联网普及率达 61.2%，较 2018 年底提升 1.6 个百分点；我国手机网民规模达 8.47 亿，较 2018 年底增长 2984 万，网民使用手机上网的比例达 99.1%，较 2018 年底提升 0.5 个百分点。

云南省作为我国的旅游大省，每年旅游人数、旅游收入都能保持超过 30% 以上的增长速度[3]。从云南省文化旅游厅中的旅游统计数据中可以看到，2019 年上半年，全省累计接待国内游客 3.95 亿人次，同比增长 17.7%，累计接待海外旅游者 387.3 万人次，同比增长 6.74%。全省共实现旅游业总收入 5232.99 亿元，同比增长 18.48%，其中实现国内旅游收入 5069.35 亿元，同比增长 18.87%[4]。在互联网的影响下，云南旅游业也悄然发生各种变化。自助游、自驾游越来越成为出行的首选，“一部手机游云南”已经成为现实，“互联网 + 旅游”的优势逐渐显现。而香格里拉普达措国家公园试点区作为中国国家公园十大试点区之一，其游客人数也在逐渐上升，据普达措国家公园管理局提供的数据，从 2007 年正式营业至 2017 年，普达措国家公园共接待访客 1062.7 万人次，实现旅游收入 22.4 亿元。❷ 2018 年，公园接待游客量达到 111 万人次，实现收入 1.44 亿元。

鉴于此，本文研究在“互联网 +”背景下，基于旅游目的地竞争力概念界定，分析研究旅游目的地——云南香格里拉普达措国家公园试点区的竞争优势。

（二）研究目的

文章旨在通过运用旅游目的地竞争力理论系统研究旅游目的地——云南香格里拉普达措国家公园试点区，同时研究互联网背景下普达措国家公园试点区的发展。

---

❶ 中国互联网络信息中心．中国互联网络发展状况统计报告（第 43 次）．［EB/OL］．http：//www.cnnic.net.cn/hlwfzyj/hlwxzbg/hlwtjbg/201902/t20190228_70645.htm.

❷ 沈健文．香格里拉普达措国家公园：保护与发展之争［EB/OL］．（2019 - 9 - 19）［2020 - 4 - 15］https：//www.thepaper.cn/newsDetail_forward_4452596.

二、相关研究综述

（一）“互联网+”背景下旅游发展研究综述

在中国知网输入“‘互联网+’背景下旅游发展研究”发现共有206篇文献，主要点击其中被引率达到3以上的文章进行查看，文献分类见表1。

表1 中国知网文献检索表

资源类型分布	数量（篇）
硕士论文	4
期刊	37
中国会议	1

这些文献的研究主题主要分布在“互联网+”“旅游业”“乡村旅游”“旅游产业”“旅游管理专业”“智慧旅游”“旅行社”“旅游电子商务”以及“旅游企业”等方面。表明随着互联网的发展和智慧旅游的兴起，互联网对旅游业以及从事旅游的一些企业有着一定的影响。

周菲菲（2016）从互联网对乡村生态旅游的影响入手，分析当前“互联网+”背景下乡村生态旅游发展存在的问题，进而提出“互联网+”时代乡村生态旅游的发展策略，实现乡村生态旅游的可持续发展[5]。陈宁（2016）在深入分析“互联网+”、乡村旅游、乡村电子商务三者关系的基础上，提出乡村旅游电子商务体系建设的必要性和可行性。选取了北京市密云区溪翁庄镇为案例地，提出建设包含乡村旅游电子商务基础层、平台层、应用层三个层次的溪翁庄镇乡村旅游电子商务体系的建议[6]。此外，任蓓（2016）从内、外两方面的动因阐述“互联网+”背景下高端定制式民族体育旅游的发展动力机制，探讨民族体育旅游在“互联网+”背景下高端定制化的发展模式[7]。尹崎（2017）研究“互联网+”背景下旅游目的地直播营销，同时指出旅游目的地旅游直播营销相关学术研究严重滞后，基础理论缺乏支撑等问题[8]。马跃如等人（2018）主要以“互联网+”为研究背景，以社群为主要研究平台，基于社群旅游的基本特征构建了社群旅游的“产售消一体化”商业模式。认为这一商业模式的构建对于实现旅游产业的转型升级，推动旅游业健康发展有着重要的指导和参考价值[9]。

通过以上这些研究可以发现，研究主题主要围绕在旅游业、乡村旅游以及智慧旅游等这些方面。除了这些之外，在知网输入主题“‘互联网+’背景下旅游目的地研究”，发现仅有 13 篇文献，基本上是分析研究旅游目的地营销，如直播营销、口碑营销等。因此，“互联网 +”背景下旅游发展的研究还有待进一步拓展，同时在研究方法上也可以做更好的改进。

（二）旅游目的地竞争力研究综述

在中国知网输入主题为“旅游目的地竞争力研究综述”，发现有 78 篇文献；但再点击“旅游目的地竞争力”，发现共有 31 篇（见表 2）。通过图 1 中国知网发文趋势可以看出，有关“旅游目的地竞争力”的研究文献从 2006 年开始兴起，2008 年数量最多。通过图 2 百度学术研究走势可以看出，“旅游目的地竞争力”研究从 2003 年开始兴起，2013 年达到最热。

表 2　中国知网文献检索表

资源类型分布	数量
博士论文	1
硕士论文	25
期刊	5

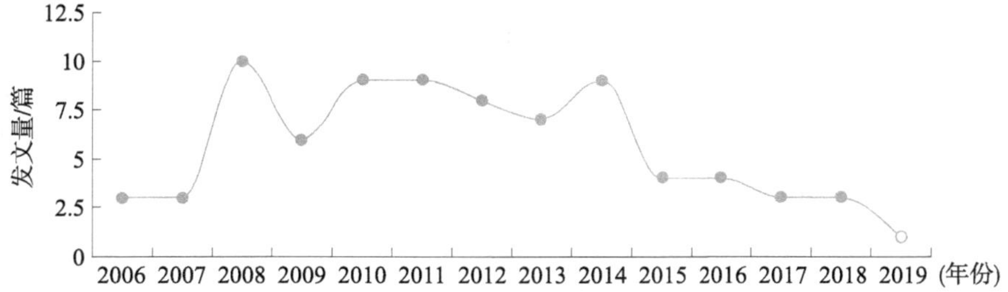

图 1　中国知网发文趋势

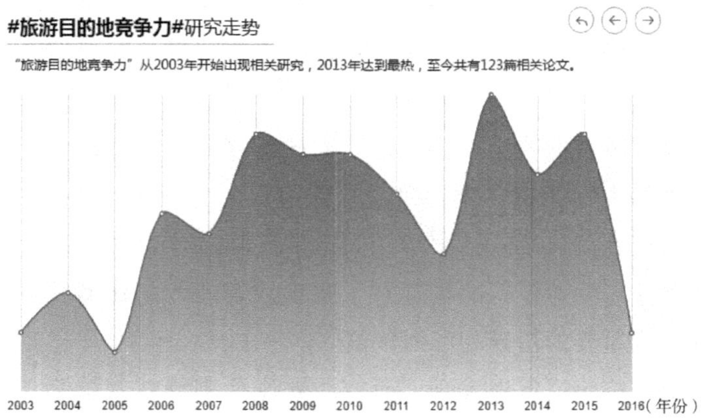

图 2　百度学术研究走势

旅游目的地竞争力（Tourism Destination Competitiveness，TDC）的主体是旅游目的地，即满足旅游者需求的服务和设施中心，其最直接的目标是满足旅游者的需求，为其提供满意的旅游经历，从而实现旅游目的地的经济目标。❶

旅游目的地竞争力也是一个比较性的概念，它也需要相应的表现指标。关于其表现指标，以往的部分研究已有所提及，包括市场占有率、旅游收入等经济指标，这里可以借鉴使用。而且相关研究已经证明❷，满意的旅游经历对旅游者的推荐意愿有积极的影响并呈现较强的正相关关系。同时，感知质量与重游之间也存在正相关关系，即旅游者的感知质量越高越有可能重游。也就是说，一方面，具有满意旅游经历的旅游者可以通过口碑宣传带来新的顾客；另一方面，这些旅游者倾向于在未来重游该目的地。无论是口碑效应带来的新顾客，还是重游的老顾客都有助于市场占有率的提高，即市场占有率可以从总体上有效地反映旅游者旅游经历的满意情况。

在对旅游目的地竞争力概念研究中，臧德霞等（2006）给"旅游目的地竞争力"界定为旅游目的地能够持续地为旅游者提供满意的旅游经历，并且能够不断提高旅游目的地居民生活质量以及旅游目的地其他利益相关者福利的能力，其表现形式为具有共同目标市场的旅游目的地之间市场占有率的大小和旅游收入的高低[10]。此外，沈虹（2008）总结了旅游目的地竞争力评价指标体系的构建角度与评价方法。她指出"旅游目的地竞争力"可以界定为，旅游目的地将其所拥有的资源有效地转化为能够持续为旅游者提供满意的旅游经历，进而获得相应利益，同时又有利于当地居民福利发展的能力[11]。吴小天、李天元（2013）在回顾已有各种定义的基础上，分别从语言、逻辑和认识论的视角对与之相关的诸多问题进行辨析，旨在探讨"旅游目的地竞争力"的内涵及其所反映的客观世界的运动与作用，并尝试运用系统论思想构建旅游目的地竞争力之形成的概念。[12]黄安民（2016）提出"旅游目的地竞争力"可以界定为，旅游目的地能够持续地为旅游者提供满意的旅游经历，并且能够不断提高旅游目的地居民生活质量以及旅游目的地其他利益相关者福利的能力，其表现形式为具有共同目标市场的旅游目的地之间市场占有率的大小和旅游收入的高低[13]。

在旅游目的地竞争力的研究中，郭舒、曹宁等（2003，2004）运用区域

---

❶ 黄安民. 旅游目的地管理［M］. 武汉：华中科技大学出版社，2016.

❷ 同上。

竞争的有关理论考察了旅游竞争力与目的地发展之间的关系，他们对影响旅游目的地竞争力的若干关键性因素——核心吸引物、基础性资源、支持性因素、发展性因素、资格性因素和管理创新进行了分析，并构建了它们之间的关系模型[14-15]。史春云等人（2006）从旅游目的地竞争力的主要评价模型（Crouch & Ritchie 模型和 Dwyer & Kim 模型）、变量选择价格、旅游人数与旅游收入、游客偏好与需求以及环境管理因素、模型应用等方面对旅游目的地竞争力定量评价进行了综述，并提出未来旅游目的地竞争力的评价将在时间、空间、类型三个维度上进行[16]。此外，易丽蓉等人（2006）基于国外有关旅游目的地竞争力模型的研究成果，提出了“旅游目的地竞争力五因素模型”，并在国内 18 个省市做问卷调查，利用路径分析检验了“旅游目的地竞争力五因素模型”[17]。王纯阳（2009）通过对国外旅游目的地竞争力的研究文献的梳理和回顾，重点分析了旅游目的地竞争力的影响因素和竞争力评价研究，并指出了未来研究的方向[18]。

在旅游目的地竞争力评价指标及模型研究中，张广海等人（2006）在分析国外旅游竞争力研究进展的基础上，分别从宏观尺度的国家竞争力、中观尺度的区域与城市旅游竞争力、微观尺度的旅游企业以及旅游产品竞争力等五个方面，指出我国对旅游竞争力指标体系、时序过程等方面研究的不足，进而对旅游竞争力研究进行展望，认为城市群旅游竞争力及可持续旅游竞争力等将成为今后的重点研究领域[19]。黄钟浩、方旭红等人（2011）通过总结国内旅游目的地竞争力评价的研究现状，在现有旅游目的地竞争力概念分析的基础上阐述生态旅游目的地竞争力的内涵，概括生态旅游目的地竞争力的构成要素[20]。此外，马法尔达·戈麦斯－维加等人（2019）主要是综合梳理旅游目的地竞争力测评的主要方法论模型，尤其以思玛和威尔逊（2007）的模型为基础，聚焦于二阶段限定条件效率模型（Two－Stage Conditioned Efficiency Model）。另外，通过采用双重驱动过程，为其他模型固有的传统偏差提供解决方案，不失为一种特别有效的方法[21]。

在对具体旅游目的地竞争力研究中，田里、李柏文等人（2009）构建了适合中国实际旅游目的地竞争力评价的指标体系，并运用重要性—绩效分析方法（IPA），实现对某一特定的旅游目的地竞争力因素进行诊断性分析。最后，以云南旅游竞争力因素调查为基础，运用 IPA 法分析了云南省旅游目的地竞争力的优劣势，并针对性地提出了提高云南省的旅游竞争力策略性建议[22]。黄秀娟（2013）利用多元回归分析技术，以我国各省 2005 年和 2011 年旅游业发展的实际数据为依据，实证研究了游客忠诚与旅游目的地竞争力的关系。研究显示，游客忠诚对目的地的旅游竞争力起着显著的正向作用[23]。张涛（2019）主要是选取旅游目的地竞争力评价指标，利用主成分分析法分析了山东省各个城市的旅游竞争力状况，结果显示山东省内各个城市旅游目的地竞争力差距较大，呈现东强西弱的格局。以此为基础，文章使用聚类分析法将山东省17个城市分为强、较强、一般和弱竞争力城市，并提出相应的发展策略[24]。

基于以上的文献梳理，可以看出文献主要围绕在以下几个方面：（1）对旅游目的地竞争力的综述，从理论基础、研究内容以及研究方法三个大的方面进行梳理；（2）对旅游目的地竞争力的评价指标以及影响因素和模型进行研究；（3）利用各种分析方法对具体案例地的旅游竞争力进行研究。但通过分析发现，大多数目的地竞争力评价模型、竞争力评价方法都侧重于对旅游目的地竞争力影响因素的分析。同时，有关旅游目的地竞争力的概念研究逐渐成熟化，旅游目的地竞争力评价指标选择也越来越丰富。

三、研究方法

文章采用的研究方法主要有文献综述法以及旅游目的地竞争力模型方法。文献综述法主要是对"互联网+"背景下旅游发展研究以及旅游目的地竞争力研究进行综述。下面主要介绍两种：TDC综合模型——概念性模型和TDC核心因素模型——简约性模型。

克劳奇和里奇提出概念性模型，又称"D－K模型"，如图3所示，它是随着各种研究活动与思维方法的不断融合发展起来的，是建立在广泛假设和概念基础之上的。它是一种方法，这种方法为人们将复杂问题简单化提供了一种有效的思维方式。国内外许多学者认为TDC综合模型以比较优势理论和竞争优势理论为主要理论基础。❶

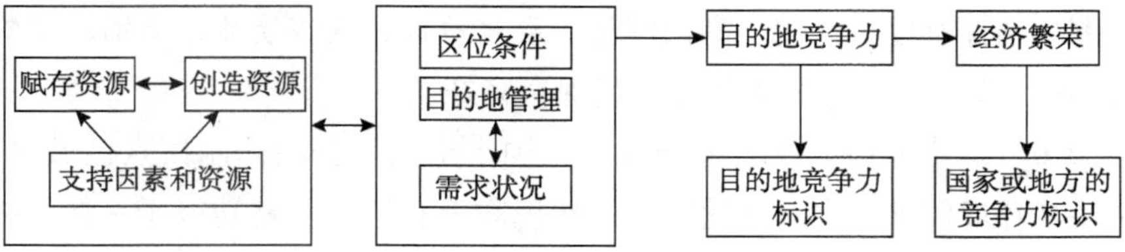

图3　D－K模型

❶ 黄安民．旅游目的地管理［M］．武汉：华中科技大学出版社，2016．

易丽蓉（2007）针对 D－K 模型的不足，对其进行了部分修改，使模型更加简洁顺畅。在此基础上，通过问卷调查，利用路径分析，提出 TDC 五因素模型，如图 4 所示[17]。

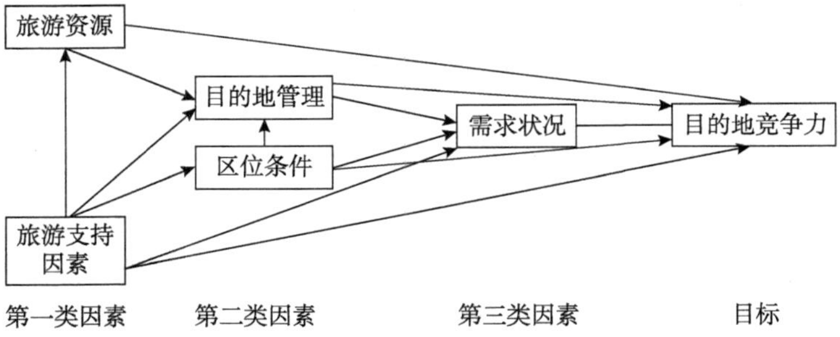

图 4　TDC 五因素模型

基于以上两种模型，可以发现旅游目的地竞争力模型主要包括旅游资源、区位条件、旅游目的地管理、需求状况以及具有代表性的旅游目的地经济繁荣。本文对案例分析主要依据以上五个内容。

四、实证分析

（一）研究区域——云南香格里拉普达措国家公园试点区

香格里拉普达措国家公园位于滇西北“三江并流”世界自然遗产中心地带，由国际重要湿地碧塔海自然保护区和“三江并流”世界自然遗产红山片区之属都湖景区两部分构成，距香格里拉县城 22 千米，地理位置东经 99°59′16″—100°02′38″，北纬 27°43′52″— 27°58′30″，总面积约 602 平方千米。公园处于滇西北亚高山寒温性针叶林植被带，最高点在弥里塘北部山顶，海拔 4159 米；最低点在碧塔海东部金子沟，海拔 3200 米，相对高差 959 米。普达措国家公园拥有地质地貌、湖泊湿地、森林草甸、河谷溪流、珍稀动植物等丰富的高原景观资源，原始生态环境保存完好。

2016 年，普达措国家公园被列为全国十个国家公园体制试点区域之一。它主要集环境保护、生态文化旅游、环境教育和社区受益功能于一体，在保护国家和世界自然文化遗产的前提下，为国内外游客提供游憩机会。

普达措国家公园共分七个功能区：一是“8”字型大众生态旅游区——北面是属都湖，南面是碧塔海，两湖之间是洛茸民族生态文化旅游村和弥里塘亚高山牧场，这“两湖一村一坝”是公园的四个亮点。二是属都湖度假旅游区，能够满足游客度假、开会和观光的需要。三是洛茸村大众生态旅游区，能满足游客体验藏族民俗文化和大众生态观光旅游的需要。四是属都岗——地基塘专业生态旅游区，它能充分满足游客户外运动、软式探险、徒步穿越和科学考察的需要。五是吉利古徒步旅游带，能满足游客徒步穿越和科学考察的需要。六是碧塔海南线自驾车旅游带，满足自驾车和过路游客的需要。七是红坡村引导控制区，通过控制这一区域的建筑景观，打造与国家公园相谐调的遗产廊道。

（二）普达措国家公园试点区优势分析

从旅游目的地竞争力竞争模型看，可以从以下几点分析云南普达措国家公园试点区的优势。

1. 旅游资源

旅游资源，其实也是旅游目的地竞争力一个比较重要的影响因素，或者说评价指标。众所周知，旅游资源是旅游业发展的前提，是旅游业的基础。一个地方要想发展旅游业，必须得有一定的旅游资源，而要想建设更好的旅游目的地，那么旅游资源必须更具有其独特魅力吸引游客前来。

香格里拉普达措国家公园的旅游资源主要由自然生态景观资源和人文景观资源两部分构成。自然生态景观资源分地质地貌景观资源、湖泊湿地生态旅游资源、森林草甸生态旅游资源、河谷溪流旅游资源、珍稀动植物和观赏植物资源五大部分。人文景观资源是为普达措国家公园自然生态景观注入活的、有灵魂的藏族传统文化，包括宗教文化、农牧文化、民俗风情以及房屋建筑等。

（1）自然生态景观资源

据香格里拉普达措国家公园管理局提供的资料，普达措国家公园拥有珍贵的自然遗产，包括低纬度海拔最高的生长树线——硬叶常绿阔叶林森林生态系统，第四纪冰川地貌遗迹——低纬度高原型冰川遗址，体验高原"神湖文化"——云南海拔最高面积最大的高原湖泊碧塔海，仅分布于香格里拉的特有物种——"中甸叶须鱼"，这些核心资源多数位于公园的严格保护区内。公园现有的动植物资源十分丰富，种子植物特有种多达1232种，占公园种子植物总数2275种的54.2%，其中有云南红豆杉、云南榧树等6种国家重点保护植物。现有兽类76种、鸟类159种、两栖爬行类10种、鱼类16种、昆虫42种。其中有金钱豹、云豹、马麝等珍稀濒危哺乳动物20种，黑颈鹤、黑

鹳、金雕等珍稀濒危鸟类32种。❶

（2）人文景观资源

普达措国家公园地处中国西南边疆少数民族聚集地，复杂的自然条件和独特的少数民族生活习惯造就了这里特殊的人居环境和独特的民族风情。公园辖区内的洛吉乡及建塘镇，其民俗历史悠久、内容丰富独特，主要有自然景观、遗址、习俗、宗教、文学艺术、雕塑绘画、音乐舞蹈等。

2. 区位条件

普达措国家公园位于迪庆藏族自治州香格里拉市境内，是三江并流世界自然遗产地和三江并流风景名胜区的重要组成部分，也是碧塔海省级自然保护区所在地，距州府所在地香格里拉市区22千米。根据《国家发展改革委关于香格里拉普达措国家公园体制试点区试点实施方案的批复》，公园总面积60210hm^2。

3. 目的地管理

目前普达措国家公园受三个部门的共同管理，多头管理的情况仍然存在。主要有香格里拉普达措国家公园管理局、国有林区管理机构和风景名胜区与自然遗产管理机构。普达措国家公园的投资和旅游经营活动由迪庆州旅游发展集团有限公司下属的普达措旅业分公司具体负责，受香格里拉普达措国家公园管理局监督。迪庆州旅游集团有限公司普达措旅业分公司（简称普达措旅业分公司），是2007年7月24日迪庆州旅游发展集团在普达措国家公园组建成立的。2013年5月，迪庆州政府和云南省城市建设投资集团有限公司达成战略合作协议，由云南省城市建设投资集团有限公司出资10亿元收购了迪庆州旅游发展集团有限公司51%的股权，并由其子公司——云南民族文化旅游产业有限公司具体负责国家公园的经营。迪庆州旅游发展集团有限公司和云南省城市建设投资集团有限公司均为国有企业。

4. 需求状况

由表3可知，随着香格里拉普达措国家公园试点区的逐渐完善，香格里拉普达措国家公园试点区每一年接待的游客越来越多。这也在一定程度上说明了游客对香格里拉普达措国家公园试点区的需求还是比较多的。同时，普达措国家公园的发展是进一步加强生态保护和恢复，解决保护地破碎化管理的重要举措，与人类自身的生存和利益息息相关，将为生态、社会服务功能

---

❶ 张勇. 探秘中国大陆第一个国家公园——普达措［EB/OL］.（2018-2-27）［2020-4-15］http://difang.gmw.cn/yn/2018-02/27/content_27832671.htm.

的发挥和资源的可持续利用提供支撑，具有深远的生态意义，也将产生直接或间接的生态、社会和经济效益。

表3 香格里拉普达措国家公园试点区游客接待统计 （单位：万人次）

年份	总游客数	其中海外游客数	备注
2004	1.5	0.15	建设期，边建设边接待
2005	12.9	1.2	建设期，边建设边接待
2006	47	4.7	8月1日起环线试营业
2007	56.6	5.7	全年
2008	48.2	4.8	全年
2009	65.7	6.6	全年
2010	68.9	7	全年
2011	95	10	全年

普达措国家公园在以生态保护为优先的前提下，通过开展适度的大众生态旅游活动，实现了以公园养公园的目的，产生了良好的生态、社会和经济效益。2016年，普达措国家公园在游客中心内投资建设了科普展示厅，向游客宣传展示科普国家公园知识，充分发挥国家公园的科普功能。

5. 带动社区经济繁荣发展

香格里拉普达措国家公园试点区在运营以来，对当地社区的村民给予了一定的国家公园旅游反哺社区资金。即国家公园为保护生态环境和规范公园内无序的经营活动，让2006年以前在公园内从事烧烤等经营活动的当地群众退出经营，开展牵马及其他经营活动而进行利益补偿。公园开展社区利益反哺包括以现金直补的方式进行补偿、一类区的子女就学进行补助、设置社区公益岗位和建设公园范围内的社区基础设施。在洛茸村，公园带来的补偿资金、其他收益和国家给予的生态公益林收益等补助，户均收入达12.48万元/年，这还不包含村民们养殖业等方面的收入。而在对国家公园范围内的23个村民小组870户农户的反哺中，反哺资金总计可达到1.5亿元。

通过上面这些数据可以看出，香格里拉国家公园试点区的发展为当地社区居民带来了一定的经济收入，不仅使村民们摆脱了贫困，还带来了许多其他方面的变化。例如，村民们的环保意识增强了，以前村里垃圾遍地，现在家家户户都自己收集垃圾，由公园派车来拉走；为了保护森林，2011年就在村规民约中规定了每家30年才能翻建房屋，平时砍干柴作燃料也不能超过规定标准。

五、研究结论

根据“旅游目的地竞争力”定义，旅游目的地能够持续地为旅游者提供满意的旅游经历，并且能够不断提高旅游目的地居民生活质量以及旅游目的地其他利益相关者的福利。通过对以上五部分内容的简单分析，可以看出普达措国家公园试点区有一定的竞争力优势，不论是旅游资源、区位条件，还是目的地管理、需求状况以及发展旅游带动社区经济繁荣发展，都在一定程度上反映了普达措国家公园试点区的竞争力优势非常充足。然而，对于旅游目的地网站的建设，普达措国家公园的官网有待进一步完善。通过在官网搜索站内统计以及在 CNZZ 数据专家（WWW. CNZZ. COM）输入普达措官网网址，发现浏览网站的人寥寥无几，也就是说一般游客很少浏览普达措国家公园官网。通过前面的分析以及爬取的数据简单分析可以发现，游客较少浏览旅游目的地网站的原因一般有以下几点。

第一，游客一般出行主要是选择各个旅游网站如“携程”“去哪儿”等搜索各种出行线路，同时在各大旅游网站浏览各种旅游达人写的游记或者大众所写的评论等。通过这些信息，游客知道了自己想要了解的，就不再去官网上浏览。第二，官网不能提供满足游客需求的信息。通过浏览香格里拉普达措国家公园官网发现，上面并没有像其他旅游网站如“携程”那样提供全面的信息。第三，香格里拉普达措国家公园对其网站的宣传力度不够。

但另一方面，如果游客过多的话，即超过一定的游客承载力，也会对香格里拉普达措国家公园试点区造成一定破坏。因此，对于香格里拉普达措国家公园试点区的网站运营来说，除了基本的信息之外，可以再增加其他诸如线路推荐、公园内的精彩视频等信息。同时，也可以考虑借鉴国外的国家公园网站信息设置方法。

参考文献

[1] 尹峙．“互联网 +”背景下旅游目的地的旅游直播营销研究［J］．经贸实践，2017（17）．

[2] 于朝晖．CNNIC 发布第 44 次《中国互联网络发展状况统计报告》［J］．网信军民融合，2019（9）：30 – 31．

[3] 高飞，何璐．“互联网 +”背景下云南旅游消费者行为分析［J］．全国流通经济，2019（01）：30 – 32．

[4] http：//www. ynta. gov. cn/Item/43966. aspx

[5] 周菲菲. “互联网+”时代乡村生态旅游发展策略探析 [J]. 农业经济, 2016 (8): 46-47.
[6] 陈宁. “互联网+”背景下乡村旅游电子商务体系建设研究 [D]. 北京: 北京林业大学, 2016.
[7] 任蓓. “互联网+”背景下高端定制式民族体育旅游发展模式研究 [J]. 重庆理工大学学报 (社会科学), 2016, 30 (8): 60-66.
[8] 尹峙. “互联网+”背景下旅游目的地的旅游直播营销研究 [J]. 经贸实践, 2017 (17): 129.
[9] 马跃如, 余航海. “互联网+”背景下社群旅游的兴起、特征与商业模式构建 [J]. 经济地理, 2018, 38 (4): 193-199.
[10] 臧德霞, 黄洁. 关于“旅游目的地竞争力”内涵的辨析与认识 [J]. 旅游学刊, 2006, 21 (12): 29-34.
[11] 沈虹. 旅游目的地竞争力评价指标体系研究 [D]. 上海: 华东师范大学, 2008.
[12] 吴小天, 李天元. 旅游目的地竞争力的内涵辨析及概念模型构建——语言、逻辑和认识论的视角 [J]. 旅游科学, 2013, 27 (3): 18-25, 71.
[13] 黄安民. 旅游目的地管理 [M]. 武汉: 华中科技大学出版社, 2016.
[14] 曹宁, 郭舒, 隋鑫. 旅游目的地竞争力问题研究提纲 [J]. 社会科学家, 2003 (6): 89-93.
[15] 郭舒, 曹宁. 旅游目的地竞争力问题的一种解释 [J]. 南开管理评论, 2004, 7 (2).
[16] 史春云, 张捷, 沈正平, 等. 旅游目的地竞争力定量评价综述 [J]. 人文地理, 2006 (3): 72-77.
[17] 易丽蓉, 李传昭. 旅游目的地竞争力五因素模型的实证研究 [J]. 管理工程学报, 2007 (3): 105-110, 120.
[18] 王纯阳. 国外旅游目的地竞争力研究综述 [J]. 旅游科学, 2009, 23 (3): 28-34.
[19] 张广海, 李雪. 国内外旅游竞争力研究综论 [J]. 中国海洋大学学报 (社会科学版), 2006 (5): 28-32.
[20] 黄钟浩, 方旭红, 张宁, 等. 生态旅游目的地竞争力评价指标体系研究 [J]. 重庆师范大学学报 (自然科学版), 2011, 28 (2): 75-78.
[21] 马法尔达·戈麦斯-维加, 毕晓梅. 旅游目的地竞争力测评: 方法和应用 [J]. 中国文化产业评论, 2019, 27 (1): 263-276.
[22] 田里, 李柏文, 周小坤. 旅游目的地竞争力: 重要性—绩效分析 [J]. 人文地理, 2009, 24 (6): 79-81, 54.
[23] 黄秀娟. 游客忠诚对旅游目的地竞争力的影响研究——基于中国省级区域的实证分析 [C] //中国管理现代化研究会, 复旦管理学奖励基金会. 第八届 (2013) 中国管理学年会——市场营销分会场论文集. 2013: 6.
[24] 张涛. 旅游目的地竞争力主成分和聚类分析 [J]. 统计与决策, 2019, 35 (10): 107-110.

北京文化旅游综述

闫　晓*

摘要　北京是中华人民共和国的首都，是四个直辖市之一，是国家中心城市、超大城市，全国政治中心、文化中心、国际交往中心、科技创新中心，是世界著名古都和现代化国际城市。拥有着悠久的历史和丰富的文化底蕴。丰富的物质和非物质文化遗产等旅游资源也促进了北京文化旅游的发展。北京的人文景观资源不仅类型和数量处于全国首位，而且品位和质量极高，一些名胜古迹享誉世界。但是深入了解北京的旅游资源后发现，最显著的特征还是以中华民族优秀历史文化为基础、以传统的老北京民俗文化为核心的文化性。本文将从现有研究的多个角度出发，通过整理和分析关于“北京文化旅游”的文献研究，从而了解北京文化旅游的现实状况，指出关于北京文化旅游的局限及不足，并提出北京文化旅游业今后发展的战略方针和重点开发战略。

关键词　文化旅游　北京　现状分析

一、北京文化旅游的现状

北京作为六朝古都，拥有着悠久的历史，囊括了中华民族大量的历史记忆和名胜古迹，也是中国旅游业发展的先锋。但是随着经济的不断发展，全国各地的旅游业也在蓬勃的发展之中，其他地区优秀的文化旅游资源也在渐渐得到地方政府的重视。它们的发展严重分流了原先北京地区的首次来京游客和多次来京游客。同时，北京地区的景点经历了新中国成立以来的长时间

* 闫晓，北京联合大学在读硕士，北京市 100200.

多方向的快速发展以后，已经渐渐趋于成熟，逐渐老化，被大部分人熟知，几乎已经被全国游客游览过。北京现有的文化旅游资源已经逐渐落后于人们日益增长的物质与精神需求。尽管北京每年的旅游人数也在平稳的增加，但是北京的旅游产品和文化旅游资源在质量和形式上并没有得到进步与创新，要想随着时代的进步取得长久的发展，还需要在各个方面取得跨时代的突破。当然，许多的专家以及业内相关人士也意识到了此等问题，也在通过一些方式开展北京其他方向的旅游资源的研究，如发展会展旅游、康养旅游等。但是，根据北京的固有属性来看，北京的文化旅游依然是北京旅游的主打产品，具有极其强大的竞争力，丰富的历史底蕴也赐予了北京文化旅游业坚实的基础。完善北京文化旅游的产品形态，丰富北京文化旅游的内涵，提高北京文化旅游产品对于各方游客的吸引力，让最传统的北京旅游产品实现可持续发展，才是最根本、最直接的问题。这也是走上文化旅游飞速发展的必经之路。

二、北京文化旅游的问题分析

（一）景区问题

北京的名胜古迹具有高质量、高垄断性，对于前来北京游玩的游客有着强大的吸引力。但是，北京的名胜古迹旅游收入和管理结构单一，服务水平相对落后，国际上的宣传力度低，国际化水平不高。同时，与北京的名胜古迹相关的文化创意产品较少，没有在国际上形成有较大影响的文化创意形象，不能借此来宣传北京的传统文化，并带动北京文化旅游业的发展。

北京是世界上著名的历史文化之都，每年都会接待来自世界各地的大量游客。2018 年接待入境游客 400 万人。那些著名的景点，如长城、故宫、颐和园、天安门等都吸引了大量的游客，发挥着他们高品位的文化形象的吸引力。这些代表了中国几千年帝王文化和建筑成果，是中外游客旅游北京的首选景点。但是这些景点的收入结构单一，主要依靠门票收入，管理机构的管理水平也相对落后，设立景区的主要目的还是发挥它们对于北京文化历史的宣传以及展示功能。虽然现阶段的北京景区主要以非营利为主，但是景区内却存在着大量的非必需消费，如食品、附加的娱乐设施等，景区所属的文化事业单位的职能再次被大大地限制，无法对景区内的其他消费服务项目进行有效的管理。这就造成了景区内物价偏高，服务质量落后，也大大影响了景区的游客体验。因此，提升改善经营与服务水平，使景区的管理结构和服务结构多元化，扩大并明确景区管理机构的有效职能，成为这些著名景点未来需要着力改进的重点问题。

（一）主题公园问题

主题公园规模小，质量参差不齐，无法与北京丰富的文化旅游资源相匹配。大多数园区范围较小，无法满足北京日益发展的旅游市场的需求。北京的主题公园与北京当地的旅游文化之间的联系相对较弱，没有形成与老北京当地文化相关的主题，对国内外游客的吸引力不足。

主题公园的成功一般需要满足下述条件：（1）游客的参与感强，娱乐设施丰富；（2）内容新颖，与时俱进；（3）交通便利，地理位置优越；（4）拥有出色的营销与宣传手段；（5）主题明确，个性鲜明；（6）内部设计合理，有效分流园区内游客。北京的主题公园建设经历了相似的历史洪流，一哄而起，纷纷效仿，但是成功者少失败者多，基本上还处于建设经营的初级阶段。1993 年开始，世界公园、北京微缩景园、明皇蜡像宫、中华民族园、天下第一城等相继出现。1997 年后又出现一批兴建海洋馆热，先后有富国海底世界、北京海洋馆、太平洋海底世界三大海洋馆建成营业，形成激烈的竞争和游客需求与园区风格不相匹配的态势。到目前为止，北京市除了欢乐谷、世界公园等少数主题公园，超大型的主题公园数量很少，这些主题公园也仅仅基本满足了主题公园成功的上述条件中的几个。另外，主题公园还存在园内物价偏高，项目排队时间长，节假日过于拥挤，从业人员业务和服务水平较低等问题。大多数游客对此颇有微词。想要解决上述问题，除了要满足成功主题公园的六个条件以外，还要加强园内的管理，提高园内从业人员的服务水平。同时，现阶段北京的主体公园大多都属于外来引进，属于北京人自己的主题公园数量寥寥无几。想要发展北京的主题公园，应将主题公园与北京的传统文化相结合，开发出符合北京文化特色的主题公园。

（二）博物馆问题

博物馆类的文化旅游产品丰富，数量众多，但是质量参差不齐，大多数博物馆管理体制落后，规模小，藏品少，馆藏多以展示为主，教育和传播功能还有待加强。

北京市的博物馆数量位居世界第二，仅次于英国伦敦，截至 2018 年，北京共有 57 家博物馆，远远领先于中国的其他城市。与此同时，北京博物馆的总馆藏数量也远远大于中国的其他城市，种类也相当丰富，如体现民间工艺的北京传统手工艺术博物馆、北京石刻艺术博物馆、讲述京城供水百年变迁的北京自来水博物馆、展示从古至今钱币流通的中国钱币博物馆、串起老北京人吃穿住行的安定门京城老物件陈列室等。这些博物馆的馆藏都很有价值，但是从文化旅游的角度来看这些博物馆质量不高，内容都过于单一，规模小，可观赏性低，只是对特定的国内人群有着一定吸引力，对国外游客和国内普通游客的吸引力不足。通过调查发现，关于选择参观博物馆的原因主要有：选择为了增长见识与学识的占比 44%，选择因为对展览内容感兴趣的占比 30%，娱乐休闲的占比 18%，为了专业研究的占比 8%。由此可以看出，参观博物馆的游客多以增长知识与学识为主要目的。但是国内的大部分博物馆还都以收藏、保护和研究为主要职能。而展示、教育、欣赏和传播这几项当今国际博物馆界更为重视的功能没有发挥出来，导致博物馆接待的旅游者人数相当有限，也和游客参观博物馆的主要目的相背离。此外，在体制上，几乎所有博物馆都归国家所有，由国家组织经营，财务支出也由国家支持，所以现有的博物馆都存在管理理念落后保守，管理体制僵硬老化，资金支持渠道短缺。管理方式也缺乏相应的鼓励措施，博物馆工作人员业务水平落后。这都严重限制了北京博物馆的发展，也影响了北京博物馆方向的文化旅游。随着互联网的发展，虽然一部分大型博物馆已经开始转向线上线下相结合的经营管理方式，只是当前线上线下产品种类的开发以及参与度的体验有待进一步加强。多数小型博物馆还未进入线上线下相结合的发展模式。最后，知名度不高、社会影响力低、观众数量少、市场开发难等也是北京中小型博物馆当前普遍面临的问题。

（三）国际化问题

北京文化旅游的国际化发展不足。旅游信息网络还需进一步的建设，旅游的国际化营销不足，宣传力度低，国际资本进入渠道少，国际化人才培养落后。

除了长城、故宫、颐和园等一些代表性的景点，其他景点的国际知名度不高，基本不被外国游客熟知，影响了北京文化旅游在国际上的输出和发展。文化旅游景区的经营管理体制滞后，主要以国家所有，归国家管理，灵活性不足，无法吸引到大量的国际资本的进入，没有形成有利于文化产业发展的投资环境，限制了文化产品规模的发展。旅游资本深度国际化的道路还很漫长。国际化旅游人才的培养相对落后。从业人员的外语交流水平不高，旅游服务人员的外语文化水平有待提高，只能基本满足工作的需要。但是不管是旅游管理者还是一般的旅游从业人员，具备良好的文化交流能力，才能有利于北京文化旅游国际化的发展。只有将北京文化旅游中蕴含的传统文化精髓传播到国外，使世界各地的游客都了解到北京传统文化，树立中国在国际上的良好形象，才能吸引更多前来北京旅游的游客。北京文化旅游的国际化之路还很漫长。

三、北京文化旅游的发展趋势

（一）国际化趋势

目前，随着北京对外开放的深入及国际化地位的提高，北京文化旅游进一步呈现国际化趋势，北京文化旅游的国际化程度不断提高，组织国际性、高规格文化旅游的能力逐步增强。北京相关高校对于旅游从业人员的培养也在重视之中。随着北京市旅游人才培养的不断加强，北京市文化旅游业的国际化人才也将不断涌现。

（二）品牌化趋势

北京拥有众多文化旅游景点，在举办特色主题的文化旅游方面具有不可替代的优势，形成了以皇家文化系列、老北京文化系列、历史文化系列、名人故居遗址系列、博物馆文化系列、传统民族节庆活动系列、大型主题公园系列、高等学府文化系列、图书馆文化系列、奥运文化系列为重点的各种文化旅游品牌，具有发展文化旅游的巨大潜力。

（三）机构化趋势

针对文化旅游业多头监管的问题，将整合组建专门的文化旅游业管理机构，切实引导该行业的健康发展。加强对文化旅游行业的统计调查和统计分析，为制定北京市文化旅游业政策、开展文化旅游业评估和领导决策提供依据。管理机构的健全将促进北京文化旅游业的发展。

（四）体系化趋势

随着一批大型专业化文化旅游景区和旅行社的出现，针对北京文化旅游策划、组织、营销等环节的资金投入和人才支持力度不断加强，北京文化旅游专业服务水平不断提高。文化旅游单位与海关、工商、公安、交通、消防、检疫等部门之间的协调合作，文化旅游的服务体系将进一步完善。文化旅游部门与各政府部门之间的通力合作将进一步提高文化旅游业的办事效率和服务水平。

四、对北京文化旅游发展的建议

第一，对文化遗产的旅游景区进行改革，提高景区游客的体验度。对景区内部资源进行合理规划，发挥北京历史文化古迹旅游的先天优势，加强对北京文化旅游的宣传力度。丰富旅游景区的收入结构和管理结构，提高景区的服务水平，明确景区内管理部门的职能，加强对景区内部服务业和零售业的监管力度，严格控制景区物价，杜绝景区内乱收费、捆绑消费等恶劣现象。除了门票消费模式以外，开发多元化的消费模式。一方面要有强烈的保护意识，使遗产世代流传；另一方面，也有责任将这些祖先遗留下来的文化瑰宝展现在公众面前，让公众合理的享有它、观赏它。实现遗产产业的可持续发展。站在可持续发展的角度上，在文化景区的展示内容安排、展示方式、营销战略、讲解系统、景区内部环境设计上精心考虑，构建提升北京文化旅游产品形象的系统工程。

第二，加强主题公园的建设。首先有一个突出的、与其他主题公园有所区别的主题；其次要形成自己的产业链及品牌，主题公园应当努力加快产业链发展，推出自身品牌的纪念品、学习用品、服饰、酒店等产品，为消费者提供更加全面的服务，在促进产业链发展的同时，打造自己的品牌，提升附加值；最后要推出各类特色活动并加大主题公园的宣传力度，以国际宣传和工艺品的制作流通两个途径将符合北京文化特色的主题公园元素传递向世界各地。

第三，发挥北京当地博物馆众多的资源优势，推动北京博物馆向多元化发展。丰富中小型博物馆的展览内容，增加博物馆的展览手段，将博物馆的展览方式与教育和科技相结合。开发博物馆的线上展览业务，加强博物馆与文化机构和教育机构的合作，发挥博物馆为公众传播知识，提供文化教育的职能。可以和学校建立新型教育模式，将博物馆作为学校教育教学的第二课堂，通过基本陈列、参与互动、专题展览、学术报告等形式，向学生展示某个时期或某方面发展的文化精髓，帮助学生感受中国传统文化的博大精深。发展博物馆的文化产业，开发有特色的文化旅游产品，加大其在旅游业内传播文化的力度。

第四，建立旅游产业国际化人才的培养基地。文化产业是知识密集型产业，对从业人员有更高的文化要求。想要发展北京的文化旅游，就要从提高旅游业人员的素质开始，培养一批有创造力和想象力的个性化人才，可以在旅游类的院校增加国际化人才培养课程，选送优秀的旅游业人才到国外进行深造。还要将北京传统文化衍生出来的旅游产品和服务体系也推向国际化，增加外籍游客对北京传统文化的理解和认同，为北京文化旅游业吸引更多的境外游客。

参考文献

[1] 蒙吉军，崔凤军. 北京市文化旅游开发研究 [J]. 北京联合大学学报，2001（1）.

[2] 姬新军. 北京市文化创意产业发展研究 [D]. 吉林：东北师范大学，2015.

[3] 徐菊凤. 北京文化旅游现状·难点·战略 [J]. 人文地理，2003（5）.

[4] 徐菊凤. 北京文化旅游产品发展的战略思考 [J]. 中国社会科学院研究生院报，2005（5）.

[5] 陈少峰，黄锦宗. 文化旅游融合趋势与模式创新 [J]. 理论学习与探索，2019：69－72.

[6] 王静，王有成，赵晓燕. 北京博物馆休闲旅游联合营销研究 [C]. 休闲与国计民生——2008年中国休闲与社会进步学术年会. 2008.

[7] 保继刚. 大型主题公园布局初步研究 [J]. 地理研究，1994（3）.

[8] 吴琼，张胜男，李晓芳. 北京奥林匹克公园文化旅游资源持续效应分析 [J]. 特区经济，2014：168－169.

[9] 刘芳梅. 奥运旅游是影响因素及其对北京奥运旅游的发展启示 [D]. 桂林：广西师范大学，2006.

[10] 崔敬昊. 北京胡同的社会文化变迁及旅游开发 [D]. 北京：中央民族大学，2003.

[11] 刘春玲，周德胜. 我国城市主题公园运营模式与发展对策研究——以北京主题公园为例 [J]. 特区经济，2008：213－214.

[12] 吕敏. 北京地区节庆旅游开发初步研究 [D]. 北京：中国地质大学，2006.

[13] 石珂. 北京文化旅游产业国家化发展初探 [J]. 旅游纵览，2018：136.

[14] 吕亚静. 北京文化旅游产业国家化发展研究 [J]. 中国产业，2011：73.

[15] 保继刚. 主题公园发展的影响因素系统分析 [J]. 地理学报，1997：9.

[16] 徐涛. 文化旅游概念辨识 [J]. 企业技术开发，2014：172－173.

国内外旅游节庆研究综述

祝楚楚　闫　晓　王　静*

摘要　作为地方文化的重要载体，旅游节庆不仅传承了传统节庆的文化精华，又承载了现代文明的成果，其文化内涵不容忽视。随着大众对文化体验需求的不断增长，节庆旅游发展迅速。本文在对旅游节庆的起源及内涵简要介绍的基础上，从旅游节庆的特征和类型、开发和管理、影响和评价以及旅游节庆的持续发展四个方面对国内外旅游节庆研究进行了综合分析，并且从研究视角和研究方法两方面对国内外研究进行了对比，最后对国内未来的研究提出了展望。

关键词　节庆　旅游节庆　研究综述

我国的旅游节庆活动于20世纪80年代兴起，并不断随着大众对文化体验需求的增长而蓬勃发展。如今，全国各地都在如火如荼地举办各类旅游节庆活动，名目繁多，数量庞大。据统计，我国的旅游节庆数量早已突破5000个，“旅游节庆大国”的称号名副其实。

作为地方文化的重要载体，旅游节庆不仅传承了传统节庆的文化精华，又承载了现代文明的成果，其重要意义不言而喻。然而，目前国内的旅游节庆大多“半路夭折”甚至“胎死腹中”，其持续发展能力亟待提高。本文在对国内外旅游节庆研究进行分析的基础上，对国内外研究进行了对比，以期对今后国内旅游节庆的研究有一定指引作用。

---

* 祝楚楚（1996—），女，江苏南京人，北京联合大学硕士研究生，文化旅游，im.zcc@outlook.com；闫晓（1993—），男，江苏连云港人，北京联合大学硕士研究生；王静（1975—），通讯作者，女，天津人，北京联合大学旅游学院教授。

一、旅游节庆的起源与内涵分析

我国的旅游节庆起源于20世纪80年代，当时主要目的是吸引更多人流、物流、资金流、信息流的涌入，以节庆活动为载体带动当地旅游业发展的同时提升地方和城市知名度[1]。

当前，很多专家学者在旅游节庆的概念界定上存在较大分歧，这些分歧主要体现在对旅游节庆外延理解的不一致上。李力和崔卫华[2]（1999）认为，旅游节庆是指一些内涵丰富多彩的旅游项目或一次性结束的特殊事件。庄志民[3]（2000）在对节庆旅游资源进行界定时，除了包括各类庆典和节日外，还将节庆的外延扩展到展览会、交易会、文化体育活动等方面。吴必虎[4]（2001）则认为，狭义的旅游节庆是指周期性举办的节日活动（不包括展览会、交易会、文化体育活动）；而广义的旅游节庆等同于旅游节事，即一些含有多种旅游项目的事件，包括节日、地方特色产品展览、轻体育比赛等具有旅游特色的活动或非日常发生的特殊事件。类似地，戴光全[5]（2005）也认为狭义的节庆专指各种节日，而广义的节庆等同于节事。徐舟[6]（2005）主要从狭义的角度对旅游节庆做了阐释，认为旅游节庆只包括目的地根据其资源实际情况，人为策划举办的带有浓郁地方民族文化氛围的节庆活动，不包括传统节庆和特殊事件。张宏丽[7]（2008）还专门就节庆、旅游节庆和节庆旅游三者的概念进行了辨析。

从我国旅游节庆的发展现状来看，戴光全关于旅游节庆广义和狭义的界定较符合实际，即狭义的旅游节庆是指周期性举办的节日活动，广义的旅游节庆等同于旅游节事。本文对北京旅游节庆的相关探讨与研究主要针对狭义的旅游节庆，即各种人为策划的、周期性的现代节日庆典，有关个别问题的探讨可能会超出狭义旅游节庆的范畴，狭义的旅游节庆与广义的旅游节庆的关系如图1所示。

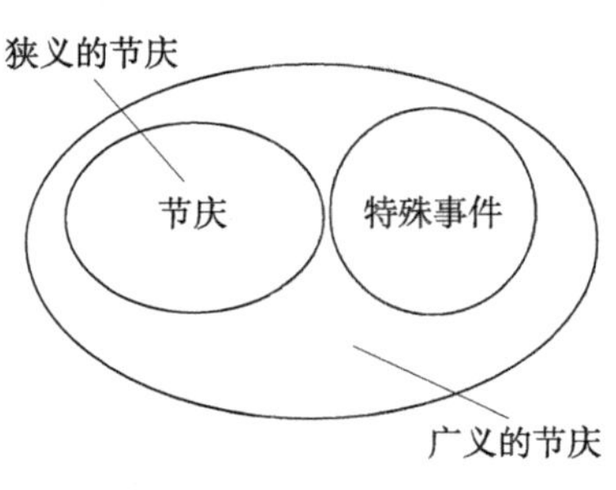

图1　狭义的旅游节庆与广义的旅游节庆的关系

（资料来源：根据参考文献［5］整理）

二、国内外旅游节庆研究分析

（一）旅游节庆的特征和类型

旅游节庆的种类繁多，数量庞大。一些学者对旅游节庆活动的功能、特征进行了探索性的研究与分析。在他们看来，旅游节庆具有文化现象与经济内容的双重载体功能[8]，其特征也是基于双功能的体现见表1。而有关节事的类型，尽管目前学界未形成统一的划分标准，但国内外仍有大量的学者从不同的角度对节事进行划分。较有代表性的几类分法见表2。

表1　旅游节庆特征

特征	含义	参考来源（年份）
综合性	节庆活动内容、组织部门、功能具有综合性	和立新（2000）[9]、成曦（2008）[10]、于淼（2012）[11]
经济性	具有经济收益和经济追求	和立新（2000）[9]
地方性	具备鲜明的地域特色	和立新（2000）[9]、成曦（2008）[10]、于淼（2012）[11]
文化性	文化背景深刻	和立新（2000）[9]、赵东玉（2001）[12]
参与性	旅游者与节庆融为一体	和立新（2000）[9]、成曦（2008）[10]、于淼（2012）[11]
时间性和周期性	固定时间、固定频率举办	成曦（2008）[10]、于淼（2012）[11]
暂时性与集中性	举办时间短而集中	成曦（2008）[10]、于淼（2012）[11]
传承性	主题较为固定，核心内容延续性强	于淼（2012）[11]

资料来源：根据参考文献［9］－［12］整理。

表2　旅游节庆类型

研究者（时间）	划分对象	划分标准	具体分类
赵睿[13]（2001）	节事活动	主题性质	商业类；文化类；体育类；政治类；科教类
石玉凤等[14]（2001）	节事活动	文化特征	政治类节事活动；传统民俗节事活动；传统的地方民族节事文化活动；地方特色节事文化活动；专业性节事活动

续表

研究者（时间）	划分对象	划分标准	具体分类
蔡晓梅[15]（2003）	城市节事活动	性质	传统节庆型；商务型；博览型；体育型
吉文桥[16]（2003）	节事活动	“命名物”载体	工业性产品节；物产节；自然景观节；人文景观节；历史文化节；生产经营活动节；休闲娱乐活动节
张宏丽[7]（2008）	节庆	形成机制	传统节庆（节俗）；现代节庆；节日（由于历史原因形成）；外来节庆
于淼[11]（2011）	旅游节庆	主题	餐饮物产类；花卉博览类；科技体育类；历史文化类；民俗风情类；艺术文化类；自然生态类；综合节事类

资料来源：根据参考文献［7］、［11］、［13］－［17］整理。

总的来看，目前国内外学者对旅游节庆的内涵研究比较丰富。尽管表述不一，但大部分学者都认为旅游节庆的特征体现在经济性和文化性两方面，并分别从这两方面对其特征作了具体描述。同样的，旅游节庆的分类并没有统一的标准，但大量的学者基于自己的认识和经验，采取不同的分类标准对节事活动进行划分，各有其理。

（二）旅游节庆的开发与管理

目前，国内外关于旅游节庆开发与管理方面的研究最多，内容庞杂，主要集中在产品开发、营销、经营管理三个方面。

1. 产品开发

作为旅游节庆发展的第一步，其产品开发尤为重要，如何打造一个合格的节庆产品值得深思。周永广[17]（2005）试图通过日本事例，通过传统文化和旅游节庆的联系、社区建设及社区组织的成长，挖掘出节庆活动开发的成功因素，主要体现在文化挖掘方面。董观志[18]（2005）从区域节庆旅游资源的概念出发，阐述了区域节庆旅游资源的整合原则，提出了产品体系的主题化、时间安排的序列化、空间布局的协同化、活动内容的人文化四种节庆旅游资源的整合模式，以期为旅游节庆的产品开发提供思路。田八一[19]（2017）以2015世界休闲体育大会为案例，分析了重大旅游节庆活动开发对政府的特殊要求，最终认为开发过程中的政府职能主要表现在资源统筹、科学规划、重点突破、改善基础、强化营销、协调发展等方面。袁敏芳[20]（2017）认为产品、服务及核心功能的同质化是制约兵团旅游节庆活动进一步发展的重要因素，并基于此提出兵团旅游节庆活动应走适合兵团特色、最具垄断性、大众参与和国际特色道路的观点。李艳婷[21]（2018）认为目前京郊农事节庆文化发展中存在许多问题，可以从精心策划节庆主题和内容、文化创新和文化升级、开发“真实”的文化体验活动、打造节庆精品、完善节庆配套设施、构建大京郊节庆旅游活动体系等方面入手加以改善和提高。

2. 营销

如何对旅游节庆产品进行营销也是目前旅游节庆发展中研究者较为关注的方面。Mayfield 和 Crompton[22]（1995）讨论了节事组织者的营销观念。他们在文献研究的基础上，借助对 291 个节事组织者的抽样调查问卷，归纳出一个由 17 个指标构成的三维营销观念运作模式，包括顾客导向、事先评估和事后评估三个维度。王雪芳[23]（2008）以广西三江侗族自治县民族旅游节庆开发为实例，用 SWOT 分析法对三江旅游业的优势、劣势、机会和挑战进行分析，最后对三江民族旅游节庆的开发提出一些建设性的对策。刘博[24]（2016）以图们江文化旅游节为例，对其现状、存在问题做了实证分析并提出图们市区域营销的战略。汪亚明[25]（2012）基于 SWOT 分析模型，以杭州市余杭区为例，进行了旅游节庆资源整合、形象与品牌树立、旅游产品设计等策划分析，最后提出了余杭旅游节庆应采用的市场营销方式。樊敬丹[26]（2013）通过对现代节庆旅游业传统营销模式和新媒体营销模式的对比分析，总结出现代节庆旅游业运用新媒体营销模式的优势所在，最后总结分析提出与时代相结合的新媒体营销模式发展的具体策略。张文莲[27]（2019）通过对节庆旅游营销的阐述，分析了节庆旅游营销的特点和作用，并在此基础上，分析了节庆旅游营销存在的问题，并针对其存在的问题提出了应对的策略。

3. 经营管理

在产品开发和营销的基础上，又有更多学者就如何经营管理旅游节庆进行了研究。任国才[28]（2002）在对市场化及我国旅游节庆的市场化运作现状比较分析的基础上，探索了旅游节庆市场化运作的思路，主要包括产权界定、平台搭建、规则建立、产权营运、监督五个方面。韩涛[29]（2008）在明晰旅游节庆的含义及类型的基础上，着重分析了安康旅游节庆活动的现状及存在的问题，并借鉴全国各地旅游节庆活动的实践经验，对安康旅游节庆活动策划提出一些建议。连建功[30]（2008）基于中国旅游节庆发展现状和存在问题，以系统论为基础，着重探讨了其影响因素、驱动因子和驱动机制。最后，从创造活动需求、增强活动供给、疏通中介、完善支撑等方面对我国旅游节庆驱动系统的整体优化和完善提出建议。王会战[31]（2014）以灵宝市东西常骂社火为例，在分析其保护现状的基础上，探讨了其旅游开发与保护互动的路径选择。费经通[32]（2017）以无锡太湖山水文化旅游节为例，通过对其实际情况及政策进行评估，并借鉴日本东京动漫节庆和山东潍坊国际风筝节的政府培育政策，探索无锡市 B 区政府在推动旅游节庆活动发展方面所做的努力，最终形成地方政府促进旅游节庆发展政策的建议。朱红[33]（2019）以旅游消费者视角为切入点，结合成都西岭雪山发展现状，剖析旅游节庆活动发展中存在的问题，并针对这些问题，提出对西岭雪山旅游节庆活动创新策划的建议与对策，促进其旅游节庆活动的发展。

多年来，随着节庆活动不断走向成熟，大众对节庆产品的要求也在不断提高，相应的研究水平也应不断提升。但目前来看，无论是研究视角、研究所涉及的学科还是研究方法，当前学者关于旅游节庆的开发与管理方面的研究仍比较单一。因此，在未来的研究中，旅游节庆的理论研究也当不断加强，研究领域还应不断拓展，以适应旅游节庆的现实发展。

（三）旅游节庆的影响及评价

1. 旅游节庆的影响

节庆活动的开展是旅游业以及旅游目的地发展的重要推动力之一，其作用和影响亦得到了实践的不断证明。大量的学者对旅游节庆活动产生的影响及绩效进行了评价。Janiskee[34]（1996）指出，随着旅游节庆的快速发展，居民更愿意采取行动改变当地的现有状况。Donald Getz[35]（1997）曾就节事对地方品牌化的影响进行研究，认为节事作为促进旅游业和城市发展的动力，能够强化地方意识；作为城市形象的塑造者，能够提升地方声誉；作为旅游吸引物，则构成了旅游产品体系的有机组成部分；作为提升城市地位的催化剂，则能拉动当地基础设施建设。张伦书[36]（2002）认为举办节庆活动的实质是以发展为宗旨，通过加快人流、物流、资金流的转换，达到促进经济、文化和社会全面进步的目标。并且，他还提出了节庆经济定量评价的基本框架及指标设计。李玉新[37]（2003）认为，开展旅游节庆活动能够为目的地带来经济收入，从而对目的地产生一定的经济影响，影响又分为旅游节庆本身的经济影响、对目的地的直接经济影响、对目的地的经济总影响三个层次。基于此，他分析了一系列开展节庆活动对目的地经济影响的测算方法，旨在为测算节庆活动的经济影响提供借鉴。王子新和樊中红[38]（2003）则对河北省的旅游节庆发展进行了具体分析，指出旅游节庆对河北旅游发展的积极作用。Thomas[39]（2004）认为旅游节庆活动的开展能够在一定程度上削弱季节性对旅游业发展的影响，扩大政府收入的同时对当地经济产生正面影响。娜日松[40]（2016）则以内蒙古的文化节庆活动为研究对象，指出其发展不仅能够建设城市，更能通过经济贸易交流与合作平台的搭建促进地区品牌文化的发展。

除此之外，也有学者发现了发展旅游节庆可能带来的负面影响。Atkinson D. 和 Laurier E.[41]（1998）以英国西部港口城市举办的“布里斯托尔 1996 国际海洋节”为例，分析了这一节庆活动由旅游发展而带来的影响，涉及了当地居民对旅游者的社会排斥问题。Roche[42]（1994）在充分肯定旅游节庆积极效益的基础上，对可能带动的价格上涨现象进行了分析。Snowball[43]（2001）的研究表明仅有少部分的旅游节庆能够带来巨大的经济效益，对于大多数节庆而言，经济效益是有限的。俞杨俊[44]（2007）则分别从积极和消极两个方面分析了旅游节庆的社会文化影响。积极地看，旅游节庆有利于目的地塑造形象、传播文化，增强居民对当地的认同感和荣誉感。但同时，旅游节庆的举办也会使目的地原有的生活节奏和生活模式遭到破坏，甚至是道德标准遭到扭曲。梅劲援、徐哲[45]（2009）曾以上海桃花节及上海都市森林狂欢节为例，研究了节庆对植被、土壤、水环境、大气等因子的影响，指出了旅游节庆带来的消极环境影响。

总的来说，目前国内外学者认为开展旅游节庆能够在经济、社会文化、环境三方面带来影响，又分为积极影响和消极影响。但长远来说，积极影响远大于消极影响（表 3）。

表 3　旅游节庆的影响

性质	方面	具体影响	参考来源（年份）
积极	经济	为目的地带来经济收益；推动产业发展；带动区域经济发展；推动区域改革；削弱季节性	Getz[35]（1993）、王子新[38]（2003）、Felsenstein & Fleischer[46]（2003）、Thomas[39]（2004）、俞杨俊[44]（2007）
	社会文化	提高城市形象；增强社会凝聚力；增加当地居民自豪感，改善生活水平；促进居民和政府的和谐关系；保护当地文化	Janiskee & Drews（1998） O'Sullivan & Jackson[47]（2002）、 Mckercher[48]（2006）、 俞杨俊[44]（2007）
	环境	改善基础设施；修缮建筑；增加绿化率	Gahr，2004

续表

性质	方面	具体影响	参考来源（年份）
消极	经济	价格上涨；经济漏损	Roche[42]（1994）、Snowball & Antrobus[43]（2001）
	社会文化	当地居民的社会排斥；冲击居民原有的生活方式；扭曲道德标准	Atkinson & Laurier[41]（1998）、俞杨俊[44]（2007）
	环境	破坏植被、土壤、水环境、大气等	梅劲援[45]（2009）

资料来源：根据参考文献［35］、［38］、［39］、［41］－［48］整理。

2. 旅游节庆影响的评估

由于旅游节庆关联性强、带动性强，其影响评估是一个复杂的过程，大多是建立在已经较为成熟的目的地旅游影响评估体系的基础之上。对旅游节庆影响的评估主要围绕着节庆经济影响而展开，而有关社会影响效益的评估又多从心理学角度切入。目前，有一部分学者试图采用不同的方法对旅游节庆的影响进行评估。Emma H. Wood 和 Rhodri Thomas 以英国威尔士地区的三个小规模旅游节庆作为研究对象，对其产生的经济影响展开评估，采用定量的方法试图分析三者中哪一个更有利于当地农村经济的发展。Timothy J. Tyrrell 和 Robert J. Johnston（2001）通过区分花费的不同来源、花费的终极流向和花费原因的方法估计节庆旅游的直接经济影响。Rick Rollins 和 Tom Delamere[49]（2007）以多伦多沙雕节为例，对其社会影响进行了评估与测量。国内方面，刘亚禄和徐铁夫[50]（2004）通过建立模糊统计数学模型对地方经济文化节庆活动进行多角度分析和综合价值评价。类似地，石玉凤、王尚志[51]（2005）运用模糊数学的思想，建立了相应的模糊综合评价模型，并利用模型对北京大兴西瓜节的综合效益进行了定量分析。潘娣等[52]（2008）将层次分析法用于旅游节庆评估中，运用定性和定量分析相结合的方法提高了评估的准确性。侯兵等[53]（2008）以扬州“烟花三月”国际经贸旅游节为对象，对其所产生的间接及直接经济效益进行分析。

目前来看，国外学者对旅游节庆影响的评估研究开始较早也较为成熟，既有深入的理论探讨，也有丰富的应用性研究。与此对比，国内大多是验证性研究，即通过案例验证较为成熟的评估模型。同时，近几年国内有关旅游节庆影响评估的研究较少，亟待研究者深入其中。

（四）旅游节庆的持续发展

在旅游节庆持续发展方面的探索，学者们主要是从游客的满意度、重游度及旅游节庆的品牌化两个方面开展研究的。

Turco 和 Lee[54]（1996）指出，顾客满意是节事成功的关键因素。沈欢燕[55]（2010）根据游客满意理论，以青岛国际啤酒节为例，对旅游节庆游客满意度影响因素及旅游节庆游客满意度、推荐度、回游度的关系进行了探讨，希望以此为提升青岛国际啤酒节管理水平提供理论借鉴。项莉[56]（2012）认为，游客的满意度是衡量旅游节庆活动成功与否的重要指标之一，也对当地政府制定相关政策及企业策划营销活动具有重要的指导作用。雷燕燕[57]（2017）则是基于计划行为理论与情绪认知理论，构建了民族地区以政府为主导的旅游公共服务体系并引入旅游者总体满意度的概念，分析民族节庆活动中游客感知的旅游公共服务质量对游后行为意向的影响关系，以期通过提高旅游公共服务质量来提升游客满意度，进而实现民族节庆活动的持续发展。孙三三[58]（2018）从游客感知的视角出发，以山西碛口红枣旅游文化节为案例，着力探究新型乡村旅游节庆可持续发展的制约因素，以期为乡村旅游节庆的可持续发展提供参考与借鉴。

另一方面，国内许多专家从旅游节庆的品牌化培育这个方面对旅游节庆的持续发展做了研究。孔泽[59]（2012）认为在各具特色的旅游节庆中，若想使节庆立于不败之地，就必须打造具有影响力的品牌旅游节庆，提高其国际竞争力，实现旅游节庆的可持续发展。泥倩倩[60]（2013）采用多学科方法，重点对旅游节庆品牌化的影响因子进行分析、评价，最终得出衡量旅游节庆品牌化的指标。并且，还以青岛国际啤酒节为案例进行实证研究，从品牌要素的角度阐述青岛啤酒节的品牌化发展，为其他地区提供借鉴。田甜[61]（2016）以洛阳牡丹花会这一发展较为成熟的节庆为实例，运用旅游节庆活动和品牌学的相关理论，分析其品牌化之路的实践经验，总结了特有资源性节庆品牌打造的路径。张琦[62]（2019）尝试探索生态化、绿色化、低碳化的旅游节庆品牌发展的新模式，以实现旅游节庆生态可持续的目的。

目前，很少有学者针对旅游节庆的可持续性评估开展研究。周平[63]（2013）以农村节庆体育为研究对象，认为只有具备完善的发展要素体系、发展持续创新力体系和农村发展支持体系，才能促进农村节庆体育的持续发展。除此之外，有关旅游节庆可持续性评估的相关文献少之又少。

三、国内外研究对比

通过上文的综合分析可以看出，国内外关于旅游节庆的研究内容有所相似，但在研究方法和研究视角等方面却略有差异。笔者通过比较分析，发现主要体现在以下两个方面。

第一，体现在研究视角上。总的来说，国内外关于旅游节庆的研究大多是从旅游者的视角开展的，视野比较集中，角度较为单一。但同时，国外的学者也注重社区的参与研究，而国内也从政府这一管理者视角对旅游节庆的发展提出了诸多建设性的建议。

第二，体现在研究方法上。国内外的研究都采用了定性定量相结合的研究方法，不同的研究主题所采取的方法也不尽相同。在对旅游节庆的基础含义、开发管理等方面进行研究时，学者都以定性描述为主，辅以适当的定量分析。而当对旅游节庆的影响及评价等进行研究时，学者们采用的方法则恰恰相反，广泛地采用了数理统计分析法、模型法等定量方法，以此为定性描述提供支持。并且，相较国外，国内学者的研究一直以来都更为依赖定性方法的使用。但近年来，国内有越来越多的学者使用定量方法对旅游节庆进行量化研究。

四、研究展望

通过上文的对比分析，我们不难发现，旅游节庆研究越来越受到国内外学者的关注，但国内的相关研究进程略晚于国外。借鉴国外学者对旅游节庆的研究，笔者对国内未来的研究从以下三个方面提出展望：

第一，研究层次方面。无论是对旅游节庆的开发与管理研究，还是对旅游节庆的持续发展研究，国内目前的研究层次均较浅，还处在简单的归因阶段。在未来的研究中，学者们应该广泛借鉴社会学、心理学、地理学等领域的相关理论，对节庆旅游者的行为进行多角度、全方位、深层次的归因，以此为基础进行相关研究。并且，学者们还可以尝试从不同视角切入，从城市、社区等视角去研究未来旅游节庆的开发趋势。

第二，研究方法方面。目前国内对旅游节庆的研究大多仍采用定性方法。尽管有越来越多的学者在其研究中采用了定量方法，但在数据统计和模型构建等方面都过于简单，缺乏对定量数据的科学分析，无法为其研究提供强有力的支撑。未来的研究者只有重视定量方法的使用，为研究的定性描述提供支撑，并不断尝试与研究主题相融洽的研究方法，才能使自己的研究结果更为科学可信，更易被业内所认可。

第三，研究内容方面。目前，国内旅游节庆的持续发展能力不高，大多数旅游节庆面临着“高开低走”的窘况，因此旅游节庆的评价研究意义重大。然而，现今的研究主要集中在对旅游节庆经济效益的评估上，而忽略了环境效益和社会效益。如何实现旅游节庆的经济、环境、社会效益的统一，如何构建旅游节庆发展的综合评价体系，使之具备持续发展能力是未来学者需要着重研究的方面。

参考文献

[1] 袁平. 论节庆旅游对海南国际旅游岛建设的影响及其发展［J］. 城市发展研究，2009（9）：14－17.

[2] 李力，崔卫华. 城市旅游节庆的构成要素及牵动效应［J］. 桂林旅游高等专科学校学报，1999，10（2）：11－14.

[3] 庄志民，赵睿. 系统视野中的上海节庆旅游资源开发［J］. 旅游科学，2000（4）：27－29.

[4] 余青，吴必虎，等. 中国城市节事活动开发与管理［J］. 地理研究，2004（6）：845－855.

[5] 戴光全，保继刚. 城市节庆活动的整合与可持续发展——以昆明市为例［J］. 地域研究与开发，2007（4）：58－61.

[6] 徐舟. 旅游节庆活动的策划规划方法初探［J］. 平原大学学报，2005（1）：7－10.

[7] 张宏丽. 节庆、旅游节庆和节庆旅游概念辨析［J］. 信阳师范学院学报（哲学社会科学版），2008，28（6）：63－66，75.

[8] 余青，吴必虎，廉华，等. 中国节事活动开发与管理研究综述［J］. 人文地理，2005（6）：56－59.

[9] 和立新. 试论节庆性竞赛活动的效益与社会学特征［J］. 体育科学，2000，20（1）：20－22.

[10] 成曦. 旅游节庆系统构建理论与实证研究［D］. 武汉：华中师范大学，2008.

[11] 于淼. 我国现代旅游节庆的特征［D］. 重庆：西南大学，2012.

[12] 赵东玉. 中华传统节庆的儒学化倾向［J］. 兰州大学学报，2001，29（1）：15－18.

[13] 赵睿. 节庆旅游：开拓崭新视野——以上海为例［J］. 沿海经济，2001，9：4－7.

[14] 石玉凤，单博诚. 对节庆文化活动与经济内涵的思考［J］. 科技进步与对策，2001（2）：64－65.

[15] 蔡晓梅. 城市旅游形象分析方法在节事活动主体定位中的应用［J］. 社会科学家，2003（101）：100－104.

[16] 吉文桥. 关于节庆经济的思考 [J]. 学海, 2003 (2): 53－60.
[17] 周永广. 日本节庆活动对我国旅游节庆开发的启示 [J]. 旅游学刊, 2005 (2): 66－69.
[18] 董观志, 杨凤影. 区域节庆旅游资源的整合模式研究 [J]. 商场现代化, 2005 (13): 129－130.
[19] 袁敏芳. 兵团旅游节庆活动现状、存在问题及对策 [J]. 兵团党校学报, 2017 (3): 14－18.
[20] 田八一. 重大旅游节事活动开发中的政府职能研究 [D]. 青岛: 青岛大学, 2017.
[21] 李艳婷, 王琪. 北京郊区农事节庆活动发展的困境与对策研究 [J]. 北京农业职业学院学报, 2018, 32 (1): 13－18.
[22] Mayfield T L, Cranpton J L. The Status of the Marketing Concept Among Festival Organizer [J]. Journal of Travel Research, 1995, 33 (4): 14－22.
[23] 王雪芳. 民族旅游节庆开发的 SWOT 分析及对策研究——以广西三江侗族自治县为例 [J]. 桂林旅游高等专科学校学报, 2008 (1): 73－76.
[24] 刘博. 节庆旅游活动与区域营销研究 [D]. 延吉: 延边大学, 2016.
[25] 汪亚明, 姚海琴. 基于 SWOT 分析的旅游节庆策划与市场营销研究——以杭州市余杭区为例 [J]. 浙江学刊, 2012 (3): 155－159.
[26] 樊敬丹. 现代节庆旅游的新媒体营销策略研究 [D]. 泉州: 华侨大学, 2013.
[27] 张文莲. 节庆旅游营销中对员工外显能力的要求 [J]. 中国商论, 2019 (12): 84－85.
[28] 任国才. 我国旅游节庆市场化运作研究 [D]. 杭州: 浙江大学, 2002.
[29] 韩涛. 关于安康旅游节庆开发的思考 [J]. 安康学院学报, 2008 (4): 12－14.
[30] 连建功. 中国旅游节庆驱动机制研究 [D]. 武汉: 华中师范大学, 2008.
[31] 王会战. 民俗节庆旅游开发与非物质文化遗产保护互动模式研究 [J]. 中华文化论坛, 2014 (9): 122－127.
[32] 费经通. 无锡市 B 区促进旅游节庆发展的政策研究 [D]. 南京: 南京理工大学, 2017.
[33] 朱红, 孙璐. 基于旅游消费者视角的节庆活动创新策划研究——以成都西岭雪山景区为例 [J]. 中国集体经济, 2019 (12): 141－143.
[34] Janiskee R. The Temporal Distribution of America's Community Festivals [J]. Festival Management and Event Tourism, 1996, 3 (3): 129－137.
[35] Getz D. Event Management&Event Tourism [M]. New York: Cognizant Communication Corporation, 1997. 341.
[36] 张伦书. 论节庆经济持续创新力与评价指标体系 [J]. 桂海论丛, 2002 (3): 85－88.
[37] 李玉新. 节庆旅游对目的地经济影响的测算与管理 [J]. 桂林旅游高等专科学校学

报，2003（1）：53－55.
[38] 王子新，樊中红．河北旅游节庆发展浅析［J］．河北大学学报（哲学社会科学版），2003（3）：126－129.
[39] Thomas R，Wood E. Event－Based Tourism：A Survey of Local Authority Strategies in the UK［J］．Local Governance，2004，29（2）.
[40] 娜日松．内蒙古文化节庆活动成效分析［J］．中国市场，2016（47）：110－111.
[41] Atkinson D Laurier E. A Sanitized City? Social Exclusion at Bristol's 1996 International Festival of the Sea［J］．Geoform，1998，29（2）：199－206.
[42] Roche M. Mega－Event and Urban Policy［J］．Annals of Tourism Research，1994，21（1）：119.
[43] Snowball & Antrobus. Measuring The Value of The Arts To Society：The Importance of The Value of Externalities For Lower Income And Education Groups In South Africa［J］．South African journal of Economics，2001，69（4）：752－766.
[44] 俞杨俊．旅游节庆策划系统研究——以“上海旅游节”为例［D］．上海：上海师范大学，2007.
[45] 梅劲援．节庆旅游的环境影响研究一以上海桃花节、都市森林狂欢节为例［D］．上海：上海师范大学，2009.
[46] Felsenstein D，Fleischer A. Local Festivals and Tourism Promotionahe Role of Public Assistance and Vistor Expenditure［J］．Journal of Travel Research，2003，41（5）：385－392.
[47] O'Sullivan D，Jackson M J. Festival Tourism：A Contributor to Sustainable Local Economic Development?［J］Journal of Sustainable Tourism，2002，10（4）：325－342.
[48] Mckercher B，Mei W，Tse T. Are Short Duration Festivals Tourist Atractions?［J］Journal of Sustainable Tourism，2006，14（1）：55－66.
[49] Rick Rollins，Tom Delamere. Measuring the Social Impact of Festivals［J］．Annals of Tourism Research，2007（3）.
[50] 刘亚禄，徐铁夫．节庆活动的综合评价［J］．中国统计，2004（8）：20－22.
[51] 石玉凤，王尚志．地方经济文化节庆活动规模对地区经济发展作用的模型与分析［J］．科技进步与对策，2001（7）：107－109.
[52] 潘娣，郑大宾，汪慧琴．AHP 法在旅游节庆评估体系中的应用［J］．武汉职业技术学院学报，2008（5）：91－94.
[53] 侯兵，陈肖静．现代城市节庆活动旅游效应研究与思考——以扬州“烟花三月”国际经贸旅游节为例［J］．人文地理，2008（4）：95－99.
[54] Turco D M，Lee K. Festival & Special Event Research：Are We Having Fun Yet?［J］．Parks&Recreation，1996，31（4）．24－34.
[55] 沈欢燕．旅游节庆游客满意度、推荐度、回游度的关系研究［D］．济南：山东大

学，2010.
[56] 项莉. 顾客感知视角下的旅游节庆活动满意度研究［D］. 长沙：湖南师范大学，2012.
[57] 雷燕燕. 民族节庆活动中的旅游公共服务质量感知、旅游满意度及游后行为意向影响关系研究［D］. 兰州：兰州大学，2017.
[58] 孙三三. 可持续发展视角下乡村旅游节庆感知与态度研究［D］. 呼和浩特：内蒙古大学，2018.
[59] 孔泽. 福州三坊七巷旅游节庆品牌化研究［D］. 福州：福建师范大学，2012.
[60] 泥倩倩. 山东省旅游节庆品牌化发展研究［D］. 武汉：华中师范大学，2014.
[61] 田甜. 从中国洛阳牡丹文化节探索旅游节庆品牌化塑造［D］. 西安：陕西科技大学，2016.
[62] 张琦. 生态可持续发展下的旅游节庆品牌策略研究［D］. 济南：山东工艺美术学院，2019.
[63] 周平，熊少波，曹小芬. 我国农村节庆体育可持续发展研究［J］. 体育文化导刊，2013（3）：29－32.

国内外旅游流研究进展及展望

赵明煜*

摘要 旅游流是旅游地理学研究的核心问题之一，本文运用 CiteSace 软件对国内外旅游流研究阶段与热点、机构及团队进行了分析总结，并且从动力机制及影响因素，旅游流空间结构，流量、流质及调控，旅游流规模预测四个方面对研究内容进行了综述。从网络结构、影响因素、政策体系方面说明现有研究不足。

关键词 旅游流 研究综述 CiteSpace

一、研究背景

改革开放以来，国务院相继出台了《国务院关于加快发展旅游业的意见》《关于鼓励和引导民间资本投资旅游业的实施意见》《国民旅游休闲纲要（2013—2020 年）》等一系列政策措施，旅游业发展取得巨大进步。近年来，“全域旅游”的提出标志着旅游业迈入新的发展阶段，产业体系更加完善，扶贫攻坚成效显著，其战略支柱地位得到广泛认可。《2018 年文化和旅游发展统计公报》数据显示，2018 年国内旅游人次数 55. 39 亿人次，入境旅游人次数 14120 万人次，全年实现旅游总收入 5. 97 万亿元，同比增长 10. 5%。联合国世界旅游组织测算结果表明，我国旅游产业对国民经济综合贡献和社会就业综合贡献均超过 10%，高于世界平均水平，旅游业在促进经济增长，带动就业方面贡献突出。与此同时，旅游业作为幸福产业、绿色产业，成为衡量人民现代化生活水平的重要标志，也是提高国民素质、弘扬中华文化、加

* 赵明煜，北京联合大学旅游学院，北京 100101。

强国际交流、保护生态环境的重要力量。当前，我国经济发展迈入新阶段，优化经济结构，转变增长动力，提高全要素生产率，建设现代化经济体系成为重要战略目标。旅游业作为新常态背景下经济增长的新引擎，同样面临转方式、调结构、完善供给侧改革等挑战。基于此，判断旅游流流量、方向、流速，明确旅游节点间的联结结构、联结程度、等级类别等，有利于准确预测游客需求，科学制订区域旅游发展战略，进一步提升旅游业产业效率，从供给层面推动旅游产业合理化高级化，为旅游业发展注入新的活力。

二、国内外研究现状

（一）研究阶段、机构及团队

外文文献以 Web of Science 核心数据库为检索来源，以“Tourist Flow”为主题词进行检索，由于数据库年份限制，检索文献时间范围为 2009—2018 年，经筛选后共得文献 532 篇。中文文献以中国知网（CNKI）为检索源，以“旅游流”“旅游流 + 网络结构”为主题词进行检索，检索范围设定为 SCI、EI、CSSCI、CSCD 来源，检索时间为 1992 年至今，共得到有效文献 450 篇，并运用 CiteSpace 软件对所得中文文献从研究阶段、发文作者以及发文机构进行计量可视化分析（图 1）。

1. 研究阶段

1992—2018 年，旅游流相关文献呈波动上升趋势，依据发文数量大致可分为 3 个阶段：①缓慢发展阶段（1992—2005 年），此阶段年发文数量均在 10 篇以下。其中吴必虎、郭顺铁、郭来喜为此阶段代表学者。吴必虎重点分析了国内旅游者流动规律，其先后发表的《上海游憩者流动行为研究》与《中国城市居民目的地行为选择研究》产生了深远的学术影响。郭顺铁、郭来喜所发表的《旅游流体系研究》阐述了旅游流概念及内涵，为日后旅游流研究进一步深入奠定了理论基础。②快速发展阶段（2006—2012 年），此阶段发文量逐年上升，研究主题日益丰富，涉及动力机制、空间结构等，其中代表学者有马耀峰、张捷。③平稳发展阶段（从 2012 年至今），信息技术的发展为旅游流研究带来了更为丰富的数据源，以及社会网络分析法的引入也为旅游流研究带来新的方法，此阶段研究的突出特征为注重挖掘网络大数据，研究深度、广度不断加强。相比较而言，2009—2018 年，外文文献发文数量较为稳定，呈现波动上升状态，且历年来均大于中文文献。

2. 研究团队

对文献发文团队进行可视化分析，生成旅游流研究团队共现知识图谱

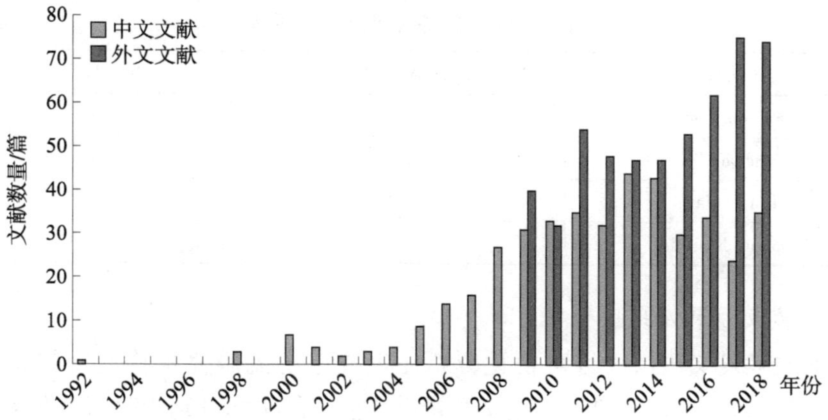

图1　旅游流文献数量年度分布

(表1、表2)。从表1可知，有关旅游流研究形成了以马耀峰、张捷、吴晋峰、陆林、黄震方、胡静为首的6大主要研究团队。马耀峰、张捷、吴晋峰为首所带领的团队规模位居前三，其中马耀峰团队规模最大，研究人员数量多于10位，团队之间合作较弱，多为小范围合作。在发文数量方面，有8位学者发文数量多于10篇，其中马耀峰发文数量最多，为82篇，约占总分析文献数的18%。研究内容方面，马耀峰团队分析了中国热点旅游城市入境旅游流空间流动趋势以及空间梯度转移特征；张捷团队运用齐夫定律分析了不同时间、空间维度下旅游流流量差异；吴晋峰团队重点关注了我国入境旅游流空间分布特征；陆林团队以高速铁路带来的时空压缩效应为切入点，分析了典型旅游城市在高铁影响下旅游流空间结构演化特征。从表2可知，国外研究团队之间相对独立，合作较少，其中Maria、Richard、Karen、Jaume发文数量较多，研究方向分别为旅游流规模测算、旅游流影响因素、旅游流流向影响因素。

表1　国内旅游流研究主要团队

团队代表	团队人数	发文数量（篇）
马耀峰	20	82
张捷	13	27
吴晋峰	7	23
陆林	5	21
黄震方	3	61
胡静	5	15

表2　国外旅游流研究主要团队

团队代表	团队人数	发文数量（篇）
Marek Lang	3	4
Richard Tol	2	3
Karen Mayor	2	3
Jaume Rossello	2	3

3. 发文机构及地区分布分析

对文献发文机构进行可视化分析，生成旅游流研究机构共现知识图谱（图2、表3）。从图2可知，发文数量排名前五的机构分别为陕西师范大学旅游与环境学院、南京师范大学地理科学学院、南京大学地理与海洋科学学院、中国旅游研究院、安徽师范大学国土与旅游学院。其中，陕西师范大学旅游与环境学院发文数量共116篇居于首位，约占分析文献总数的26%。发文机构地域分布较不均衡，主要研究机构所在城市以陕西和南京为主，代表机构为陕西师范大学旅游与环境学院、南京师范大学地理科学学院、南京大学地理与海洋学院，发文数约占文献分析总数的33%。华北地区北京为重要科研机构所在地，其中以中国旅游研究院、中国科学院地理科学与资源研究所为主要科研机构代表。华东华中分别以合肥、武汉为重要科研机构所在地，代表性科研机构为安徽师范大学国土资源与旅游学院、华中师范大学城市与环境科学学院。从表3可知，国外研究团队发文数量较多的为Wageningen University、Vrije University、Econ&Social Institution、Griffith University。与中文文献发文团队相比较而言，外文团队规模较小，没有形成极具代表性的研究团队。

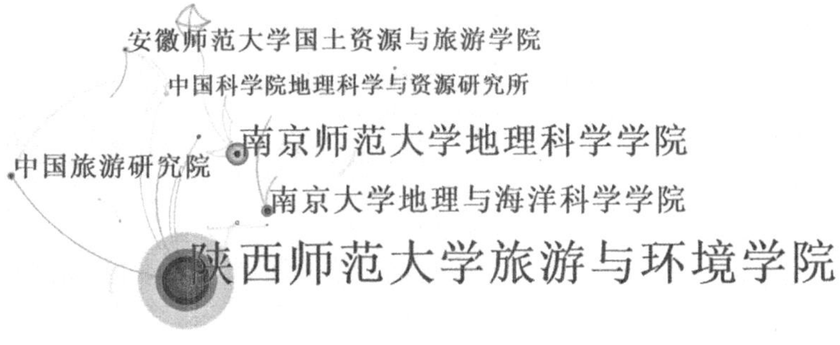

图2　中文文献旅游流研究机构共现知识图谱

表3 外文文献旅游流研究机构

团队代表	发文数量（篇）
Wageningen University	8
Vrije University	5
Econ&Social Institution	3
Griffith University	3

（二）研究领域

1. 旅游流动力机制及影响因素

关于旅游流的概念有狭义和广义之分，狭义的旅游流仅指游客在空间区域内的位移，即游客流；广义的旅游流指的是以旅游客流为主体，涵盖旅游信息流、旅游物流和旅游能流的一个复杂系统[1]。在实际研究中，广义的旅游流概念涉及的个别层面与旅游本身联系较弱，学界认可度较低，因此大多数有关旅游流的研究仅指旅游客流。解释旅游流形成机制的理论有推拉理论、空间相互作用理论、竞争力理论，往往是从单一学科视角进行探讨，缺乏系统性和综合性。旅游流形成于目的地供给、客源地需求以及联系两地之间的通道三者合力作用下，基于此，旅游流系统动力是在客源地推动力、目的地拉力、阻力和空间结构力共同作用形成[2]。客源地推动力又分为内在推动力和外在推动力，内在推动力取决于游客对目的地效用的评价[3]，外在推动力一般指的是客源地经济发展水平、人均可支配收入、闲暇时间等[4-5]；目的地拉力因素有旅游资源吸引力、基础设施建设水平、地理区位等[6-8]；空间距离、交通设施便捷性为阻力因素[9]。

旅游业的发展状况受外部环境影响较大。旅游流流量的增加并非完全取决于本国基础设施质量的提升，邻国政治经济上的不景气会引致本国境外游客的增加[10]。除此之外，本国政权更迭频繁、恐怖主义横行以及服务质量的下降都会对客流量产生消极影响，服务质量相较于前两者是影响游客满意度的主要因素[11]。入境旅游对本国而言可视为旅游产品出口，汇率的变动同样会对旅游流产生影响。相比某些宏观因素会由于环境的改变而对旅游流的影响减弱甚至消失，相关学者通过协整检验发现，汇率的变动与旅游流流量存在着长期的协整关系[12]。国际旅游中不可忽视的一个重要因素是取得签证的难易程度。对于发达国家，即使存在着签证限制并没有对其产生很大的负面影响，除东南亚和南亚以外的情况则刚好相反[13]。关于影响旅游流传统因素学者给予关注并进行了实证分析检验以外，学者们注意到很多社会变迁所带来的新的影响因素，例如肥皂剧的播放量[14]、电影拍摄取景地[15]、气候变化[16-17]等。

2. 旅游流空间结构

旅游流空间结构反映的是游客在旅游过程中的行动轨迹，其空间特征对于旅游企业选址、旅游线路规划、基础设施布局具有重要意义，是旅游流研究中的关键问题。从客源地角度旅游市场可以分为国内市场和国外市场，来自不同市场的游客表现在空间的流动轨迹有一定差异性。境外旅游者以旅游热点城市为聚集地和中转地，形成辐射发散型和收敛聚集型的空间形态，流向上倾向于选择等级较高的特大城市及旅游资源富集区，由于替代产品的增多，流量趋于分散[18]。对不同研究对象境外旅游流进行探索，其模式同样呈现辐射发散型和收敛聚集型[19]。入境旅游者由旅游热点城市向非热点城市转移过程中，必然会引发资金、技术、信息的流动，从而对辐射区发展产生积极影响，促进两地之间的交流联系，有助于减缓区域发展平衡问题[20-22]。基于距离衰减规律的国内旅游流空间模式研究同样形成了相对成熟的理论，如环城游憩带理论[23-25]、旅游流区域内聚理论[26-27]。早期对于区域旅游流空间特征的探索多数采用问卷调查法与数理统计相结合的研究方法，相对单一，研究尺度较大，缺少对景点小尺度流向结构的探索。随着计算机技术的发展，旅游流研究视角与方法也迎来了新的变革，突出表现在基于旅游社交网络用户网络生成内容为旅游流研究提供了更为翔实丰富的数据源[28]，研究尺度可以聚焦于更加微观的旅游景区[29-32]。与此同时，社会网络分析方法可以从节点等级、规模、密度等角度较为全面地反映旅游流空间结构特征，广泛应用于旅游流研究当中[33-36]。

国外学者关于旅游流空间结构模式的研究成果丰硕，形成了较多成熟的理论，如游憩与度假地旅游流空间模式[37]、垂直流动模式[38]、国家旅游流流动模式[39]等。旅游目的地与惯常居住地之间的差异性是游客在旅游过程中追寻的意义之一，同时也决定了出游方向。如果以追求异质性为目的，国际客流倾向于流向具本国更远的地方；如果追寻的是放松、舒适的短途旅行，国际游客会更多地选择邻国出游，并集中在边境城市，具有一定“扩散”的特征，而其范围取决于共同陆地边界的长度[40]。游客在城市中游览的过程中会产生大量的数据，这些数据来自游客发表在社交平台的照片[41]、手机通话记录[42]、文本内容[43]等，这些数据为追踪更为微观的游览轨迹提供了可能。以上提及的数据来源有时会存在重叠有时则是互补，在进行有关分析时，可以以互补的方式采用多种数据源[44]。

3. 旅游流流量、流质及调控

旅游流研究涵盖流向、流量和流质三个方面，流量和流质是评价旅游业发展水平的重要标志，也是提升旅游效率的重要突破口。我国入境旅游流流质区域差距较大，总体发展水平不高，东部沿海入境港口较多为流质优质区，导致流质空间分异格局的主要因素有旅游地供给、交通通达性、区域经济水平、旅游产业发展水平、游客出游动机、客源结构。大部分地区流质与流量呈现同向发展趋势，东部为同高，中、西部为同低[45]。国内旅游流规模与质量总体上均呈现缓慢上升的趋势，从省份层面看大部分省份流质与流量非同步上升发展，大部分省份还需进一步挖掘发展潜力[46-47]。休假制度的调整为游客出行提供更为充裕的闲暇时间，为更多游客出游提供可能性，引致目的地客流“井喷现象”。流量随黄金周逐日增加至峰值后回落，无论是日际还是年际旅游景点系统等级结构均呈现分形几何特征，整体上游客量规模分布比较分散，游客量分布等级结构发育不完善[48-49]。我国出境旅游流特征符合位序规模理论，长期为亚洲周边国家主要客源国，对中东、欧美国家影响力有限，制约中东目的地流量规模的因素可能为签证便利程度、社会安定等，影响欧美市场流量的原因可能为空间距离、旅游产品价格[50]。

早期国外学者关于旅游流流量的研究与国内类似，以统计年鉴与问卷调查为主要数据来源，与国内相比研究尺度较大[51-52]，近年来以 Flickr 等社交网站为数据源的流量研究逐渐增多[53]。随着旅游地知名度的提高，当地不得不面临的问题是游客激增。这种超负荷的增长一方面不利于旅游资源的保护，另一方面会挤占当地居民的生活空间，有必要从交通疏导、酒店布局、公共管理部门通力合作等方面加以对流量进行调节。这种调节并不一定要实施于整个地区，关键在于重点景点[54-55]。

4. 旅游流规模预测

对旅游流规模的准确预测，有利于当地政府合理规划布置基础设施，在一定程度上缓解出游高峰期接待设施不足、游客满意度低、交通拥堵等问题。模型预测精度一直是学者们关注的重点问题，传统预测模型以规模序列为线性或者某种非线性结构为假设条件，此类模型降低了问题分析的难度，同时精度低的缺点也显而易见[56]。尤其是在预测节假日客流方面，各个节假日休假时长，所处季节不同，非线性特征明显，有关研究表明基于季节指数调整的自适应遗传算法——支持向量回归预测模型预测结果精度更高[57-60]。以统计年鉴往年数据作为预测基础，可能存在数据滞后性问题；网络搜索指数具有时效性强的优势，为预测精度的提高提供了新的途径[51]。与此同时，网络搜索指数为前期数据缺乏的新建景区市场规模预测提供了可能性[62]。旅游业对外部环境稳定性要求较高，突发危害性事件会对目的地客流产生较大影响，此时客流流量非线性趋势和线性特征交织的随机性趋势明显，以往线性或非线性预测模型精度下降，混合模型预测效果优更优[63]。

（三）已有研究评价

通过梳理国内外旅游流研究，可以发现，目前已形成了相对成熟完善的理论框架，研究内容日益丰富，涉及动力机制、影响因素、空间结构、流量流质、规模预测以及流量调控等。研究方法不断进步，最初所采用的方法为问卷调查与简单的数理统计相结合，单一的研究方法限制了研究深度、尺度的拓展。目前，有关旅游流研究方法综合借鉴了管理学、经济学、社会学等学科研究成果，新方法的出现进一步延伸了旅游流研究范围，为旅游流研究提供了更为系统、丰富的视角。此外，现有研究在以下方面有待进一步深入：

1. 以景区为节点旅游流网络结构研究有待加强

现有旅游流网络结构研究往往选择省域或城市为节点，不能充分反映更小尺度下旅游流网络结构特征。随着互联网大数据的发展，应充分应用新技术，可以从技术层面与理论层面不断完善旅游流网络结构研究。

2. 旅游流网络结构影响机理机制亟待展开

目前关于旅游流结构研究较多关注于其演化特征，关于旅游流网络结构的影响机理研究较为缺乏。

3. 区域旅游流网络结构优化政策体系有待深入

实现京津冀旅游业的协调与可持续发展，通过优化旅游流网络结构是区域旅游业发展的一个重要项目。目前现有的研究仍难以满足国家政策的需求，探究区域旅游流网络结构特征，优化其网络结构的相关研究亟待增加。

参考文献

[1] 唐顺铁，郭来喜．旅游流体系研究［J］．旅游学刊，1998（3）：38－41．

[2] 杨兴柱，顾朝林，王群．旅游流驱动力系统分析［J］．地理研究，2011，30（1）：23－36．

[3] 毛端谦，张捷，包浩生．基于 Lancaster 特性理论的旅游目的地选择模式——理论分析与江西省旅游客流的实证研究［J］．地理研究，2005，24（6）：992－999．

[4] 张捷，都金康，等．自然观光旅游地客源市场的空间结构研究——以九寨沟及比较

风景区为例［J］. 地理学报，1999，54（4）：71－78.
［5］保继刚，郑海燕，戴光全. 桂林国内客源市场的空间结构演变［J］. 地理学报，2002，57（1）：96－106.
［6］保继刚，龙江智. 城市旅游驱动力的转化及其实践意义［J］. 地理研究，2005（2）：274－282.
［7］阮文奇，张舒宁，郑向敏. 中国游客赴泰旅游流网络结构及其形成机理研究［J］. 世界地理研究，2018，27（4）：34－44.
［8］王奕祺，吴晋峰，等. 港澳与台湾入境旅游流时间特征对比及成因分析［J］. 资源科学，2012，34（2）：373－380.
［9］吴晋峰，包浩生. 旅游流距离衰减现象演绎研究［J］. 人文地理，2005（2）：62－65.
［10］Sorcaru I A. Tourist flows in Romania. Evolution and Perspectives［J］. Annals of the University Dunarea De Jos of Galati，Fascicle，XVII，Medicine，2018（1）：46－53.
［11］Okullcz－Kozaryn W. The Economics of Tourism in Egypt：Three Reasons for the Fall of the Tourist Flow［J］. Global Management Journal，2016，8：107－115.
［12］Ergen E，Yavuz E. Empirical analysis of the Relationship Between Tourist Flows and Exchange Rate Volatility：ARDL Method［J］. Uluslararasi Ekonomive Yenilik Dergisi，2017，3（1）：35－46.
［13］ArtalL－Tur A，Pallardo－Lopez VJ，Requenz－Silvente F. Examining the Impact of Visa Restrictions on International Tourist Flows Using Panel Data［J］. Estudios de Economía，2016，43（2）：265－279.
［14］Ballo F，Ballo H O，Cebeco K. Impacts of Exported Turkish Soap Operas and Visa－free Entry on Inbound Tourism to Turkey［J］. Tourism Management，2013，37（3）：186－192.
［15］Mitchell H，Stewart MF. Movies and holidays：The Empirical Relationship Between Movies and Tourism［J］. Applied Economics Letters，2012，19（15）：1437－1440.
［16］Katircioglu S，Cizreliogullari M N，Katircioglu S. Estimating the Role of Climate Changes on International Tourist Flows：Evidence From Mediterranean Island States［J］. Environmental Science and Pollution Research International，2019，26（14）：14393－14399.
［17］Amelung B，Nicholls S，Viner D. Implications of Global Climate Change for Tourism Flows and Seasonality［J］. Journal of Travel Research，2018，45（45）：285－296.
［18］张红. 我国旅游热点城市境外游客旅游流空间分布特征分析［J］. 人文地理，2000，15（2）：56－57，14.
［19］涂建军. 四川省入境旅游客流时空动态模式研究［J］. 长江流域资源与环境，2004，13（4）：338－342.
［20］刘宏盈，马耀峰. 入境旅游流空间转移与省域旅游经济联系强度耦合分析——以上

海人境旅游流西向扩散为例［J］．资源科学，2008，30（8）：1162－1168.

［21］刘宏盈，苗芳，马耀峰．入境旅游流转移对旅游经济联系促进作用实证分析——以旅沪流向陕西转移为例［J］．干旱区资源与环境，2009，23（8）：135－138.

［22］刘宏盈．长三角入境旅游流西向扩散效应分析——以向陕西扩散为例［J］．地域研究与开发，2010，29（4）：93－98.

［23］吴必虎．上海城市游憩者流动行为研究［J］．地理学报，1994，49（2）：117－127.

［24］吴晋峰，包浩生．旅游流距离衰减现象演绎研究［J］．人文地理，2005，20（2）：62－65.

［25］邓明艳．成都国际旅游市场旅游流特征的分析［J］．经济地理，2000，20（6）：115－117，124.

［26］薛莹．旅游流在区域内聚：从自组织到组织——区域旅游研究的一个理论框架［J］．旅游学刊，2006，21（4）：47－54.

［27］薛莹．江浙沪地区的内聚旅游流分析［J］．旅游科学，2006，20（3）：6－12.

［28］秦静，李郎平，等．基于地理标记照片的北京市入境旅游流空间特征［J］．地理学报，2018，73（8）：1556－1570.

［29］王娟，胡静，等．城市旅游流的网络结构特征及流动方式——以武汉自助游为例［J］．经济地理，2016，36（6）：176－184，175.

［30］周慧玲，许春晓．基于游记行程的湖南旅游流空间网络结构特征［J］．经济地理，2016，36（10）：201－206.

［31］王录仓，严翠霞，李巍．基于新浪微博大数据的旅游流时空特征研究——以兰州市为例［J］．旅游学刊，2017，32（5）：94－105.

［32］闫闪闪，靳诚．基于多源数据的市域旅游流空间网络结构特征——以洛阳市为例［J］．经济地理，2019，39（8）：231－240.

［33］阮文奇，张舒宁，郑向敏．中国游客赴泰旅游流网络结构及其形成机理研究［J］．世界地理研究，2018，27（4）：34－44.

［34］马丽君，肖洋．典型城市居民国内旅游流网络结构特征［J］．经济地理，2018，38（2）：197－205，219.

［35］韩冬，黄丽华．基于旅游数字足迹的旅游流网络结构研究——以内蒙古自治区为例［J］．干旱区资源与环境，2018，32（3）：192－197.

［36］马丽君，肖洋．典型城市居民国内旅游流网络结构特征［J］．经济地理，2018，38（2）：197－205，219.

［37］Campbell C K. An Approach to Research in Recreational Geography［M］. Vancouver：Department of Geography，University of British Columbia，1967：89－93.

［38］Lundgren JOJ. Geographic Concepts and the Development of Tourism Research in Canada［J］. Geojournal，1984，9（1）：17－25.

［39］Pearce D G. Japanese Tourists in Europe［J］. Geographical Review of Japan，1995，68

(1): 63 - 74.
[40] Korol O. Formation and Distribution of International Tourism Flows in Geographicalspace [J]. Human Geography Journal, 2017, 22 (1): 26 - 31.
[41] Fabien G, Josep B, Francesco C, Ratti C, Dal Fiore F. Digital Footprinting: Uncovering Tourists With User - Generated Content [J]. Pervasive Computing, 2008, 7 (4): 36 -43.
[42] Andrea V, Liang Liu, Assaf B, etal. A holistic Framework for the Study of Urban Traces and the Profiling of Urban Processes and Dynamics [J]. Intelligent Transportation Systems, 2018, 94 (3): 1 - 6.
[43] Girardin F, Calabrese F, Fiore F D, et al. Digital footprinting: Uncovering Tourists With User - Generated Content [J]. Pervasive Computing, 2008, 7 (4): 36 - 43.
[44] Korol O. Formation and Distribution of International Tourism Flows in Geographical Space [J]. Human Geography Journal, 2017, 22 (1): 26 - 31.
[45] 薛华菊，马耀峰，等. 基于 ESDA - GIS 中国入境旅游流质时空演进模式及影响因素研究 [J]. 资源科学，2014，36 (9): 1860 - 1869.
[46] 阎友兵，贺文娟. 国内旅游流流量与流质的时空演化分析 [J]. 经济地理，2013，33 (4): 179 - 185.
[47] 李振亭，马耀峰，等. 近 20 年来中国入境旅游流流量与流质的变化分析 [J]. 陕西师范大学学报（自然科学版），2012，40 (1): 94 - 99.
[48] 张子竞，马耀峰，白凯. 陕西关中地区旅游流“井喷效应”的时空演变规律 [J]. 资源开发与市场，2011，27 (4): 363 - 365，377.
[49] 贺晓慧，白凯，等. 西安特殊时段旅游流规模分形结构特征研究——以“十一”黄金周为例 [J]. 干旱区地理，2011，34 (5): 858 - 865.
[50] 蒋依依，温晓金，刘焱序. 2001—2015 年中国出境旅游流位序规模演化特征 [J]. 地理学报，2018，73 (12): 2468 - 2480.
[51] Lundgren J. Geographic Concepts and the Development of Tourism Research in Canada [J]. Geo Journal, 1984, 9 (1): 17 - 25.
[52] Pearce D G. Japanese Tourists in Europe [J]. Geographical Review of Japan, 1995, 68 (1): 63 - 74.
[53] Korol O. Formation and Distribution of International Tourism Flows in Geographical Space [J]. Human Geography Journal, 2017, 22 (1): 26 - 31.
[54] Fabien G, Josep B, Francesco C, et al. Digital footprinting: Uncovering Tourists With User - Generated Content [J]. Pervasive Computing, 2008, 7 (4): 36 - 43.
[55] Andrea V, Liang L, Assaf B, et al. A Holistic Framework for the Study of Urban Traces and the Profiling of Urban Processes and Dynamics [J]. Intelligent Transportation Systems, 2009: 1 - 6.

[56] 朱亮，张建萍. 基于 Bernstein Copula 函数的中国入境旅游需求预测 [J]. 旅游学刊，2017，32（11）：41-48.

[57] 陈荣，梁昌勇，葛立新. 基于 SEA 的 AGA-SVR 节假日客流量预测方法研究 [J]. 旅游科学，2016，30（5）：12-23.

[58] Kumar M，Sharma S. Forecasting Tourist in-Flow in South East Asia：A Case of Singapore [J]. Tourism & Management Studies，2016，12（1）：107-119.

[59] Jackman M，Greenidge K. Modelling and Forecasting Tourist Flows to Barbados Using Structural time Series Models [J]. Tourism & Hospitality Research，2010，10（1）：1-13.

[60] Ghosh S. Tourism Infrastructure：Forecasting of International Tourist Flows to India [J]. Journal of Infrastructure，2008，6（3）：34-41.

[61] 李晓炫，吕本富，等. 基于网络搜索和 CLSI-EMD-BP 的旅游客流量预测研究 [J]. 系统工程理论与实践，2017，37（1）：106-118.

[62] 刘少湃，田纪鹏，陆林. 上海迪士尼在建景区客源市场空间结构预测——旅游引力模型的修正及应用 [J]. 地理学报，2016，71（2）：304-321.

[63] 陈荣，梁昌勇，等. 面向旅游突发事件的客流量混合预测方法研究 [J]. 中国管理科学，2017，25（5）：167-174.

北京市文化创意产业评价

姜　丰　张彬彬*

摘要　北京市近些年加快推进文化创意产业的发展，加速推动产业结构转型升级，文创产业呈现出欣欣向荣的景象，有利于北京市经济社会的持续健康发展，符合国家提出的生态保护战略，推动了绿色经济的发展。北京市文创产业的发展势头良好，增长速度迅猛，产业规模逐步扩大，产业发展质量和经济效益稳步提升，是文创产业发展的典型城市。通过对北京市文创产业整体发展状况和细分行业发展现状的分析，找到北京市文创产业发展过程中的优势和不足，并提出加强优势产业与新兴产业协同发展，政府和企业深度合作以及加大对文化创意产业人才的培养等政策建议。

关键词　北京市　文化创意产业　评价

一、引言

党中央、国务院顺应国际发展趋势，高度重视文化创意产业的发展。在2017年党的十九大报告中习近平总书记特别提出“健全现代文化产业体系和市场体系，创新生产经营机制”的要求，为我国文化产业规模化、集约化、专业化发展指明了方向。北京市积极响应国家的号召，大力实施文化创新、科技创新“双轮驱动”发展战略，出台了大量相关政策文件，鼓励、支持文化创意产业的发展。在相关政策的推动和引导下，北京市文化创意产业已成为仅次于金融业的核心支柱产业之一。文化创意产业具有很高的发展潜力，对于北京市和全国的经济可持续发展都具有较大的推动作用。

---

* 姜丰，北京联合大学旅游学院硕士研究生，100101。张彬彬，北京联合大学商务学院硕士研究生，100101。

2017 年，北京文化创意产业产值占北京 GDP 的 14%，为 3908.8 亿元；北京文化创意产业法人单位收入合计为 20806.7 亿元，比上年增长 16.3%；资产总计为 42390.6 亿元，比上年增长 11.85%；从业人数为 206 万人，增长率为 4.0%。[1] 从统计数据可以看出，北京市文化创意产业已成为北京市经济增长的重要推动力和稳定器，通过知识和创造性来获取经济效益，超越了传统制造业的发展模式，所以十分有必要对文化创意产业包括的九大行业进行分析与评价，发现北京市文化创意产业发展中存在的问题，总结产业发展的经验，为更好的发展北京市文化创意产业提供参考。

二、文献综述

我国学者对文化创意产业的评价进行了丰富的研究，对于我国各个地区文化创意产业的发展都具有积极的影响。一部分专家学者通过因子分析和模糊聚类等统计方法对不同省市文化创意产业的发展情况和竞争力进行了分析与评价，并提出了相应的对策建议。秦琴、胡明形和翟祥[2]对北京市海淀区文创产业发展水平进行了分析；梁强和罗永泰[3]运用层次分析法和模糊综合评估对天津市文创产业竞争力进行评价；肖丹桂[4]构建了统计体系评价我国文创产业；刘爱华、贺兴时和张文娟[5]对我国主要城市的创意指数进行了分析，给主要城市的文创业排出顺序；邢向阳和郝索等[6]从行业的角度分析，评价了 2010 年我国文创产业的发展情况。学者们通过建立模型和借助统计软件对文创产业典型城市进行了深入研究，从不同角度对文创产业的竞争力和发展状况进行分析研究，透彻地把握产业整体发展状况和细分行业的运营情况，清楚了解文创产业发展过程中的优势和不足，总结产业发展的经验和教训，最后提出具体的切实可行的政策建议。

---

[1] 张京成. 北京文化创意产业报告［M］. 北京：社会科学文献出版社，2019：07.

[2] 秦琴，胡明形，翟祥. 海淀区文化创意产业发展水平的综合统计评价与分析［J］. 统计与咨询，2008（2）：48－50.

[3] 梁强，罗永泰. 天津市文化创意产业竞争力评价与提升对策［J］. 城市，2010（11）：67－71.

[4] 肖丹桂. 文化创意产业评价统计指标体系的构建［J］. 统计与决策，2011（20）：32－34.

[5] 刘爱华，贺兴时，张文娟. 文化创意产业指标体系及评价模型［J］. 西安工程大学学报，2011，25（1）：82－85.

[6] 邢向阳，郝索，李丙金. 我国文化创意产业竞争力评价分析［J］. 未来与发展，2012，35（9）：69－72，90.

三、北京市文化创意产业发展现状分析

北京市对文化创意产业主要分为九大行业，相较于新闻出版和影视等行业，软件和信息服务业优势突出，经济效益和成长能力展露出强劲的势头。其他各个行业也都具有自身发展特色，文创产业呈现一片繁荣的景象。

（一）产业规模逐渐扩大，整体发展状况良好

截至 2017 年，北京市文化创意产业资产总计达到 42390. 6 亿元，同比增长 11. 8%，收入达到 20806. 7 亿元，同比增长 16. 3%，从业人员平均人数达到 206. 0 万人，同比增长 4. 0%，文创产业整体规模不断扩大，资产和收入的增长速度较快，从业人员平均人数稳中有进，越来越多的人加入了文创产业。2013—2017 年北京市文化创意产业的主要指标如图 1 所示。

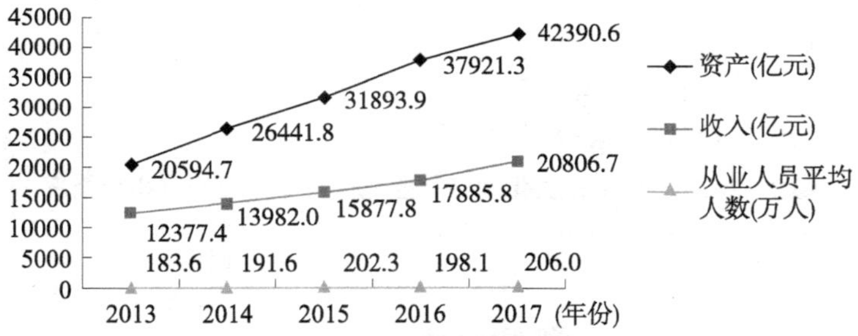

图 1　2013—2017 年北京市文化创意产业的主要指标情况

数据来源：2014—2018 年北京市统计年鉴。

（二）细分行业发展程度不一致

北京市文化创意产业的细分行业发展步调不一致，软件和信息技术服务发展最为迅速，遥遥领先于其他行业。

如图 2、图 3 所示，从九大行业资产结构来看，软件和信息技术服务业资产为 22390. 4 亿元，占全市文化创意产业总资产的比重达 52. 82%，在九大行业中居首位。文化用品设备生产销售及其他辅助服务业和广播电视电影服务资产分别为 4813. 5 亿元和 3642. 4 亿元，占全区文化创意产业总资产的比重分别为 11. 36% 和 8. 59%，在九大文化产业领域中居前三位。而文化艺术服务、设计服务、艺术品生产与销售服务和文化休闲娱乐服务的总资产占比较低，均不到文化创意产业总资产的 5%。

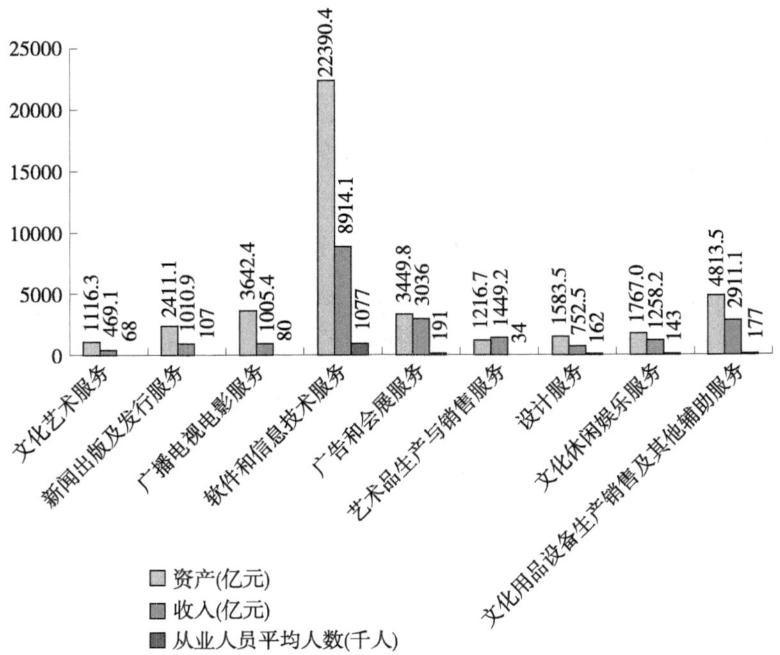

图 2　2017 年北京市文化创意产业九大行业主要经济指标情况

数据来源：2018 年北京市统计年鉴。

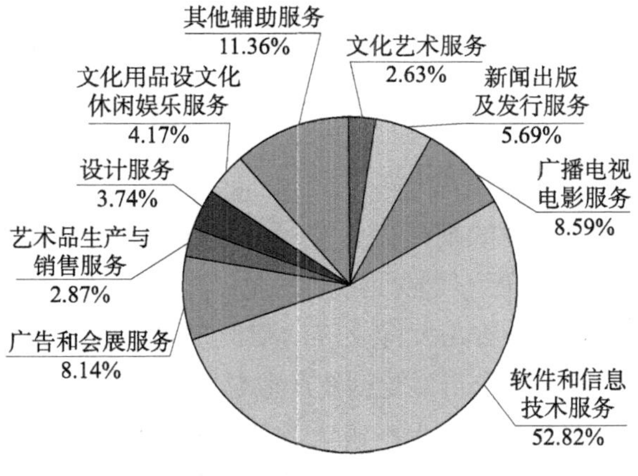

图 3　2017 年北京市文化创意产业分行业资产百分比情况

数据来源：2018 年北京市统计年鉴。

四、综合评价分析

软件和信息技术服务在第一因子得分最高，说明软件和信息技术服务的行业规模最高，而在第二因子也高于平均数，说明软件和信息技术服务的行业成长性也比较好；广告和会展服务、旅游休闲娱乐服务等行业的第二因子高于平均值，表明这些产业的行业成长性较好，第一因子低于平均值，说明行业还处于成长阶段；文化用品设备生产销售及其他辅助服务的第一因子高于平均值，而第二因子低于平均值，表明该行业规模较大，但成长性较低；新闻出版及发行服务业和广播电视电影服务业两个因子都低于平均值，说明这三个行业规模和成长性都较低（表1）。

表1　文创产业所属9个行业的因子得分和综合得分

行业分类	F_1	F_2	F	综合排名
软件和信息技术服务	2.5115	2.5658	1.7971	1
广告和会展服务	-0.1456	1.3110	0.2585	2
文化用品设备生产销售及其他辅助服务	0.4438	-1.8066	-0.1969	3
新闻出版及发行服务	-0.2080	-0.2739	-0.2101	4
艺术品生产与销售服务	-0.5690	0.5922	-0.2127	5
设计服务	-0.7175	0.7735	-0.2611	6
旅游休闲娱乐服务	-0.5399	0.2293	-0.2916	7
广播电视电影服务	-0.3955	-0.1243	-0.2925	8
文化艺术服务	-0.3799	-1.2671	-0.5907	9

五、政策建议

（一）保持优势行业的主体地位

继续保持优势行业的产业规模和经济效益，坚定不移把优势行业做大做强，进一步通过优势行业带动刚刚起步的行业，鼓励优势行业与新兴行业的协同发展。优势行业可以把发展过程中的经验和技术传授给新兴行业，推动新兴行业的发展，优势产业和新兴产业应该加强合作，在日常经营过程中互相帮助。可以建立更多文化创意产业园区，缩短优势产业和新兴产业的地域距离，加强各个产品和项目的深度合作。继续保持优势产业较大的行业规模和较高的成长性，优势产业和新兴产业在文创园区中共同使用基础设施，形成规模经济效应。软件和信息技术服务行业应当加强与文化艺术服务行业的合作，带动文化艺术服务行业的发展，尤其是旅游休闲娱乐行业的发展。

（二）政府和文创产业加强合作

北京市政府与文化创意产业要开展深度合作，政府工作人员应当深入企业了解真实的经营情况，掌握文化创意产业发展的动态，了解企业在日常经营过程中遇到的困难与阻碍，从而出台能够切实解决文化创意产业困难的政策，提高企业的营业收入和利润，壮大新兴文化创意产业的规模和从业人员队伍。政府可以支持优势产业和新兴产业形成产业链，优势互补。政府与文化创意产业深度沟通，了解企业保持行业规模和成长性的优势和不足，文化创意产业发现自身发展过程中的经验和教训，政府出台具有针对性的政策和方案。

（三）注重创意产业人才的培养

加强文化创意产业人才的培养，产学研深度融合。高校在教学过程中要多传授实用的知识，应当邀请或聘用文化创意企业的管理人员进课堂讲课。政府应当鼓励企业与高校的深度合作，学以致用，定向引进培育重点行业人才，构建素质优良、结构合理的人才体系。也可以多学习国外和国内发达的文化创意产业的发展经验，推动北京市文化创意产业的发展。鼓励高校学生进入文化创意企业实习和就业，在一线了解企业运作的方式和方法，参与企业的经营和管理，更多地了解文化创意产业经营过程中存在的问题以及发展过程中的经验，为以后高校毕业生进入文化创意产业工作打下坚实的基础。文化创意产业人才深入了解广播电视电影服务行业的发展特征，更好地融入新兴产业。

参考文献

[1] 张京成. 北京文化创意产业报告［M］. 北京：社会科学文献出版社，2019：7.

[2] 秦琴，胡明彤，翟祥. 海淀区文化创意产业发展水平的综合统计评价与分析［J］. 统计与咨询，2008（2）：48－50.

[3] 梁强，罗永泰. 天津市文化创意产业竞争力评价与提升对策［J］. 城市，2010（11）：67－71.

[4] 肖丹桂. 文化创意产业评价统计指标体系的构建［J］. 统计与决策，2011（20）：32－34.

[5] 刘爱华，贺兴时，张文娟. 文化创意产业指标体系及评价模型［J］. 西安工程大学学报，2011，25（1）：82－85.

[6] 邢向阳，郝索，李丙金. 我国文化创意产业竞争力评价分析［J］. 未来与发展，2012，35（09）：69－72，90.

西山大觉寺历史沿革及保护状况分析

张 淦*

摘要 大觉寺位于风景秀丽的北京西山地区，其南、北、西三面环山，地理位置得天独厚。西山地区自金章宗在此地区修建八大水院以来，历朝历代的皇亲国戚都钟情于此，修建行宫、宅院，用于游玩疗养。大觉寺始建于辽代，距今已有上千年历史，这样一座历史悠久的佛教寺院必然有其独特的文化内涵，寺内的古建筑、古树、石碑都有很高的历史文化价值，值得人们去研究保护。明清时期作为皇家行宫的大觉寺显赫一时，而民国时期的动荡又让这座千年古刹饱受战乱之苦。新中国成立后，尤其是20世纪90年代后，大觉寺重新焕发了生机，其对文物古迹保护的成功之道更是被很多人所推崇。

关键词 大觉寺 历史文化价值 文物保护

一、历史沿革

1. 辽金元时期

关于大觉寺的具体始建时间已经无从可考，但是根据目前北京所存的石刻资料来看，大觉寺的建成时间可以追溯到辽统和十年（公元992年）。这一时间的推算主要是根据在北京门头沟区斋堂川双林寺旧址上原立有的一座“佛顶尊胜陀罗尼”经幢得出的。这座经幢立与辽统和十年（公元992年），由当时的辽南京道析津府玉河县县令齐讽等当地官员创建，参与修建的还有县辖区内的四座佛教寺院的僧侣和邑众，有上千人之多，为首者是“清水院山门僧功德主绍迁，院主绍金、绍兴、绍文”及门人等17人。[1] 如果按照上

* 张淦，北京联合大学应用文理学院中国史硕士研究生，北京 海淀 100191。

述说法，大觉寺的修建时间应早于公元992年，并且应在此之前就初具规模，是当时较有影响力的一座寺院。

上述推论因资料的不足而无法判断准确与否，但大觉寺始建于辽代是毋庸置疑的。大觉寺在辽代称为“清水院”，因有两股清泉绕寺而过而得名，金代沿用这一美称，是金章宗西山八大水院中史料最翔实、保存最完好的一座。最早记载大觉寺的史料是今寺内所藏《阳台山清水院藏经记碑》，刻于辽咸雍四年：“阳台山者，蓟壤之名峰；清水院者，幽都之胜概。跨燕然而独颖，侔东林而秀出。那罗窟邃，韫性珠以无类；兜率泉清，灌惑尘而不染。山之名，伟诸前古；院之兴，止于近代。”[2]这段碑文记载了大觉寺的周围环境以及始建于辽代的事实。大觉寺的兴起与统治者的政策密不可分，辽统治者崇信佛教，优礼僧徒，修缮了许多寺院。社会各阶层也崇尚佛教，捐款修建经舍的情况很多，清水院的规模之大、香火之旺，在当时的辽南京众多佛教寺庙中也是屈指可数的。关于西山八大水院之一清水院的记载，见于《帝京景物略》：“黑龙潭，入金山口，北八里。……又北十五里，曰大觉寺，宣德三年建。寺故名灵泉佛寺，宣宗赐今名，数临幸焉，而今圮。金章宗西山八院，寺其清水院也。清水者，今绕圮阁出，一道流泉是也。”[3]这段记载详细描述了大觉寺的地理方位在黑龙潭以北，是金章宗八大水院之一。金代在辽代基础上，对大觉寺进行了修缮扩建，使其正式成为皇家行宫，在规制等级上有了很大提升。

金元易代之际，由于战乱频繁，西山八大水院多毁于战火，大觉寺亦未能幸免。元代称大觉寺为灵泉佛寺。元统治者对大觉寺一直疏于修缮，致使其残破不堪，这种情况直到明前期才得到改善。

2. 明清时期

明清之际，皇室对大觉寺十分重视，多位皇帝、太后出资翻修、作诗、撰碑、赏赐田产。明代前期是大觉寺的鼎盛时期，先后三次重修大觉寺。第一次为明宣德三年（公元1428年），宣宗朱瞻基奉其母孝昭太后之命，出内帑翻修了凋敝已久的大觉寺，并遣高僧智光入寺住持。在大觉寺大雄宝殿前，至今还立有当年宣宗修缮大觉寺的石碑。第二次是明英宗正统十一年（公元1446年），对大觉寺再次修缮。今天我们走进大觉寺正门，在左碑亭中仍然能看到一块记录当时修缮情况的石碑，碑阳刻为宣德三年御制重修大觉寺碑文，阴刻则是正统十一年御制重修大觉寺碑文。明代最后一次对大觉寺修缮是在明宪宗成化十四年（公元1478年），此后，由于明朝统治衰弱，无力再对大觉寺进行修缮。

明末清初，社会动荡，寺院也极度萧条。从明成化十四年至清康熙五十九年（公元1720年），近250年的时间大觉寺未曾修缮，寺院建筑残破不堪，几成废墟。直至康熙五十九年，大觉寺的处境才有所好转。当时还是四皇子的胤禛对寺院进行了修缮，增建四宜堂、领要亭等，推荐迦陵为大觉寺方丈，并亲撰《送迦陵禅师安大觉方丈碑记》一文。康熙末年的这次修缮使大觉寺重新回到了皇家的视野之中，为后来乾隆帝与大觉寺的不解之缘奠定了基础。

清乾隆十二年（公元1747年），乾隆帝重修大觉寺，并多次巡幸驻跸此寺。乾隆朝可以说是大觉寺历史上最兴盛的时期。清代皇帝强调敬天法祖，对天的敬畏体现在诸如祭天奉神的仪式之中，若遇旱情，则常常前往祈雨。京城西北黑龙潭在清代为祈雨重地，大觉寺受到乾隆帝的赞赏则是与黑龙潭祈雨有关。乾隆十二年，乾隆帝前往黑龙潭祈雨，由于祈雨后天降大雨，乾隆帝非常高兴，得知在黑龙潭以北不远处有座寺院，名曰大觉寺，便御驾前往此处。乾隆帝对大觉寺的喜爱在《乾隆起居注》中多有记载，人们可以从这部内廷秘籍中看到乾隆帝赴黑龙潭祈雨并巡幸大觉寺的记录。乾隆皇帝不仅多次前往大觉寺，并且在寺内留下了众多御笔匾额、诗词。现在大觉寺主要建筑如无量寿佛殿、大雄宝殿、四宜堂等的匾额都为乾隆御笔。《日下旧闻考》中记载，大觉寺“寺内弥勒殿额曰圆正妙果，正殿额曰无去来处，无量寿佛殿额曰动静等观，大悲坛额曰最上法门，皆皇上御书。”[4]文中所说的“皇上”指的就是乾隆皇帝。寺中还有大量乾隆帝所作诗词，如对1000年银杏树所题诗：“古柯不计数人围，叶茂枝孙绿荫肥。世外沧桑阅如幻，开山大定论依稀。”[5]乾隆皇帝对于大觉寺的推崇是历代皇帝无法相比的，正因如此，大觉寺在乾隆年间成为京西最著名的古刹和皇家行宫之一。

3. 民国以来的发展

由于局势动荡，大觉寺在清末至民国基本没有大规模的修缮。尽管建筑残破，香火冷落，但仍吸引达官显贵、文人墨客来此游览。抗日战争爆发后，北平沦陷，严峻的形势使得大觉寺传统文化氛围遭到破坏，千年古刹至此逐渐杳无人烟。

中华人民共和国成立后，大觉寺地区属河北省宛平县辖区。1950年，林业大学干校搬入大觉寺，后成为北京林学院校址。大觉寺优美的环境和深厚的历史底蕴也吸引了众多文人前来观赏。郭沫若先生对大觉寺和寺中的银杏树情有独钟，在郭沫若故居内，现在还有一棵从大觉寺移植过来的银杏树。1979年8月，大觉寺被列入北京市第二批文物保护单位。1988年10月，大觉寺被北京市文物局接管，并于1992年对外开放。到了2006年5月25日，大觉寺被列入第六批全国重点文物保护单位。大觉寺作为一座遗址类博物馆，其本身的历史文化价值不可估量，除了佛教文化外，皇家文化、园林艺术文化、建筑文化都在大觉寺有充分体现。遵循着与时俱进的理念，现在的大觉寺不仅欢迎游客参观，还结合自身特性举办文化展览、公益讲座等活动，这座千年古刹又重新焕发了生机。

二、建筑布局

现在大觉寺的建筑布局基本恢复了明清时期的面貌，而坐西朝东的方位朝向则体现了辽金少数民族独有的建筑风格。古契丹人、女真人崇拜太阳，认为太阳升起的地方神圣庄严，《辽史·百官志》记载："辽俗东向而尚左，御帐东向。[6]"大觉寺的这种方位朝向与北京多数寺院大不相同。寺内建筑依山势层叠而上，由四进院落组成，又分南北中三路，中路轴线上自东向西有山门、碑亭、钟鼓楼、天王殿、大雄宝殿、无量寿佛殿、大悲坛等建筑。北路主要有方丈院、玉兰院等建筑，现主要为客房和茶苑。南路主要有四宜堂、憩云轩，为清代行宫，雍正所建，现主要供明慧茶苑使用。整个寺庙的后院为附属园林区域。南北地势呈现南高北低的特点，这也体现了严格的等级制度。

自山门而入，左右两侧为碑亭，再往前走可以看到钟楼和鼓楼，碑亭与钟鼓楼之间为功德池，又称放生池。由山门殿到无量寿佛殿，前后由一条砖砌甬路贯穿东西，形成寺院布局的中轴线。中轴线的第一进院落主体建筑为天王殿，建于明代，殿内供有弥勒佛、四大天王及韦驮造像。正殿大雄宝殿为第二进院落的主体建筑，无量寿佛殿为第三进院落的主体建筑，配殿与主殿以廊相连，建筑层次分明，大雄宝殿及无量寿佛殿均为明代建筑，保存完好。第四进院落以大悲坛为中心。中路建筑群依山势从东到西依次排列，两侧以廊庑相连，建筑布局严谨，也显示出大雄宝殿是全寺的功能中心。

南路四宜堂建筑群，俗称南玉兰院，修建于康熙年间，呈四合院形式，为皇帝行宫。四宜堂内有一株白玉兰树，据说是清雍正年间的伽陵禅师亲植。玉兰树西面有一棵柏树，这棵柏树在一米多高处分出两个枝干，在分叉处长出一颗鼠李树，故称"鼠李寄柏"。四宜堂后为憩云轩，憩云轩的石阶和护坡石为片云状的青石。

北路由方丈前院、方丈后院、北玉兰院、僧房等建筑组成。北路建筑群与南路行宫和中路大觉寺主体建筑相比地势较低，这体现了封建社会的等级制度。北路建筑群主要为僧人活动区域，用实墙、巷道与中路大觉寺隔开，墙开小门，使得两个区域空间功能互不影响。由于僧众较多，方丈前院面积较大，较方丈后院更为开阔。香积厨与附属园林区域以一片竹林隔开，也是功能分区的需要。

在后院园林区域中，龙王堂位于全寺最高处，共两层，登楼阶梯采用山石踏跺。龙王堂前有一水池，称为灵泉，灵泉为山后泉水汇集之潭。灵泉东侧有覆钵形的白塔，对于此塔所建年代及功能学界一直争议不断。有传言说此塔是清代雍正年间寺内住持伽陵禅师的墓塔，建于乾隆十二年（公元1747年）。近年来也有学者认为此塔应建于元末或明初，为保存佛家舍利和供奉佛像之用[7]。在白塔的左右，分别有一棵松树和柏树，松柏的枝条向白塔方向伸展，似将白塔抱住，因此称为“松柏抱塔”。领要亭位于西南角坡上，在领要亭可一览园景[8]。

三、保护现状及保护措施

大觉寺是一座有千年历史的古刹，寺内建筑等文物保护工作的重要性不言而喻。北京大觉寺管理处成立于1988年，成立以来一直遵循文物保护法，妥善保护寺内众多文物古迹，并以保护文物为基础，开展了一系列丰富的文化公益活动，为参观大觉寺的游客提供更多的游览内容。多年以来，大觉寺管理处形成了一套适应于自身发展的管理办法，即“保护、利用、发展”六字方针，这其中，以保护为重。依靠这种理念，大觉寺内的古建、古树、石刻等都得到了相应的保护。

1. 对古建筑的保护

对于大觉寺内古建筑的修缮工作，市文物局和大觉寺管理处都非常重视。自1988年北京市文物局接收大觉寺至今，陆续对寺内龙王堂、大悲坛、憩云轩、大雄宝殿等建筑进行了修缮，修缮工程几乎遍及整个寺院。如，1995年到1998年，国家拨款300万元，修缮了山门、方丈院等建筑；2003年11月，又对主要建筑和内部彩绘进行了修缮。

20世纪90年代末，为了让大觉寺中的古建筑得到妥善保护，相关部门决定对大觉寺中的核心建筑大雄宝殿和无量寿佛殿进行修缮。在修缮过程中，听取了有关专家意见，采取了“以保护为主，修旧如旧”的原则。仅仅对建筑结构部分进行除尘及桐油钻生处理，以防止或减缓木结构的腐蚀，并没有用现在的油漆彩画对其加以粉饰。这种保护方法看似有些保守，与当时很多古建“修旧如新”的修缮理念不尽相同，但是这种方法尽量保持了古建筑的完整性、真实性，让古建筑以最原始的面貌呈现在世人眼前。“修旧如旧”的修缮原则在当时来说不失为一种创新。当然，大觉寺对于当时普遍采用的“整旧如新”的修缮理念也有所应用，比如寺内其他古建筑就大多采用了这种方法，使其恢复了往日的神采。新与旧相结合，强烈的对比不仅使参观者感受到历史的沧桑，而且这种独特的修缮理念对日后其他地区古建筑的保护和修缮起到了借鉴作用。

大觉寺内古建筑历史悠久，建筑内的佛像彩绘更是色彩斑斓，十分震撼。由于年代的久远，彩绘、雕塑难免有损坏现象，修复这些雕塑彩绘就成为大觉寺亟须解决的一大难题。2003 年 11 月，在有关专家的指导下，大觉寺无量寿佛殿背面的南海观音大型悬塑得到修缮，并复原了包括四大天王、韦驮在内的 24 尊佛像。南海观音悬塑是大觉寺内最精美的一面雕塑，但因年久失修，木构件本身发生干缩，造成木构悬挂稳固件与须弥座松动脱榫；又因地面潮湿，根部支撑木构件腐朽下沉，致使整面悬塑有脱落的危险。在选择加固所用的材料时，专家组采用了钢结构进行辅助支撑，但为了保持悬塑的自身特色，尽可能减少对悬塑的改变，尽最大努力恢复了原有木构件的支撑功能，这一点遵循了最低干预的保护原则，最大限度保护原有部分，尽量避免增加和拆除。

大觉寺不论是对古建筑的整体保护，还是对建筑内部文物的保护都能够运用较为合理的保护手法，这在当时来说是十分不易的。

2. 对古树的保护

古树稠密且品种较多是大觉寺的一大特点，这些古树是大觉寺不可分割的一部分。大觉寺内现存定级古树 102 棵，其中一级古树 43 棵，二级古树 59 棵，这些古树中还包括三百年古玉兰、千年银杏等在北京地区知名的古树。[9] 对于古树的保护，大觉寺建立了古树保护档案。从 1988 年文物局接收大觉寺后，每年投入专项资金对古树进行维护，聘请知名专家对古树进行诊治，对古树生长状况进行普查。

近些年来，由于空气污染，古树的生长环境恶化。同时，随着游客的增加，人为因素对古树生长的影响不容小觑，很多古树因此处于生长弱势期，甚至死亡。对于古树保护的困难性，主要有以下四点：一是树木自身衰老，生命力衰弱。寺内树木多在百年以上，甚至千年，随着树龄增长，自身生理机能也会逐渐下降，吸收养分的能力会越来越差。二是立地条件差，营养面积小。大觉寺西高东低落差较大，部分古树生长土壤贫瘠，水土流失严重，营养面积小，致使古树无法吸收足够的养分，最终死亡。三是树干周围地面铺装面积大，土壤理化性质恶化。寺内游客众多，导致古树周围践踏频繁，土壤板结，树根透气不佳。四是病虫害的危害。北京干旱少雨，致使虫害泛滥，古树树龄大，抵抗能力不佳。

针对上述问题，大觉寺管理处制订了科学的保护古树方案。主要有改善土壤环境、清除竞争植物、加强古树水肥管理和开展病虫害防治等。大觉寺管理处运用现代科技手段来保护古树，取得了很好的成效，使得寺内众多古树焕发生机，一年一度的银杏文化展更是吸引了上万游客前来观赏。

3. *对石刻、石碑的保护*

大觉寺内石碑众多，最早为辽代《阳台山清水院藏经记碑》，此外还有大明敕谕碑以及清乾隆游览大觉寺所作的诗等。对于石质文物的保护，主要是防止其风化，为此，大觉寺管理处采取了多种措施进行保护，最主要的保护方法是在石碑外围加玻璃罩。这种保护石质文物的方法并不少见，但是大觉寺中的玻璃罩有创新之处，玻璃罩上半部分为密闭式结构，四周都有玻璃保护，但下半部分则没有玻璃，为敞开式。这种玻璃罩很独特，一方面可以保证石碑不受风吹雨淋，减少了其风化的时间；另一方面也避免了因整体密闭而不透气的缺陷。但是，这种保护措施仅仅限于体积较小的石碑石刻，体积较大的石碑则没有得到有效的保护，大都暴露在外部环境中，这样必然加重其风化程度。大觉寺管理部门对此情况应加以重视，并应采取有效措施进行保护。

四、保护建议

大觉寺作为北京西山地区知名古刹，经历千年不衰，其历史价值不可估量。寺内现存大量契约文书、石刻，蕴含着丰富的明清时期寺院文化、皇家文化，是研究明清北京史、北京佛教史的重要史料。寺内现存大量精美的佛像、彩绘以及石刻，均具有很高的艺术价值。此外，大觉寺虽然是古代建筑，但蕴含着丰富的古代人类智慧。从大觉寺中可以窥探明清时期寺院的建造技术，寺内现存的大雄宝殿、无量寿佛殿等均为明代建筑，保存至今十分不易。

对于大觉寺的保护工作，笔者认为有两点可以继续改进。第一，要注意防火。大觉寺位于山区，森林覆盖率高，寺中多为木构建筑，又有众多古树，要加强防火措施，避免火灾隐患。1986 年秋，大觉寺后山龙王堂因处理焚烧落叶不当而失火，造成了重大损失，今后要引以为戒。第二，大觉寺集旅游、住宿、餐饮于一体，寺内设有明慧茶苑、绍兴菜馆，虽然有利于经济发展，但是也会对寺院带来安全隐患，寺内管理处下班后不能正常净园，寺内人员复杂，加强安保工作十分必要，要合理协调经济利益与文物保护之间的关系。

五、结语

大觉寺始建于辽代，既拥有千年历史，又是全国重点文物保护单位，从寺内可以窥探各个时代的政治、经济、文化发展状况，底蕴深厚，是研究中国古代历史的重要财富，同时这也对大觉寺未来的发展提出了更高的要求。大觉寺必须依靠自身文化谋求发展，走文化发展道路，这不仅符合我国重视文化发展的大环境，而且因为文物古迹也是文化的载体，是一个国家软实力的象征，必须大力弘扬。我们要注重发掘文物背后的文化价值，要遵循“保护为主、抢救第一、合理利用、加强管理”的方针。同时，也要注意文物古迹保护、利用和发展之间的辩证关系，针对现存问题提出有效解决方案，走可持续发展之路。

参考文献

[1] [2] 苗天娥，景爱. 金章宗西山八大水院考（上）[J]. 文物春秋，2010（4）：28－34.

[3] 刘侗，于奕正. 帝京景物略 [M]. 卷5. 北京：北京古籍出版社，2001：222.

[4] 于敏中. 日下旧闻考 [M]. 北京：北京出版社，2016：1764.

[5] 姬脉利. 阳台集：大觉寺历史文化研究 [M] 北京：燕山出版社，2012：36，184.

[6] 脱脱. 辽史·百官志 [M]. 北京：中华书局，2015：712.

[7] 姬脉利. 阳台集：大觉寺历史文化研究 [M] 北京：燕山出版社，2012：36，184.

[8] 王奉慧. 北京大觉寺寺庙园林特点及文化内涵分析 [A] //北京学研究文集 [C]. 北京：同心出版社，2008：245－255.

[9] 姬脉利. 保护传承大觉寺历史文化推动北京文化之都建设 [A] //北京文物保护协会. 繁荣古都历史文化实现中华民族伟大复兴的中国梦论坛文集 [C]. 北京：北京文物保护协会，2013. 140－143.

地域文化视角下的北京联合大学非遗学院建筑改造研究

徐思琦*

摘要 本文从地域文化角度出发，针对北京联合大学非物质文化遗产学院❶在建筑改造设计过程中所应注重的影响因素进行研究。从非遗学院设计项目中所需改造的具体问题入手，通过对非遗学院所在的什刹海地区进行调研，提取出影响非遗学院改造设计的外部空间环境、建筑形态构成、建筑材料选用、导视识别系统的相关地域要素，以期能有针对性地在建筑改造过程中加以利用，最终使北京联合大学非遗学院建筑融入什刹海地域文化之中，形成更具地域文化特征的地标空间环境。

关键词 建筑改造 地域文化 非物质文化遗产

一、引言

北京联合大学非物质文化遗产学院的成立，是北京联合大学更好地服务北京“四个中心”❷城市功能建设的具体体现；同时，也是顺应了创新非遗人才培养、实现非遗文化大众传承传播的新时代社会需求。北京联合大学非遗学院所在的什刹海地区，不仅具有独特的地域文化，还拥有许多著名文化景点，是展现、传承、传播北京传统文化的重要窗口，在此设立北京联合大学非遗学院是创新人才培养、非遗文化大众传承、传播及交流的最佳平台。

---

* 徐思琦（1996—），女（满族），北京人，北京联合大学艺术学院设计学硕士在读，主要研究方向为环境艺术设计。

❶ 北京联合大学非遗学院，全名：北京联合大学非物质文化遗产学院。

❷ 北京“四个中心”：全国政治中心、文化中心、国际交往中心、科技创新中心。

二、北京联合大学非遗学院建筑改造项目介绍

北京联合大学非遗学院立足北京联合大学城市型、应用型的办学定位，依托北京联合大学艺术学院在非遗文化传承与人才培养方面的成果与优势，并整合高等院校、研究机构、保护单位、行业企业等社会各方资源建成。北京联合大学非遗学院所在院址原为北京联合大学什刹海校区，位于北京市西城区后海河岸，毗邻万年胡同和鼓楼，院内现有教学楼之间的建筑形式缺乏统一，内部基础设施老旧，通过此次建筑改造，希望将北京联合大学非遗学院建成符合地域文化特征、益于非遗人才培养、利于非遗文化传播的业内交流平台。

三、从地域文化角度进行项目改造所应注重的因素

（一）外部环境的协调

1. 地域历史文化背景

北京联合大学非遗学院位于什刹海银锭桥的东北方向，邻近万年胡同、鼓楼、南锣鼓巷等著名景点，历史文化资源丰富。早在2002年什刹海地区就已被北京市政府列入《北京旧城25片历史文化保护区保护规划》[1] 中。本地区历史文化底蕴悠久，因此在做非遗学院建筑改造时，一定要协调好改造的建筑与地区地域文化之间的关系。对非遗学院的改造要在保护本地区历史文化的基础上进行，使非遗学院能够很好地融入什刹海景区中，并成为一处人们乐于接近的场所。

2. 道路交通关系

已有的街区状况和来往的游客数量，使得北京联合大学非遗学院周边的道路交通存在一定程度的交通拥堵问题。目前公共交通成为主要交通工具，而非公共交通成为辅助交通工具。因此，在非遗学院建筑改造过程中，需要考虑校园出入口的位置及尺度问题，主入口的设置要尽可能避开拥堵路段，同时也要便于人们进出。除此之外，不仅要考虑主入口，还需要设置次入口，通过主次入口的设置，达到内部与外部人员的分流，从而便于非遗学院今后

[1] 《北京旧城25片历史文化保护区保护规划》，是北京市规划委员会在北京市政府批准实施《市区中心地区控制性详细规划》和《北京旧城历史文化保护区保护和控制范围规划》的基础上，自2000年7月起，组织中国城市规划设计研究院、清华大学、北京市城市规划设计研究院等12家单位共同编制的。

的运行与管理。

3. 服务人群范围

北京联合大学非遗学院作为非遗文化大众传承传播及交流平台，选址所在的北京市西城区什刹海地区，既是传统居民区，还是著名的旅游景区，这就决定了它的服务人群不仅是北京联合大学的师生和行业人员，同时还有周边居民及来往观光的游客，是一个非常好的宣传北京传统文化的平台，从这一点来说，北京联合大学非遗学院不仅仅是一个非遗文化大众传承传播及交流平台，更是向世界展示中国非遗文化的重要窗口。

（二）建筑形态的把控

1. 符合历史文化保护区规划原则

《北京旧城25片历史文化保护区保护规划》中要求，历史文化保护区内的沿街整饰类建筑应恢复和体现历史文化保护区的传统风貌，再次改造时，要严格按照保护区的风貌要求进行建造；历史文化保护区的道路交通规划应采取多种方式，因地制宜地解决出行和车辆停放、道路宽度等问题，方便居民出行；根据历史文化保护区的具体情况，采用新材料、新技术和综合手段，改善保护区内的市政设施条件。由于北京联合大学非遗学院位于什刹海沿街，因此在进行改造时，要使建筑风格能够很好地体现地域文化，严格按照什刹海旧城的风貌要求进行建造，使之融入周边环境。

2. 符合周边既有的环境关系

由于非遗学院坐落在北京旧城历史文化保护区什刹海，必须在改造前考虑好与周边环境相适应的建筑尺度及交通关系，才能更好地与环境相融合。尺度是在建筑改造时的一个重要问题，尺度关系处理好，才有利于整个院落及建筑融入环境中，才能让非遗学院在整个什刹海区域内给予观者更好的感受，因此在非遗学院建筑改造时必须控制好建筑的尺度；同时，在进行改造时，也要处理好非遗学院与周边的交通关系，尽可能通过主次入口的设置利于分流，以减少人流密度较大的不利因素，减少交通出行和车辆停放，避免给居民和游客带来不便；还有，学校周边的公厕、配电箱属无法移动的市政设施，是改造中存在的不利改造因素，要在历史文化保护区市政设施规划要求下，采用综合手段，弱化这些不利因素。

（三）建筑材料的选用

1. 注重建筑材料选择的地域性

建筑材料是体现地域文化的重要手段，融入情感基调的传统材质，是文化的积淀，也是文化的体现。建筑材料的地域性，是选择材料时最先关注的部分，采用能够体现地域特色的建筑材料装饰建筑，有利于建筑融入环境；同时，在选择材料时，建筑材料的艺术性也是应该重点关注的部分，除了满足材料的实用价值外，要充分体现建筑材料的美感，从而带来良好的视觉冲击和情境带入的效果。

2. 注重地域性建筑材料的结构表达

地域性建筑材料的结构表达具有真实性，非遗学院的建筑改造不能单纯地追求外观的艺术，还要追求结构上的形式美。地域性建筑材料的结构表达具有创新性，应在熟悉什刹海旧有传统材料和传统建筑技术创作的基础上，取其精华，弥补不足。地域性建筑材料的结构表达具有延续性，北京旧城建筑区别于现代建筑之处就在于表现了其对于地域传统文化的继承和发展。地域建筑材料在建筑、环境塑造场所精神的表达上，能够更加直接地唤起人们的归属感。地域性建筑材料的恰当应用，不仅体现在对地域场所、环境中社会条件的应对上，更要体现在对地域传统建筑文化的现代传承上。

（四）导视系统的应用

1. 注重导视系统的统一性

导视系统对于北京联合大学非遗建筑也非常重要，它不但有着引导、说明、指示等功能，它又是环境布局的重要环节，也是营造风格、塑造文化的重要组成部分。在发挥导视作用的基础上，不仅要做到非遗学院内部导视系统之间的统一，还要做到与北京什刹海地区的整体文化品质保持一致，这样既能提升导视系统的实用性，也能将非遗学院这一文化交流平台纳入整个什刹海景区。

2. 注重导视系统的艺术性

在将什刹海区域的特色、历史文化注入非遗学院导视系统的同时，要提高这一导视系统的艺术性，以契合北京联合大学非遗学院的定位，以及提升历史文化保护区的建筑品位。在设计标志系统时，合理提炼什刹海地区的历史文化特征，在此基础上利用艺术设计手法，抽象出导视牌上的图形、图案、字体、色彩，并结合非遗学院的建筑形态、使用功能、服务平台的特点加以运用。

四、地域文化缺失的建筑改造实例

尊重地域文化对于什刹海地区的建筑改造十分重要，而如果忽略、甚至无视这些限定因素的存在，则建成的建筑将会对什刹海地区的环境产生不良影响。位于北京联合大学非遗学院东侧、相隔一条道路的某一建筑，在建造过程中对地域文化注重就相对较弱，导致整个建筑体量过大，与什刹海整体环境的关系协调性较差，出现天际线高于周边传统建筑等现象，从而破坏了传统建筑群的整体性；同时也忽视了与周边交通之间的关系，出入口与周边的道路交通产生冲突，使建筑内部道路与外部环境联系不够紧密；再有，在建筑风格上符号化过于明显，生硬添加传统建筑符号，导致与建筑难以融入周边环境中。

五、结论

地域文化的传承是进行建筑改造的重点关注点，真正有意义的建筑应该具有归属感，而地域文化恰恰是建筑归属感的体现。北京联合大学非遗学院建筑改造从设计之初就注重对地域文化的尊重，并希望能将什刹海地域的文化特征在建成的建筑中得到体现。只有让非遗学院具有地域的归属感，才能更好地为创新人才培养、非遗文化大众传承、传播及交流服务。

参考文献

[1] 艺术学院. 北京联合大学北京非物质文化遗产学院成立啦［N］. 北京联合大学搜狐号，2019，06.

[2] 吴一非，何睿. 旅游景区导视系统中的特色与创新性研究探讨［J］. 西部皮革，2019，41（17）：124－125.

[3] 尤杨. 基于地域文化的秦岭河谷型乡镇建筑材料应用初探［J］. 建筑与文化，2018（12）：58－59.

[4] 北京规划委员会. 北京旧城25片历史文化保护区保护规划［M］. 北京：北京燕山出版社，2002.

[5] 蔡正坤. 浅析建筑中的比例与尺度问题［J］. 科技与创新，2016（11）.

[6] 徐中. 论建筑风格的决定因素［J］. 天津大学学报，1981（2）.

[7] 杨静. 什刹海历史文化保护区旅游资源开发利用研究［D］. 北京：北京邮电大学，2018.

[8] 张乔雪. 北京胡同文化游的品牌视觉识别系统设计——以什刹海胡同游视觉识别系统设计为例［D］. 北京：北京理工大学，2016.

[9] 聂欢欢. 社区博物馆空间发展模式研究——以北京什刹海为例［D］. 北京：北京交通大学，2014.

[10] 杨世雄. 建筑风格地域性的影响因素及其设计准则探析［J］. 科技视界，2012（29）.

文字设计在电影海报中的应用与表现

——以片名文字设计为例

孙　博*

摘要　电影海报的设计中，文字是画面的核心元素之一，能够配合图形语言以展现海报创意。其中，影片名作为海报中最重要的文字信息，是文字设计的关键。针对片名的字体创意与设计，必须直观反映电影的基调、内容或风格，片名文字的设计既要有强烈的视觉认可感，也需呈现鲜明的艺术感，以求信息传达时获得最佳认知、给观众留下深刻的印象。在几千年漫长的演变中，汉字发展出不同的形态与样式，为适应现代数媒技术和传播需要，字体呈现出不同类别与风格。不同种类的影片海报中，所使用的字体与字体的设计诉求也不尽相同。通过对片名字体设计的分析，归纳其在电影海报中的表现以及不同表现所产生的作用。

关键词　电影海报　片名文字　字体设计　视觉要素

电影作为一种“商品”，在上映前期要进行大量的宣传造势，电影海报则是成本最低、最直接有效的宣传手段。成功的电影海报设计是电影热度、口碑，甚至票房的重要助力。结合日益先进的科学技术与传播媒体的多元化，电影海报的设计的风格迥异、各具特色。

一、电影海报设计

（一）电影海报的概念、作用及发展

电影海报首要的功能就是宣传告知、传情达意，是将电影这一抽象的精

* 孙博，北京联合大学艺术学院设计学专业，北京 100101。

神产品以准确的文字信息和具有冲击力的视觉语言展现给大众。经过精心设计的电影海报，是向观众传递影片类型、情节概要、主创人员、上映日期等信息的视觉窗口，可以起到在影片上映前最大限度地告知观众与影片有关内容的作用。

另外，电影海报作为设计作品，还具有一定的收藏与审美价值。1895 年 12 月 28 日，法国卢米埃兄弟在巴黎的一间餐厅放映了《火车到站》等短片，彼时张贴的题为《卢米埃电影》的海报（图 1）可能是目前已知的世界上第一部电影宣传海报；而将目光聚焦国内，被认为最早的国内电影海报是北京光华影片公司于 1926 年发行的《燕山侠隐》的电影海报（图 2）。随着时代发展，电影海报也无声的展示着电影艺术、影视技术、传播渠道和大众审美的前进与变迁。

图 1 《卢米埃电影》海报

图 2 《燕山侠隐》海报

电影从 19 世纪末诞生至今已走过 100 多年，电影海报也随着电影的发展而不断发展着。早期的电影海报多以手绘美术字为主，且多以描边方式凸显片名字体；编排以横版为主，色彩单纯、总体效果单一。到 20 世纪五六十年代，随着电影海报的发展，电影海报中的字体开始呈现出丰富的造型和色彩，字体编排方式也常有创新，其除了具有传递信息的作用之外，也开始发挥着越来越突出的审美功能。20 世纪 90 年代，随着大型摄影加工器材的应用以及电脑合成技术的普及，世界电影海报逐步进入了电脑设计时代，新的设计手段为海报提供了全新的视觉效果。各种多变的设计风格呈现出鲜明的时代特征，使得现代电影海报中的字体设计独具特色。电影海报发展的时间轴，如图 3 所示。

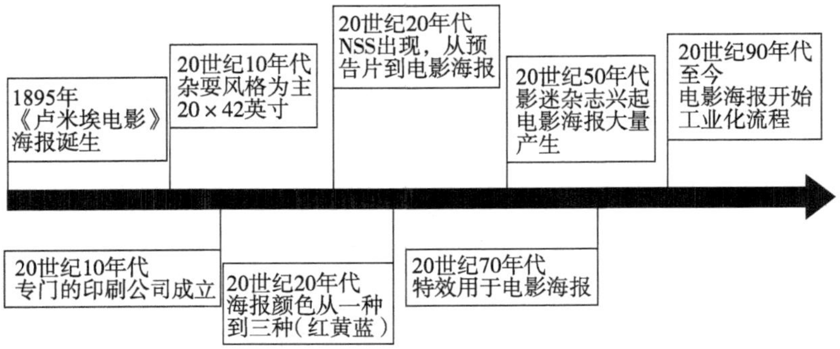

图 3　电影海报发展的时间轴

（二）电影海报设计中的视觉要素

电影海报是通过完整的视觉形象以平面形式对影视文化、电影信息进行传达，海报设计师应该在海报设计过程中通过合理的确定海报的内容和形式，来提升海报本身的说服力和感染力。设计是一种有意识的行为，通过创造出具备诱导效果以及心理联想效果的视觉形象，能够对观众产生一种视觉上的冲击和情感上的碰撞。

总的来说，在电影海报设计的过程中，视觉要素占据其主要部分，通过不同视觉要素相叠加能够设计出对观众富有吸引力的电影海报（图 4、图 5）。

图 4　《黄金时代》海报

图 5　《一代宗师》海报

电影海报的基础视觉要素分为图形要素、文字要素和色彩要素三个部分，这三个部分相辅相成，在版面中必须达到要素间设计语言的统一与和谐。电影海报设计人员要通过灵活运用三大要素，表现出和电影相符合的基调和情感。

（三）电影海报设计中的文字要素

文字是三要素中不可或缺的一部分。文字应用主要分为两类，其中一类是剧情式海报，文字的应用侧重于介绍影片基本信息。在此类海报中，这些基本信息主要包含演职员信息、上映的时间、获奖的情况或者是媒体评价等相关内容。在字体选择方面，一般选择以辨识度较高、易于阅读的印刷字体。另一类是非剧情海报，侧重突出文字的艺术性和美感。设计者往往着重对文字进行艺术化处理，带有较强艺术美感的文字主要是片名、解说词等高度凝练的短语，而片名则是所有文字信息中层级最高、最为核心的元素。一般来说，片名被安排在海报版面的视觉焦点上，经过重新调整、处理的片名文字与图形要素和色彩要素一同使得整张海报的艺术感更加凸显（图6、图7）。

图6 《芳华》海报

图7 《影》海报

设计者在海报版面的布置中，通过对文字结构、形态的再设计，将文字与影片的主题紧紧结合在一起，从而更好地引起受众的共鸣。

二、片名字体的常见形式

（一）图形化文字

中国自古以来就讲究书画同源，汉字从原始图画中演变而来，随着时代的发展，汉字图形化的发展也出现越来越多的表现形式。汉字本身具有形意的传达，电影海报中的汉字在设计时，可以在保留汉字基本特征的前提下，对文字的造型结构、文字笔画进行变形，来丰富画面的内涵。把文字的笔画、文字的部分结构替换为某个具体的图形，或者把文字进行装饰性设计，能够使文字设计具有时代感与创新性（图8、图9）。

图 8 《战狼 2》海报

图 9 《我知女人心》海报

文字图形化的设计见之于各类影片，尤其以情感片、喜剧片为主。拥有鲜明特征意味的图形极易引起消费者的注意。此时的创意字体大多活泼欢快、体面舒展、转角圆润；而在科幻、战争等题材的电影海报中，为体现未来感、科技感与真实性等属性时，字体的设计则时而纤细简约、时而厚重繁复、棱角分明。同时，为保证图形与主题在视觉传达过程中的时效性，图形语言的定位要有创意，不宜复杂。

（二）标志化的片名字体

如今，电影产业的发展日益规范化。其中，商业片最具代表性。商业类电影往往会设计多款不同功能、宣传途径的系列海报，大致包括预告海报、概念海报、人物海报、角色特写海报和最后的主视觉海报。设计同一部电影的各款海报时，除了要求色调统一外，更重要的是要给它们加入相同风格的字体标志，使它们形成系列。此时，电影片名作为一部电影独一无二的标签，是海报设计重点表现的内容。

独特个性的片名字体设计成为一部影片区别于其他电影的重要标志。而电影海报的标志化字体设计往往是对电影片名字体做图形化处理，常用手法为添加符号性图形，甚至用电影中的典型图形符号替换电影片名字体的某一字素，保持片名字体组合形式的统一性，以组合字的整体效果重复运用于电影的各款海报和所有宣传品。

（三）电脑印刷字体

电脑印刷体通常指书籍、报纸、杂志等印刷品上出现的字体。遵循“横平竖直”的间架准则、“上紧下松”的构造规律，视觉上具有可识别性，笔画、结构都让观者易于辨认、观者舒适。

在电影海报中常用的字体包括宋体、黑体、特效字体等。宋体横平竖直、横细竖粗，笔画清新，醒目阅读，字体严格遵循横平竖直的方块字造型，起笔、收笔刻意讲究，由于笔势左向居多，出现左轻右重的趋势。在青春爱情剧、幽默喜剧的电影海报中一般用宋体字的比较多。黑体粗壮醒目，笔画粗细与比例一致，在爱情片、剧情片的影视海报宣传、影视片名中常用此种字体。

（四）书法、篆刻

书法艺术是中华民族独特的文化“名片”，有3000多年历史，兼具实用价值和审美价值的书法字是汉字的重要表现形式。在表现特定历史故事和民族文化主题的电影海报中，经过个性化处理的书法字体成为中国电影海报中独具特色的字体设计，其在传递电影文化内涵的同时更凸显了民族风格。

汉字的书法字体主要有楷书、篆书、隶书、草书、行书等。在电影海报中主要分为电脑书法体和书法家挥毫等，通常，表现中国特色文化类的影片多用此类字体。如《影》的海报中，“影”字笔法稳健沉雄、朴厚宏博，笔画间的飞白潇洒飘逸，颇具灵动之感，给《影》增添了一股虚实之间暗流汹涌的力量（图10）。

图10 《影》海报

邀请书法家创写的片名文字，本身就是艺术品。观众在获取海报信息、品味电影情节之余也在感叹书法家行云流水般的墨迹。另一方面，有了书法家的参与，影片的文化属性和商业价值得以进一步提升，极大增强了影片的宣传效果。

三、片名字体的设计方法

（一）通过文字形态建立情感沟通

电影海报是观众对某部电影作品建立认知与情感共鸣的第一片“阵地”，在海报中巧妙运用文字表情达意可以有效提升观众对影片的好奇与好感。在片名字的设计中，最大的特点和最常见的手法就是字体和图形的结合，文字图形化提升了文字的视觉感染力，也在一定程度上形成了观众对影片故事、调性、情绪的第一印象（图11、图12）。

图 11 《小偷家族》海报

图 12 《无人区》海报

从视觉角度上说，字形定义了文字的基本形态。汉字的形态是华夏文明发展的血脉，是传统文化的精华，也是设计创意的主要落脚点。汉字笔画形态各异，点、横、竖、撇、捺，有序排布，构架出汉字的“骨骼”，在各种相同、近似或不同的骨骼上展现出不同的外在形态风貌。正如血肉与骨骼，汉字中的笔画和结构彼此调和，相互促进，共同影响着文字的形态变化。

因此，笔形塑造要在尊重结构的基础上，通过对设计元素的思考、分析、精练加工等手段，不断凝练文字的视觉造型，深化文字的内涵情感，将电影的核心思想、主要情绪，或明显的视觉元素体现与字体相结合。设计的过程中要融合视觉生理和社会生活体验的视觉经验。使观众“一目了然”“感同身受”。

（二）通过笔画形态反映文化内涵

文字笔形的塑造，其实就是有意味的形态创造。汉字的笔形就像人类的语言词汇一样，富有性格内涵，千人千面，活灵活现，构成繁复，这种构成以特色鲜明的笔形形象展现出深厚的文化内涵（图 13）。“艺术之所以成为艺术，形式是关键，形式对美术或音乐的感染力起决定作用，艺术品的不朽，需要借助那不朽的表现形式”，由此可见形式之于艺术的重要性。

图 13 风格不同、设计手法各异的片名字设计

在字形的塑造中，把握文字的信息含义，依据具体的设计定位，将不同类别的文字造型相结合，即用一种文字的笔画造型，构建另类型文字的结构关系，通过线形与形象个性的巧妙结合，寻找线形与线形间共有的融合点。

（三）通过结构与细节体现意境

从视觉主题来看，视觉是人们对生活的积淀、视觉经验同眼前所见共同整合而成，是“所知”与“所见”。互动的结果从视觉对象方面来看，美术形式效应是在物与物、形与形之间的对比关系中产生的，是相互关系的能动作用构成的。在视觉主体与视觉对象这两方面的互动中，才能确立被视觉所把握的美术形式效应。艺术形式的能动性是具有多元化表现力的原因，是形式创造的根本，也是艺术的魅力所在。

汉字字体的笔形已经形成固定模式，但创意性字体设计可以根据不同的需求进行变化，汉字的笔形源于各类字体以及书法，不同的字体具有不同的笔画特征，如隶书的蚕斗燕尾、篆书的流水铁丝、楷体的顿笔饰角，不同形态可以产生不同的联想。通过笔画间多元、细腻的笔形变换，如笔形的粗细、衔接、突变、旋转、叠加、互衬等，采用不同形式的处理手法，配合合理的空间架构，使字形跳出原有的框架，在细节处加入点睛的“小心思”，尝试通过细节的调整与变化建立新的相互关系，往往能产生一些新鲜的意向。

四、片名字体设计的特征分析

（一）形式密切联系内容

汉字是一种记录语言的文字，优秀的汉字设计具有直观、准确性特征。

因此在设计时，首先要对影视作品的内容进行理解与领悟，进而选用适宜的字体，或对字体的外部形态、内部笔画进行析解与重组，并视情况加以特效表现，恰如其分地进行艺术处理与设计。向大众传达出准确的内容信息，使大众通过片名的文字设计就能领会影片的主题风格（图 14、图 15）。

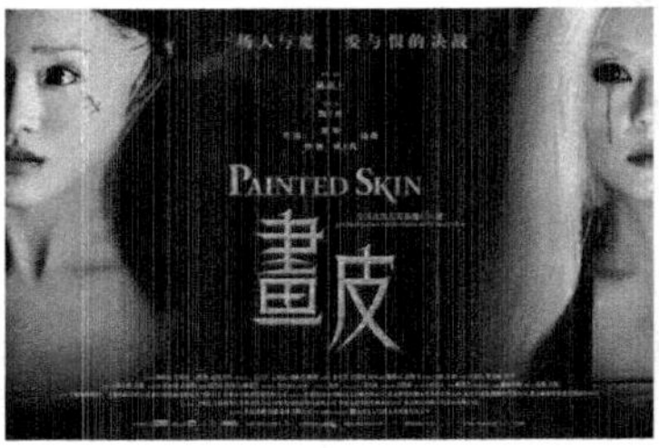

图 14　《画皮》海报

图 15　《歼十出击》海报

（二）富有个性的情感表达

优秀的设计需要巧妙的构思与想象力，而优秀的文字设计更加需要设计者具备对文字结构的感悟与理解。汉字构造遵循一定的规律，在设计时，保证可识性的前提下，需要对文字的间架结构，形式美感进行创造与表达。

创造性是指在汉字设计中要结合主题的要求和需要，利用汉字的特殊空间构架突出汉字设计的个性色彩，使汉字的形态和设计格调在一种既为人们熟悉而又陌生的视觉区域中获得新的表现，给人以新鲜悦目的视觉冲击，从而有利于设计意图的表现。字体的美感是设计者应该首先关注的方面。在一幅电影海报中，文字设计缺乏艺术性，很难给观众带来视觉层面的享受。

字体本身具有独特且各不相同的属性或“气质”，从情感上说，不同字体应用在海报上，会传达出迥异的情绪，如怀旧的、时尚的、典雅的、热烈的，而这种“情绪”必须与影片所表达的情感相统一。片名字的设计，在表现上需具有文化气息，在形态上则应呈现个性化的表达，无论设计中如何调整、解构文字，决不能破坏汉字本身的美感，必须平衡“变化”与“统一”的关系，达到“形”与“意”的和谐。

五、结语

随着经济发展和人们审美层次的提高，对于娱乐消费的理念也日益优化，电影海报中以片名字为主的字体设计，需要以更加丰富多样的形式进行迎合，才能起到更好的宣传作用。同时，有了精到的字体设计的加持，电影海报的视觉效果也能得到更优的展现。相比于传统海报的偏重功能性，如今的海报设计更加注重海报的艺术感、风格化与视觉效果，更强调创新性。与此同时，电影海报的片名文字设计中除了需要迎合消费者与市场的需求，更要与影片主题的高度契合，有效地将电影信息进行反映和展示，观众才能通过海报内容看到电影的主题，实现海报的价值。

参考文献

[1] 亢琳. 浅析电影海报设计中的文字 [J]. 电影文学，2011 (15).
[2] 季阳. 招贴电影招贴设计 [M]. 北京：中国美术学院出版社，2000.
[3] 韩晓梅. 招贴设计 [M]. 北京：人民美术出版社，2010.
[4] 李砚祖. 视觉传达设计的历史与美学 [M]. 北京：中国人民大学出版社，2000.
[5] 李永红. 中西融合中的本土文化——对当代中国电影海报的本土化设计刍议 [J]. 电影文学，2011 (10)：137-138.
[6] 张荣美. 浅析国产电影海报的视觉欣赏和创意设计 [J]. 电影文学，2011.
[7] 卢俊. 浅析视觉传达在网页页面设计中的有效运用 [J]. 教育现代化，2018.
[8] 陈清扬. 中国电影海报史 [M]. 北京：中国广播影视出版社，2015.
[9] 何菁菁. 浅谈中国电影片名字体设计的原则 [J]. 电影文学，2008.
[10] 袁浩然. 当代电影海报片名字体设计中的叙事性手法的应用研究 [D]. 北京：北京交通大学，2017.

基于 SWOT 模式建设智慧烟台的思考

隋竺秀*

摘要 随着信息技术水平的不断提高发展，智慧旅游必将成为建设智慧城市旅游业的重要组成部分。目前我国智慧旅游城市的建设尚未成熟，还需要进一步的探索和研究。在简单介绍智慧旅游的概念后，运用 SWOT 模式对以烟台市为例的智慧旅游城市的发展现状与存在的问题进行分析研究，并在这个基础上对烟台市智慧旅游城市建设的发展提出了几点建议，以期今后更好地发展。

关键词 智慧旅游 SWOT 模式 烟台市

一、引言

2008 年美国 IBM 公司提出的“智慧地球”是通过智慧化手段对未来的预测。“智慧城市”随即被提出，智慧城市[1]是将先进的信息技术手段应用到城市的智慧化管理和运行当中，创造和谐、美好的城市生活。而“智慧旅游”是首次由中国独立提出的一个新方向，是将旅游业与各种信息化技术联合应用于各个领域的一种全新的旅游形态，智慧旅游是智慧城市的一部分。

当下我们国家很多城市都在探索如何建设智慧旅游城市，本文在简单阐述智慧旅游的研究现状和概念后，以烟台市为例，应用 SWOT 模型剖析了烟台市智慧旅游城市建设中的优势、劣势、机遇和挑战，并在此基础上对烟台市智慧旅游建设的发展提出了几点建议，期望能够为其他的智慧旅游城市的建设提供参考。

---

* 隋竺秀，北京联合大学，北京市 朝阳区 100101。

二、智慧旅游概述

智慧旅游这种形态虽然源于美国IBM公司，但欧盟早在2001年就开始结合信息技术探索旅游业的新发展，随后美国、韩国旅游局、日本NTT DoCoMo公司[2]等各国各机构陆续开展一系列计划和项目。加拿大旅游协会的戈登·菲利普斯认为智慧旅游是可持续的、智慧化的需求管理和营销[2]。英国的智慧旅游组织[3]将旅游部门运用技术定义为智慧旅游。美国圣十字学院莫兹教授[3]认为智慧旅游是运用技术将游客与城市关联起来，它代表着公民的旅游参与性。国外学者并没有明确定义智慧旅游，因为他们没有把智慧旅游当成一个专门的个体来研究，而是把智慧旅游当成智慧城市的其中一部分与城市结合进行整体研究。宁毅和陈金龙[4]在文中提到美国使用RFID技术，只需带上手腕带，就可以在景区内打卡消费。欧洲建立了智慧化的交通无线网络，实现全欧洲的智慧交通功能。韩国I Tour Seoul，可以让游客随时随地获得景区及其周边信息，满足游客的游览需求。由此可见，将信息技术应用在旅游上，并取得了较好的成效，游客已通过切身体会参与到智慧旅游中。

我国于2009年在国务院下发的文件中确定大力发展旅游业，目的是使其成为国民经济发展的支柱性产业，之后决定大力开展智慧旅游，使其能够变成提供人民满意的旅游服务的现代化服务业，尤其要注重“以信息化为主要途径，提高旅游服务效率”[5]。张凌云等人[1]提出智慧旅游是为了满足游客的需求而运用信息技术手段以提高旅游服务质量。邓贤峰、张晓海[6]认为智慧旅游是把各种信息技术手段应用到旅游当中，并进行整合开发，使其服务于各个领域的一种新旅游形态。智慧旅游作为旅游的一部分，联合各行各业、各个领域，呈现出了一种全新的、面向未来的新形态。国内学者对智慧旅游也没有统一的解释。在此，确定智慧旅游是能够随时随地为游客提供他们所需的信息技术手段的旅游服务。虽然国内正式开始发展智慧旅游较晚，但一直在不断探索如何建设智慧旅游城市，也取得了较为优异的成绩，已经建立了部分模范城市，如，智慧青岛城市服务一体化平台，云南全域旅游智慧平台可以实现一部手机游云南，还有海南掌上游、山西五台山以及浙江智慧乌镇的客户端[4]，并在逐渐完善。

三、烟台市智慧旅游的SWOT模式分析

SWOT分别代表Strength（优势）、Weaknesses（劣势）、Opportunities

（机遇）、Threats（挑战）。SWOT 模型分析是根据分析对象智慧烟台的发展现状和出现的问题，对建设智慧烟台过程中已有的优势、劣势，以及因外界影响面临的机遇和挑战加以分析。

（一）优势

首先，烟台市建设成智慧旅游城市具备天然的地理环境。烟台市地处山东省东部，胶东半岛北部。濒临渤海、黄海，与青岛、威海相邻，与朝鲜、韩国、日本隔海相望，交通便利。烟台市是中国首批沿海开放城市，是最佳中国魅力城市，联合国最适合居住奖获奖城市[2]。其环境优美，拥有丰富的旅游资源。

其次，烟台市发展智慧旅游城市具有政府导向优势。烟台市是全国首批、山东省首个“国家智慧旅游试点城市”。烟台市作为山东省的首个智慧旅游试点城市，充分借助国家和省级政府支持，在政府的推动下开展工作。政府支持发展旅游业，旅游局设置旅游一卡通，方便大众旅游。并为烟台市旅游进行了大量宣传，有各种视频宣传片，且取得良好效果。

（二）劣势

首先，烟台市发展智慧旅游城市的劣势是旅游模式单一，智慧化水平低。烟台市虽然有地理优势，但旅游景点多偏向自然资源，文化资源较少，且并没有做好开发。旅游模式也仅限于周边游，没有对旅游路线规划布局。烟台市目前只有蓬莱阁景区和长岛景区推行智慧化，但没有实现智游，而烟台市其余的景区景点还没有实行智慧景区的建设。烟台市作为智慧旅游城市的智慧化水平还是较低的。

其次，烟台市发展智慧旅游城市的劣势是网络覆盖以及线上服务不完善。现在网络信息技术发达，建设智慧烟台当然离不开网络技术。然而目前烟台市免费网络仅覆盖了部分公共服务场所，大部分的旅游景区尚未覆盖免费网络。网络覆盖不完善、不到位，没有体现智慧化，且其网络覆盖技术还有待提高。烟台市建设了烟台旅游资讯网、烟台旅游政务网、五彩烟台体验网以及烟台旅游官方微博[7]。虽然这些线上的信息较为丰富全面，但是缺乏与游客间的即时交流与互动，不能很好地为游客提供服务，没有真正起到线上便利的作用。如今智能手机普遍使用，而烟台市还没有一个方便游客在手机上使用的客户端。烟台市虽然有多种旅游网站服务平台，仅仅是大体起到宣传作用，并没有为游客提供有效及时的可供浏览的信息。

（三）机遇

首先，烟台市发展智慧旅游城市是有政策支持与新进展的。在烟台市成为全国首批国家智慧旅游城市试点城市后，国家和山东省出台了指导文件，烟台市也正在编制建设智慧烟台的规划和方案，这为建设智慧烟台带来了新机遇。同时，烟台市发展智慧旅游城市是有新进展的，目前烟台市施行“互联网+旅游”[8]策略，打造“智游长岛”特色项目，努力打造互联网+特色，为开展其他智慧旅游项目提供了参考及机遇。

其次，烟台市发展智慧旅游城市是有市场需求的。党的十九大报告中提出新时代我国社会的主要矛盾已经转变。人民日益增长的美好生活的需求中包括现代生活中人民对旅游需求的增长。旅游市场需求量不断增加，游客在旅游过程中对全面化、便利化、信息化、智慧化等有了更多更具体的要求。这就需要不断扩大旅游市场，使游客更加依赖智慧旅游，通过对智慧烟台的了解，对烟台市产生向往，更能激发游客前往烟台市旅游的兴趣，为开展智慧旅游带来了机遇。

（四）挑战

首先，烟台市发展智慧旅游城市有城市间的旅游竞争压力。烟台市虽然是首批国家智慧旅游试点城市，但与同批试点城市相比发展较为落后。如北京、南京、湛江、常州等城市已完成规划，当下建设成果显著。且作为第二批国家智慧旅游试点城市的青岛，不仅有地理优势、经济支撑，而且有政府政策及具体指导文件支持，已经成为山东省优秀智慧旅游城市，领先智慧旅游城市。本着早规划早受益的思想，领先的顶层设计使青岛已经形成了自己的青岛模式：顶层设计的典范[9]。这些试点城市以及周边城市的竞争影响，已经成为建设智慧烟台的压力。

其次，烟台市发展智慧旅游城市的利益体难以统一。因为智慧旅游涉及生活中的各个方面，包括食、住、行、游、购、娱等。这些方面也都对应着各行各业，这些行业也就形成了不同的利益体，主要分为公益性的，如政府出面解决的交通基础设施和公共基础设施的建设，受益人不光是游客还有烟台市本地居民，以及营利性的，如企业公司的旅行社、酒店等依托旅游业或者智慧旅游的建设与发展。虽然能够清楚分成两大利益体，但是很难区分出公益性与营利性，更难的是将这两个利益体统一起来，这是建设智慧烟台的一大挑战。

四、烟台市智慧旅游建设的建议

通过运用 SWOT 模式分析出建设智慧烟台中存在的问题，对烟台市智慧旅游建设提出以下一些建议。

（一）联合智慧旅游城市建设

烟台市作为智慧旅游城市，发展水平良好。要想继续发展，必须明确智慧旅游城市建设的规划及目标，这就需要政府干预，确定智慧旅游城市的发展规划，这是发展的前提。在智慧旅游的发展战略中，应当在发展初期弱化利益因素，抓住新旧动能转换的宝贵时机，实现在全国率先全域发展[10]。在政府强有力的支撑下，建设成智慧化的旅游城市，尽量实现全市网络覆盖，加大信息技术投入，建设多元化的旅游模式，将自然与文化资源紧密结合，完善蓬莱阁景区、特色长岛等的智慧化建设，争取推动各景区，如南山景区、烟台山景区等地的智慧化初步建设，完善烟台市的智慧旅游景区景点的城市建设。

与此同时，政府可以同其他智慧旅游试点城市进行联合，如与青岛、北京等其他城市达成合作，共同推进智慧烟台建设。运用先进的互联网技术，联合全省、全国的智慧旅游城市，甚至可以与世界接轨，推动智慧烟台的发展。既向游客提供各种智慧烟台的资源，也借助互联网宣传推进智慧烟台的发展。

（二）建设智慧旅游城市系统框架

伴随着智慧烟台的建设，会产生很多相关旅游信息，这就决定着要建立智慧旅游信息中心。这个信息中心的建立，就是为了自动、智能地采集、存储以及处理旅游信息，以此为建设智慧烟台提供基础保障，建立烟台市旅游信息数据库。信息中心主要是为游客服务的，在烟台市已有的旅游网站的基础上，对网站进行技术上的提升，针对游客的移动性特点，开发移动终端的旅游信息服务。还要注意网站上旅游信息的实时更新，为游客提供最大的便利，建立一个为游客服务的信息服务平台。智慧旅游信息中心和信息服务的建设，将为建设智慧烟台奠定基础。

有了信息技术的支持，也要建设完善智慧烟台的营销体系。不仅可以向游客宣传，为游客提供进一步了解或者前往烟台市的渠道与方法，如景区门票价格、交通住宿便利程度、餐饮购物消费水平、网上咨询、线上交易的营销体系，而且可以转变营销方式，减少不必要的成本，向着智慧化发展。

做什么都离不开管理。做智慧烟台建设，当然也要建立健全智慧旅游管理系统。这里面包括建立智慧景区管理系统以及旅游业中各相关行业的统一管理。要加大信息技术的投入，争取做到智慧化管理创新，提高游客满意度，为智慧烟台市打造知名度。

建设智慧烟台必不可少的就是旅游应急处理机制。要联合公安、消防、医院、港口、车站、酒店、餐厅、景区等各大部门或企业实时监控，随时随地掌握动态信息，应急处理机制专人负责，便于旅游管理系统的人员信息共享，利于应对突发情况，及时有效处理问题，呈现一个优异的智慧烟台。

烟台市要建设成智慧旅游城市，一定要建设智慧烟台的智慧化系统框架，能够全面地、随时随地地为游客提供智慧化服务。

五、结论

我国的智慧旅游城市建设尚未成熟，但拥有良好的发展前景。智慧烟台建设还需要进行不断地探索和创新。要发扬烟台市的地理优势，充分利用各种旅游资源，发挥政府导向作用，联合其他城市共同建设智慧旅游；开发多元化的旅游模式，完善建设智慧化景区，提高信息技术网络的应用，建设更高水平的智慧旅游；同时充分利用国家和省市政府的新政策支持的机会，满足游客对烟台市的旅游市场需求，建立健全智慧旅游系统框架，建设智慧烟台；积极应对挑战，将城际间的竞争转化为共同合作，将公益性与营利性的利益体结合起来，分工合作，创造共赢，创建优异的智慧旅游城市。

参考文献

[1] 张凌云，黎巎，刘敏. 智慧旅游的基本概念与理论体系［J］. 旅游学刊，2012，27（5）：66－73.

[2] 陈晓迪. 智慧旅游系统框架优化研究——以山东省为例［D］. 济南：山东大学，2014.

[3] 李云涛. 智慧旅游背景下云南旅游交通体系优化战略研究［D］. 昆明：云南师范大学，2014.

[4] 宁毅，陈金龙. 智慧旅游研究综述［J］. 旅游纵览. 2019（9）：36－37.

[5] 方羽公. 智慧旅游公共服务体系建设问题研究——以杭州市余杭区为例［D］. 南昌：南昌大学，2017.

[6] 邓贤峰，张晓海. 南京市“智慧旅游”总体架构研究［J］. 旅游论坛，2012（5）：72－76.

[7] 刘鑫. 烟台市智慧旅游城市建设研究 [J]. 旅游纵览，2016 (4)：154 – 155.
[8] 白林. 山东省智慧旅游城市发展水平综合评价研究 [D]. 济南：济南大学，2017.
[9] 李卫忠. 青岛模式：顶层设计的典范 [J]. 中国信息界，2014 (1)：50 – 51.
[10] 徐艳秋. 大数据时代山东省智慧旅游发展现状和对策 [J]. 中国商论，2018 (7)：72 – 73.

北京不同类型社区居民的公共文化服务满意度分析

解扬洋　窦晨晨　谌　丽*

摘要　文化服务设施是为居民开展公共文化活动、满足居民精神文化需求的公益性场所或商业场所。本文通过空间分析方式展示北京市文化服务设施空间分布现状，基于实地调研方式分析北京市居民对于文化服务设施满意度情况，并选取重点社区，分析不同类型社区受访者对文化设施的评价；基于受访者社会经济属性差异进行相关需求探讨研究，明晰文化服务设施空间配置情况及相关不足领域，提出针对性建议。

关键词　文化服务设施　满意度分析　北京

一、引言

北京是我国著名“历史文化名城”之一，同样是我国政治、经济和文化中心，其历史与地位决定了它具有异常丰富的文化内涵和独特的研究价值：悠久的历史、众多的文化遗产、大量的教育科研机构，营造着北京独特的文化氛围。随着城市发展，文化也显现出巨大的经济作用和战略意义。而文化设施是衡量一个城市的文化底蕴、文化水准的标尺，也是经济发展水平、社会精神风貌的反映，它以最具人性化、最有亲和力的特点，被城市内外的人们瞩目和喜爱，因而是城市品格、城市魅力的物化，成为城市的代表和象征。

公共文化服务设施作为文化的物质载体，主要包括图书馆、博物馆、艺

* 解扬洋（1996—），女，内蒙古包头人，北京联合大学应用文理学院硕士研究生，窦晨晨（1997—），女，山东省寿光人，北京联合大学应用文理学院硕士研究生，通讯作者：谌丽（1985—），女，四川绵阳人，北京联合大学应用文理学院副教授。

术馆、剧院、电影院等，此外，还包括纪念馆[1]、文化馆[2]、妇女儿童活动中心、老年人活动中心[3]等，它们是为居民开展公共文化活动、满足居民精神文化需求的公益性场所或商业场所。目前，国外对于公共文化服务设施的研究多集中于图书馆[4]、博物馆[5]等文化设施自身因素对居民满意度的影响[6][7]；在影响满意度的客体因素方面，Carole Neves 通过问卷调查发现居民的年龄、性别、居住区等因素影响对博物馆的满意度评价[8]；也有许多学者对评价指标和方法做了具体研究，Johanne Turbide 认为文化设施的评价指标应该包括艺术成就、领域竞争力、社会声誉等。[9] 国内对于公共文化服务设施的研究主要是基于我国的国家政策和国情，对于农村和城市的公共文化服务设施研究都有涉及。任贵州认为政府应强化在推动农村公共文化服务设施共建共享方面的责任认知[10]，马秋茜强调农民群众应通过自主参与的路径来完善农村公共文化服务设施建设[11]，何丹等人研究发现北京公共文化设施服务水平整体上呈现明显的“核心—外围”空间结构[12]，朱媛媛等人探讨了武汉市公共

---

[1] 杜鹃. 齐齐哈尔市公共文化设施建设现状及发展对策研究［J］. 齐齐哈尔大学学报，2010(06).

[2] 朱媛媛，杨毅，李俊杰. 武汉市公共文化服务设施的空间格局优化研究［J］. 华中师范大学学报（自然科学版），2017，51（4）：526－533.

[3] 唐艳. 建成广厦千万间 公众共享俱欢颜——对《公共文化服务保障法》公共文化设施条款的解读［J］. 图书馆论坛，2017，37（6）：32－35.

[4] Paul Harrison，Robin Shaw. Consumer Satisfaction and Post－Purchase Intentions：An Exploratory Study of Museum Visitors［J］. International Journal of Arts Management，2004，6（02）：23－32.

[5] María del Carmen De Rojas，María del Carmen Camarero. Experience and Satisfaction of Visitors to Museums and Cultural Exhibitions［J］. International Review on Public and Non Profit Marketing，2006，3（1）：49－65.

[6] Xi Shi，Patricia J Holahan，M Peter Jurkat. Satisfaction formation Processes in Library Users：UnderStanding Multisource Effects［J］. The Journal of Academic Librarianship，2004，30（2）：122－131.

[7] Charles J Popovich. ABLD/EBSLG 2004 Meeting［J］. Journal of Business & Finance Librarianship，2005，10（3）：17－42.

[8] Carole Neves. An Evaluation of the National Museum of Natural History Discovery Room［R］. Smithsonian Institution Office of Policy and Analysis，2004.

[9] Johanne Turbide，Claude Laurin. Performance Measurement in the Arts Sector：the Case of the Performing Arts［J］. International Journal of Arts Management，2009：56－70.

[10] 任贵州. 推进农村公共文化服务设施共建共享的政府责任研究［J］. 理论建设，2017（2）：44－49.

[11] 马秋茜. 完善河北省农村公共文化服务设施的路径选择［J］. 河北学刊，2013（1）：199－201.

[12] 何丹，金凤君，戴特奇，等. 北京市公共文化设施服务水平空间格局和特征［J］. 地理科学进展，2017，36（9）：1128－1139.

文化服务设施空间格局的优化布局措施[1]；此外，也有很多学者研究公共文化服务设施的发展战略、治理机制，邹胜男探讨了公共文化服务设施体制机制的创新[2]，张健华等人强调统筹服务设施网络建设来促进基本公共文化服务标准化、均等化[3]。综上所述，国外对公共文化服务设施的研究，起步时间早，涉及范围较全面，包括满意度、评价指标、研究方法等，研究成果多，可以为研究提供借鉴；国内对公共文化服务设施的研究热潮始于国家对文化强国的高度重视，研究多集中于空间布局、优化措施等，对于居民的满意度研究涉及较少。为了更好地顺应北京文化中心的建设，更好地满足广大群众的需求，对于居民公共文化服务设施满意度进行调研是十分必要的。

随着北京“文化中心”定位的明确，公共文化服务的重要性日益凸显。北京作为国家首都，建设“国家公共文化服务体系示范区”既是城市发展的历史要求，也符合新的时代旋律，有利于改善国际形象、提高城市竞争力、吸引投资和人才集聚。不仅如此，城市公共文化服务还是体现城市居民生活质量的重要方面。随着人民生活水平提高，需求开始从“温饱型”向“品质型”跃迁，越来越多的居民的文化服务需求提升。但北京当下的公共文化服务建设水平是否能够满足居民需要？北京城市不同类型社区、不同属性的居民满意度有何差异？对公共文化服务存在哪些方面的不满？这些都有待深入调研。

二、数据来源

（一）研究社区选取

首先按照市级服务设施的可达性、总体区位、空间结构的差异来选择街道：东、南、西、北各个方向均要涉及；要涵盖核心区、核心区以外中心城区、边缘集团、新城、城乡结合部各种类型区；需挑选服务设施水平总体较差、服务设施水平较好的社区。

然后按照社区/邻里级服务设施的可达性、人群差异来选择社区，同时也要考虑公共交通轨道站点可达性、绿地公园可达性、周边步行环境状况；各

---

❶ 朱媛媛，杨毅，李俊杰，等. 武汉市公共文化服务设施的空间格局优化研究［J］. 华中师范大学学报（自然科学版），2017，51（4）：526－533.

❷ 邹胜男，陈世香. 体制内委托经营：公共文化服务设施治理机制创新［J］. 图书馆论坛，2019，39（9）：48－54，63.

❸ 张健华，杜谆. 统筹服务设施网络建设 促进基本公共文化服务标准化、均等化［J］. 中华文化论坛，2014，3（3）：137－139.

个类型的社区均要涉及：设施较好的商品住房（小区绿地面积较大，内部锻炼、健身设施较多，可以选几个人车分流的小区）、老旧商品住房（缺乏集中绿地和活动空间，停车位紧张）、单位大院、回迁定向安置房、廉租住房、胡同平房、城中村；需考虑人群差异：高知集中、老龄化（较为富裕/贫困）、儿童较多、非京籍人较多、公务员较多、程序员较多。最终选取22个社区进行调研（见表1）。

表1　社区基本情况

区县	街道	社区	社区类型	建成年代	社区特点
昌平区	回龙观街道	新龙城	商品房社区	2006	程序员集中
朝阳区	奥运村街道	万科星园	商品房社区	2001	中青年、中高收入、中高学历
朝阳区	呼家楼街道	呼家楼北社区	老旧单位社区	1961	老旧社区、老龄化
朝阳区	南磨房地区	欢乐谷金蝉南里	商品房社区	2005	中青年、中高收入、中高学历
朝阳区	十八里店地区	弘善家园第二社区	政策性住房社区	2009	高密度、前门的定向安置住房
朝阳区	望京街道	南湖中园社区	商品房社区	1997	位于4环外~5环内
大兴区	亦庄地区	中信新城西区	商品房社区	2013	位于5环外
东城区	安定门街道	国子监社区	胡同社区	1950前	胡同、平房
房山区	长阳镇	长阳半岛	商品房社区	2010	学历高、女性多、孩子多
丰台区	马家堡街道	西里第二社区	老旧单位社区	1985	社区内有一处拆迁区
丰台区	长辛店街道	合成公	老旧单位社区	2001	老旧平房区，老年人多、低学历人多、低收入人多、市政设施较差
海淀区	海淀街道	万泉新新家园社区	商品房社区	1999	中青年、中高收入、中高学历
海淀区	青龙桥街道	西苑挂甲屯社区	西苑挂甲屯社区	1980	城乡结合部
海淀区	清河街道	安宁里	商品房社区	1990	老旧商品住房，社建工作搞得好，社区活动丰富
海淀区	上庄地区	三嘉信苑社区	政策性住房社区	2011	海淀山后经济适用住房

续表

区县	街道	社区	社区类型	建成年代	社区特点
海淀区	永定路街道	三街坊西	老旧单位社区	1960	航天科工二院单位院
石景山区	苹果园街道	西井社区	老旧单位社区	1980	老龄化社区，老年福养老院
通州区	潞城镇	武夷花园牡丹园	商品房社区	2001	中青年、中高收入、中高学历
通州区	新华街道	天桥湾	商品房社区	1983	城市副中心地区
西城区	大栅栏街道	大栅栏西街	胡同社区	1960	胡同、平房
西城区	大栅栏街道	延寿街	胡同社区	1950 前	胡同、平房
西城区	月坛街道	铁道部住宅区第四社区	老旧单位社区	1957	老旧学区

（二）调查问卷设计

问卷的主要内容是居民对公共文化服务的满意程度，分为 5 档：非常满意、比较满意、一般、比较不满意和非常不满意，还追问了如果不满意的主要原因是什么。此外调研了居民的个人社会经济属性，包括性别、年龄、学历、收入、户籍等。

原则如下：问卷调查过程中，首先要注重行为礼貌；其次要注重调查问卷的访问质量，不可求快；在实际调查过程中出现问题要及时沟通和汇报。

调查主体对象以 16 岁以上常住人口为主。本次调查的主体对象界定在北京市的常住居民，即在北京相对稳定居住半年以上的居民，不包括短期停留或来京旅游、务工不足半年的群体。之所以这样界定，是考虑到只有稳定居住一定时间，才能对其周围居住、生活环境有一定的了解和认识，对这些人群的调查，才能反映出北京的宜居状况。

调查方式以实地抽样调查为主。其中，具体又采用等距随机抽样、方便抽样（社区拦截）、交叉控制配额（性别、年龄）抽样等多种抽样方法相结合的调查方法。其目的是确保调查数据的可靠性、准确性、代表性和广泛性等。

三、文化设施空间分布特征分析

（一）城区中心数量多，边缘少

根据分析文化设施空间分布情况及点密度分析可知，北京市文化设施密度最大区域为二环路以内地带及四环北部地区，主要分布于东城及西城范围内，总体呈现城市中心至边缘逐渐减少态势，且东部地区文化设施密度高于西部地区。

（二）区际差异大，集中度高

全局空间相关性是用来探索空间数据在整个区域内表现出的空间效应，一般采用莫兰指数来评价❶，如式（1）所示：

$$I = \frac{n\sum_{i=1}^{n}\sum_{j=1}^{n}W_{ij}(x_i - x)(x_j - x)}{\sum_{i=1}^{n}\sum_{j=1}^{n}W_{ij}\sum_{i=1}^{n}(x_i - x)^2} \tag{1}$$

莫兰指数介于［－1，1］，当莫兰指数大于0时，为空间正相关，莫兰指数趋近于1，表明空间相关性越大；当莫兰指数小于0时，为空间负相关，莫兰指数趋近于－1，表明空间差异性越大；当莫兰指数等于0时，表示不存在空间相关性。

根据表2可知，不同类别文化设施莫兰指数皆大于0，说明文化设施空间分布呈现正相关态势，在空间分布情况均为集聚分布态势。其中文化馆莫兰指数为0.85，更趋近于1，空间相关性更大；博物馆莫兰指数最小，为0.19，空间相关性最低。同样各区公共文化设施分布不均匀，首都功能核心区和城市功能拓展区之间文化设施分布有着较大的差别。

表2　文化设施空间自相关指数

文化设施类型	莫兰指数	空间分布特征
博物馆	0.194324	集聚
电影院	0.294688	集聚
美术馆	0.521628	集聚
图书馆	0.455210	集聚
文化馆	0.847110	集聚

四、文化设施满意度分析

（一）整体公共文化服务评价

表3为社区公共文化服务设施整体满意度分析情况，由表可知，重点社

❶ 郭明德，李红．中国快递业影响因素的空间计量分析［J］．包装工程，2019，40（23）：196－202.

区居民对于公共文化设施满意度评价均值为70.16分，整体较为乐观，但低于北京城区整体得分71.59分，说明重点社区居民对于公共文化设施服务满意度较低；且标准差为16.21，大于北京城区公共文化设施服务满意度整体标准差15.03，说明重点社区居民对于公共文化服务设施满意度呈现较大差异。不同社区满意度评价得分差距较大，不同地区公共文化服务设施的设置情况有所差异。

表3　重点社区公共文化服务设施满意度分析

	样本量	最小值	最大值	均值	标准差
文化设施满意程度	1112	20	100	70.16	16.21

表4和图1为重点社区居民公共文化服务设施评价得分区间分布情况，由表可知，重点社区居民对于公共文化服务设施评价得分主要集中于80分，占比53.5%，即对公共文化服务设施现状较为满意居民数量较多，但低于北京城区整体满意度评价占比56.2%，说明重点社区居民对于公共文化服务设施满意度情况不太乐观，需针对性分析其评价得分较差的原因。

表4　重点社区居民公共文化服务设施评价得分区间分布情况

样本概况		频率	有效百分比（%）	累积百分比（%）
有效	20	19	1.7	1.7
	40	110	9.9	11.6
	60	329	29.6	41.2
	80	595	53.5	94.7
	100	59	5.3	100.0
总计		1112	100.0	

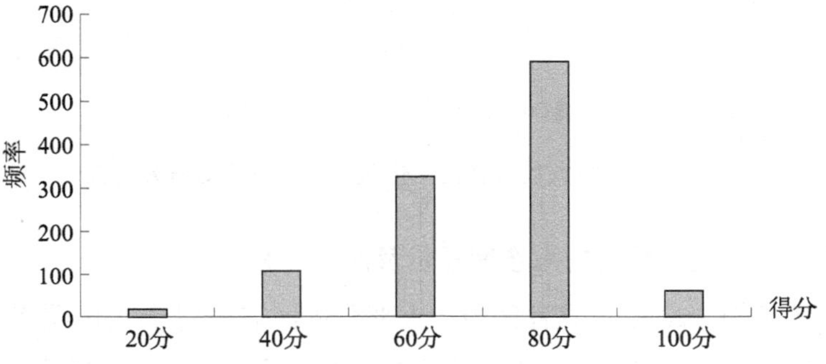

图1　重点社区居民公共文化服务设施评价得分区间分布情况

如图 2 所示，大部分居民对于公共文化服务设施不满意的原因主要是认为其数量较少，且部分文化设施距离较远，不易到达；同样有部分居民认为其服务质量较差且使用成本较高。

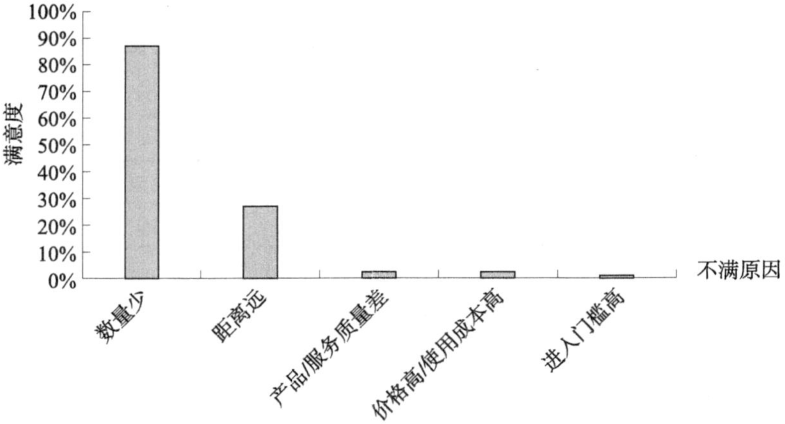

图 2　北京城区居民对于公共文化服务设施不满意原因

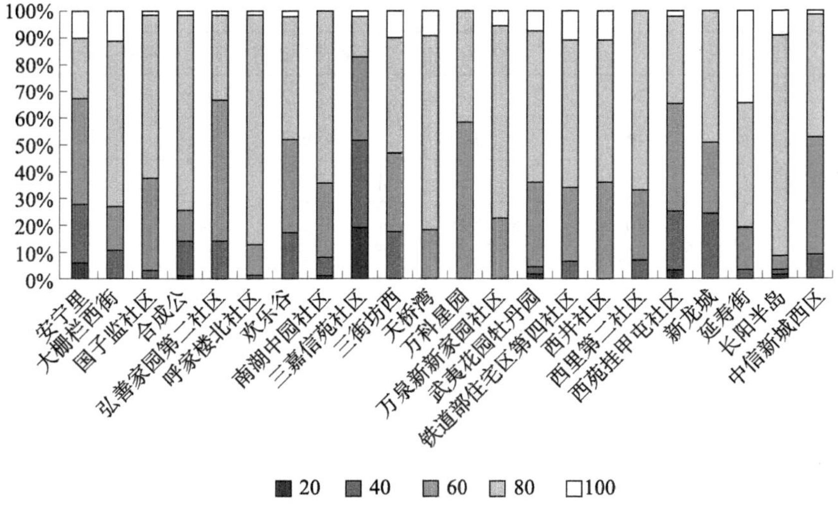

图 3　22 个重点社区公共文化服务设施满意度得分情况

（二）不同类型社区的满意度评价及问题分析

由图 3 可知，22 个重点社区中，大部分社区居民对于文化设施满意程度评分都集中于 80 分，即对文化设施满意度情况较为乐观，仅安宁里社区、弘善家园第二社区、三嘉信苑社区、西苑挂甲屯社区得分情况较差，居民普遍打分较低，多集中于40~60分；而满意程度较高的社区为天桥湾社区、延寿街社区、万泉新新家园社区、西井社区等，普遍满意度得分集中于80~100分，文化设施满意度情况较为乐观。

由图4可知，将22个重点社区分为以下5种类型，在不同类型社区中，商品房社区及胡同社区对于文化设施满意度评价情况相对较为乐观，基本满意度得分都处于80~100分，占比较高，说明这两种类型社区文化服务设施现状较好，居民认同感较强；而政策性住房社区，满意度情况最差，大部分得分都集中于20~60分，整体均值低于60分；且城中村社区情况同样不容乐观，均值同样低于60分。说明对于政策性住房社区以及城中村社区公共文化服务设施设置情况应加以重视，要有针对性地进行相应改善。

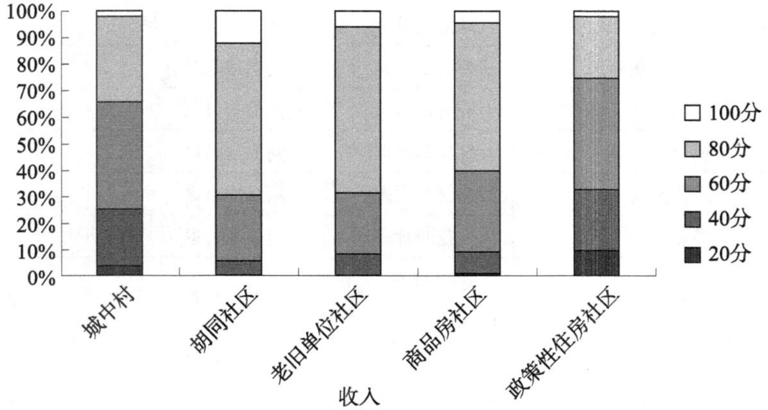

图4　不同类型重点社区公共文化服务设施满意度得分情况

表5为重点社区周边文化设施空间分布数量情况，文化设施主要集中于城区中心区位，呈现由中心地区向外逐步减少态势。文化设施满意度评价分数较低的三嘉信苑社区以及西苑挂甲屯社区文化设施数量较少，种类较为单一，且图书馆数量较少，难以满足受教育程度较高居民文化服务需求。同样位于城区边缘地区的合成公社区、西井社区及武夷花园牡丹园社区文化设施数量较少。所以要逐步完善文化服务设施空间配置情况，针对居民需求完善其服务种类，完善文化服务设施服务水平。

表5　重点社区5千米范围内文化设施数量

地址	街道	社区	类型	5千米内文化设施数
昌平区	回龙观街道	新龙城社区	商品房社区	50

续表

地址	街道	社区	类型	5 千米内文化设施数
海淀区	清河街道	安宁里社区	商品房社区	52
西城区	大栅栏街道	大栅栏西街	胡同社区	297
东城区	安定门街道	国子监社区	胡同社区	195
丰台区	长辛店街道	合成公社区	老旧单位社区	8
朝阳区	十八里店地区	弘善家园第二社区	政策性住房社区	103
朝阳区	呼家楼街道	呼家楼北社区	老旧单位社区	138
朝阳区	南磨房地区	欢乐谷社区	商品房社区	125
朝阳区	望京街道	南湖中园社区	商品房社区	92
海淀区	上庄地区	三嘉信苑社区	政策性住房社区	1
海淀区	永定路街道	三街坊西社区	老旧单位社区	52
通州区	新华街道	天桥湾社区	商品房社区	31
朝阳区	奥运村街道	万科星园社区	商品房社区	16
海淀区	海淀街道	万泉新新家园社区	商品房社区	196
通州区	潞城镇	武夷花园牡丹园	商品房社区	19
西城区	月坛街道	铁道部住宅区第四社区	老旧单位社区	285
石景山区	苹果园街道	西井社区	老旧单位社区	18
丰台区	马家堡街道	西里第二社区	老旧单位社区	208
海淀区	青龙桥街道	西苑挂甲屯社区	城中村	162
西城区	大栅栏街道	延寿街社区	胡同社区	320
房山区	长阳镇	长阳半岛社区	商品房社区	23
大兴区	亦庄地区	中信新城西区	商品房社区	38

（三）不同居民群体评价差异

由表6和图5可知，不同年龄段居民对文化设施的满意程度不同。20岁以下居民只有18.5%的居民对文化设施的评价在60分以下，认为文化设施在80～100分的居民占比远高于其他年龄段，达到23.7%，也就是说20岁以下居民基本对文化设施满意。而20～69岁的居民有很大一部分人认为文化设施满意度在60分以下甚至在20分以下，特别是30～39岁的人群对文化设施不是特别满意，有接近50%的居民对文化设施的评价在60分以下。70岁及以上居民对于文化设施满意度评价基本在60～80分，对文化设施较满意。

表6　年龄＊文化设施满意度交叉表

属性			得分					总计
			20.00	40.00	60.00	80.00	100.00	
年龄	20岁以下	计数	0	2	5	22	9	38
		百分比	0.0%	5.3%	13.2%	57.9%	23.7%	100.0%
	20～29岁	计数	3	18	72	128	15	236
		百分比	1.3%	7.6%	30.5%	54.2%	6.4%	100.0%
	30～39岁	计数	7	31	81	111	13	243
		百分比	2.9%	12.8%	33.3%	45.7%	5.3%	100.0%
	40～49岁	计数	4	16	63	107	8	198
		百分比	2.0%	8.1%	31.8%	54.0%	4.0%	100.0%
	50～59岁	计数	3	19	55	93	5	175
		百分比	1.7%	10.9%	31.4%	53.1%	2.9%	100.0%
	60～69岁	计数	1	13	38	81	4	137
		百分比	0.7%	9.5%	27.7%	59.1%	2.9%	100.0%
	70岁及以上	计数	1	11	15	53	5	85
		百分比	1.2%	12.9%	17.6%	62.4%	5.9%	100.0%
	总计	计数	19	110	329	595	59	1112
		百分比	1.7%	9.9%	29.6%	53.5%	5.3%	100.0%

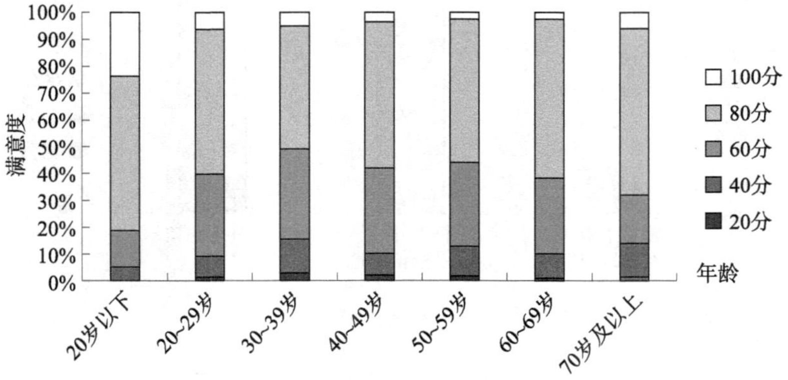

图5　年龄＊文化设施满意度柱状图

在居民不同户籍类型方面，根据表7和图6可以明显看出，籍贯在本地拥有本地户口（老北京人）的居民对文化设施的满意程度低于籍贯外地已获得本地户口（新北京人）的居民，远低于外地户口的居民。外地户口的居民对文化设施更容易满足，评价在 60 分以上的外地户口的居民达到 67%，更有 7.4% 的外地户口居民评分在 80～100 分；而本地户口特别是本地籍贯的居民有相当一部分人认为文化设施满意程度不到 60 分，占到了 46.5% 的比重。显然籍贯本地有本地户口的居民对本地文化设施要求更高，而外地居民看到北京文化设施比原先认知水平要高很多，所以要求并不高，对文化设施很满意。

表 7　户籍 * 文化设施满意度

属性			得分					总计
			20.00	40.00	60.00	80.00	100.00	
户籍	老北京人	计数	16	73	214	321	29	653
		百分比	2.5%	11.2%	32.8%	49.2%	4.4%	100.0%
	新北京人	计数	0	6	20	41	1	68
		百分比	0.0%	8.8%	29.4%	60.3%	1.5%	100.0%
	外地户口	计数	3	31	95	233	29	391
		百分比	0.8%	7.9%	24.3%	59.6%	7.4%	100.0%
	总计	计数	19	110	329	595	59	1112
		百分比	1.7%	9.9%	29.6%	53.5%	5.3%	100.0%

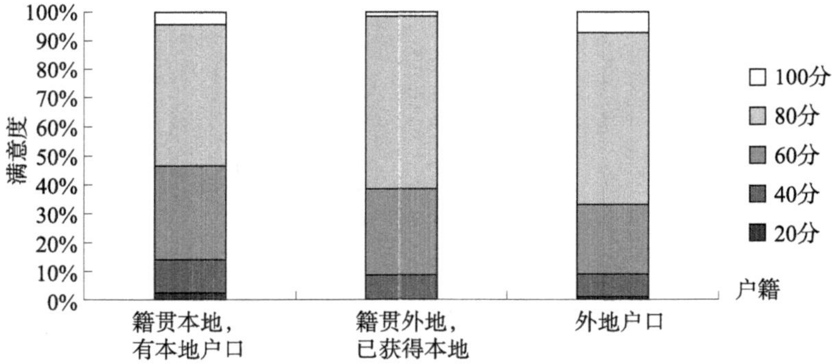

图 6　户籍 * 文化设施满意度

根据表 8 和图 7 从居民收入划分来看，高收入阶层即 50 万元以上居民对于文化设施的要求程度高，满意程度在 60 分以下的占大多数，仅有 2.8% 居民评分在 80～100 分。而其他收入阶层的居民对文化设施较满意，满意程度在 60～80 分的占多数。特别是在 20～29.9 万元之间的居民，评分在 80～100 分的居民占比达到 9.8% 远高于其他年龄阶段。这说明中等收入居民对文化设施要求不高，对现状基本满意；而高收入居民因收入高，则对文化设施要求更高，希望得到更好的基础设施服务。

表 8　收入＊文化设施满意度

属性			得分					总计
			20.00	40.00	60.00	80.00	100.00	
收入	5 万元以下	计数	3	9	17	39	4	72
		百分比	4.2%	12.5%	23.6%	54.2%	5.6%	100.0%
	5～6.9 万元	计数	1	9	27	53	5	95
		百分比	1.1%	9.5%	28.4%	55.8%	5.3%	100.0%
	7～9.9 万元	计数	5	23	69	145	9	251
		百分比	2.0%	9.2%	27.5%	57.8%	3.6%	100.0%
	10～19.9 万元	计数	9	52	120	224	20	425
		百分比	2.1%	12.2%	28.2%	52.7%	4.7%	100.0%
	20～29.9 万元	计数	1	6	50	72	14	143
		百分比	0.7%	4.2%	35.0%	50.3%	9.8%	100.0%
	30～49.9 万元	计数	0	9	27	48	6	90
		百分比	0.0%	10.0%	30.0%	53.3%	6.7%	100.0%
	50 万元以上	计数	0	2	19	14	1	36
		百分比	0.0%	5.6%	52.8%	38.9%	2.8%	100.0%
	总计	计数	19	110	329	595	59	1112
		百分比	1.7%	9.9%	29.6%	53.5%	5.3%	100.0%

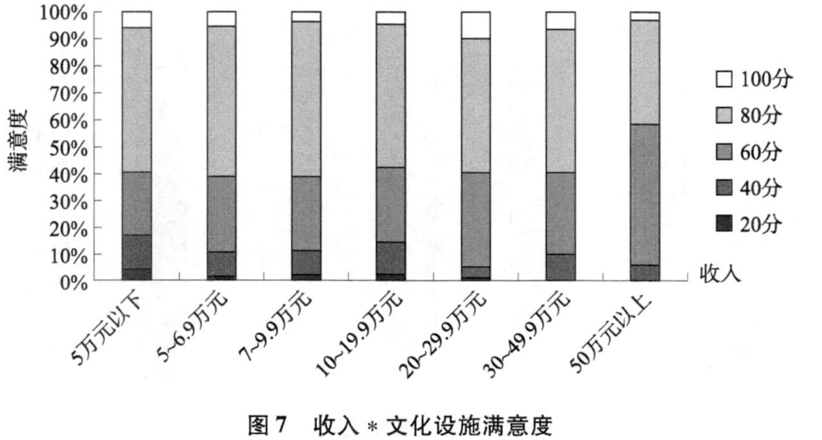

图 7　收入＊文化设施满意度

从居民学历层次来看，如表 9 和图 8，学历层次越高对文化设施的满意程度越低。初中及以下学历的居民认为文化设施满意度在 60 分以上的占

65.3%，60及分以下的仅占34.7%，说明初中及以下学历的居民基本上对文化设施很满意。随着学历的增高对文化设施满意度评价在60分以上的居民逐渐减少，到研究生及以上学历的居民只有47.5%对文化设施满意度的评价在60分以上，评价在60分以下的居民占到了一半以上。由此可以看出随着学历水平的增加，居民的思想文化水平不断提升，这就要求更高水平的文化设施服务，所以对于文化设施满意度的评价要求也越来越高。

表9　学历＊文化设施满意度

属性			得分					总计
			20.00	40.00	60.00	80.00	100.00	
学历	初中及以下	计数	6	31	46	144	12	239
		百分比	2.5%	13.0%	19.2%	60.3%	5.0%	100.0%
	高中	计数	7	35	101	176	20	339
		百分比	2.1%	10.3%	29.8%	51.9%	5.9%	100.0%
	大专	计数	2	13	78	122	6	221
		百分比	0.9%	5.9%	35.3%	55.2%	2.7%	100.0%
	大学	计数	4	22	81	127	18	252
		百分比	1.6%	8.7%	32.1%	50.4%	7.1%	100.0%
	研究生及以上	计数	0	9	23	26	3	61
		百分比	0.0%	14.8%	37.7%	42.6%	4.9%	100.0%
	总计	计数	19	110	329	595	59	1112
		百分比	1.7%	9.9%	29.6%	53.5%	5.3%	100.0%

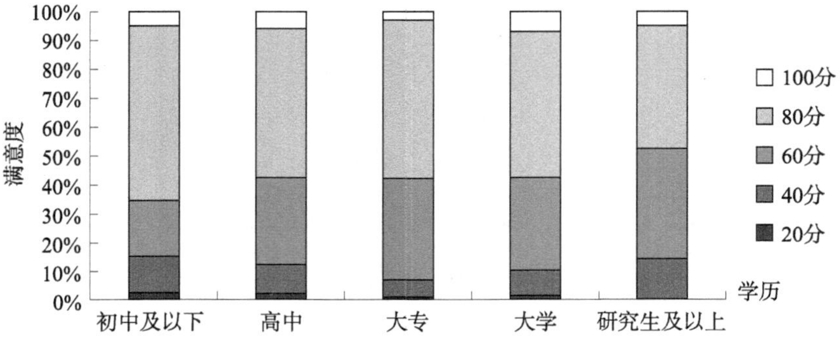

图8　学历＊文化设施满意度

五、结论和建议

（一）增设公共文化服务设施，提升服务质量

结果显示，大部分居民对于公共文化服务设施不满意的原因主要是认为其数量较少，且部分文化设施距离较远，不易到达，同样有部分居民认为其服务质量较差且使用成本较高。说明目前对于公共文化服务设施改进步骤中，应着重研究如何在城区内部增设文化服务设施，使居民更易于得到相应服务，同样还要重视其服务质量的提升。

（二）针对不同类型社区，逐步完善空间配置

在社区层面对全市范围内开展调研工作，根据社区的发展历史、地理位置、人口组成、辖区资源、居民需求等特征，将社区分为不同的类型，掌握不同社区的特征、居民服务需求，为下一步制订具体服务方案提供客观依据。逐步完善文化服务设施空间配置情况，针对居民需求完善其服务种类，完善文化服务设施服务水平。

（三）充分考虑利用人群特殊性，分散化与集中化布局相结合

在了解居民需求的基础上，根据类型化特点提供形式多样、内容丰富的文化服务。文化馆、美术馆等设施占地面积较小，且需求人群有一定特殊性，在各个街道进行配置时应充分考量其交通可达性及安全性，进行相应分散式布局，使大部分居民都可享受其服务；图书馆、博物馆等设施占地面积较大，交通条件要求较高，且居民对这类文化设施要求较高，布局时应当考虑局部集中，整体分散态势。

大数据时代下情报分析研究

高　娟*

摘要　随着技术的发展，数据数量呈爆炸式增长，传统情报分析的局限性渐渐显现出来，大数据分析在情报界深受关注。但大数据环境下的情报分析面临新环境与挑战，如今大数据情报分析已经成为情报学最热的话题。本文从传统情报分析的不足、大数据环境下情报分析新环境特点及发展等几个方面来论述。经过对比可知，大数据和情报分析二者之间存在十分紧密的关系，二者不仅存在共性，同样存在差异。

关键词　大数据　传统情报分析　情报分析环境

一、引言

情报分析是情报研究过程中一个重要的阶段，情报分析又叫作信息分析，主要是根据社会用户的需求，借助现代计算机技术和软科学的研究方法，将社会原始信息进行采集、筛选、评价、分析加工，形成新的、有经济效益或社会效益的情报产品，为不同层次科学决策服务的社会化活动。[1] 大数据环境下，数据的爆炸式增长对情报分析数据提出了更高的要求，情报分析需要新的分析方式，提高从大量数据中分析挖掘有价值信息的能力，以提供正确决策的依据。

---

* 高娟（1995—），女，江苏盐城人，在读硕士研究生，研究方向为竞争情报，培养单位：北京联合大学应用文理学院档案系，E-mail：persistence07@163.com。

[1] 黄永浩．大数据环境下情报分析新方法［J］．科技传播，2017，9（21）：158－159.

二、传统情报分析的不足

情报分析是情报研究的核心内容，是情报学区别于其他学科的重要标志。传统的情报分析体系一般分为数据范式、文献范式、人际范式、机构范式、认知范式。情报分析根据对象类型分为基于数据的情报分析方法、基于文献的情报分析方法、基于知识的情报分析方法、基于认知的情报分析方法和基于组织的情报分析方法。❶

传统情报分析一般从两个方面进行分析：一是按照定量的方式进行分析，也就是将收集到的情报逻辑化处理，采用基础数学、数理统计等知识，将情报的类型进行分析，应用工具要求准确，主要强调情报的准确性；二是按照定性的方式进行分析，定性方式比定量方式更为灵活，主观性较强，要求情报分析人员需要有深厚的专业知识储备及丰富的经验。在实际使用时，两种方法并不能完全分割使用，而是相辅相成，整合使用，分别分析适用的情报资料。❷

传统情报分析的局限性在于使用这些分析方法的数据来源几乎是样本化的、结构化的或者说是具有某种假设前提的，特别是数据的数量、类型、价值都是有限的，分析的过程是在已知过去信息的基础上进行未来状态的预测，事物发展过程中的不稳定因素难以把握，对未来的判断并不准确。❸ 爆炸性增长的信息量也导致分析人员在认知上会有一定的偏差。在这一背景下对传统情报的分析过程和质量提出了更高的要求，人们也意识到传统的情报分析方法不够科学、不够完整，存在很多不足。

三、大数据时代的情报分析

（一）大数据的时代背景

大数据或称巨量资料，指的是需要新处理模式进行处理才能具有更强的决策力、洞察力和流程优化能力的海量、高增长率和多样化的信息资产。大数据具有“5V”特点：第一，数据容量大（Volume），“大数据”处理的对象都是 YB、ZB 单位级别的；第二，数据种类多（Variety），传统的基础上，

---

❶ 王圣镔．大数据分析与情报分析之同异［J］．黑龙江科技信息，2016（29）：162－163.

❷ 赵纯，李芳．大数据分析与情报分析关系讨论［J］．科技展望，2016，26（31）：287.

❸ 王知津．大数据时代情报学和情报工作的“变”与“不变”［J］．情报理论与实践，2019，42（7）：1－10.

图片、音频、视频等结构化和非结构化的信息类型都在大数据处理的范围内；第三，处理速度快（Velocity），大数据呈爆炸性速度增长，未来数据将以每年50%的速度增长；第四，价值稀缺（Value），大数据包含了很多深度的价值，进行挖掘利用将产生巨大的经济效益；第五，保障准确性（Veracity），处理出来的结果要保障一定的准确性。❶

（二）大数据分析与传统情报分析的关系

情报学是以事实、数据、信息、知识、情报为基础对象的，重点在于如何将数据转化为信息。传统的情报分析总是采取结构化的查询方式来处理结果，但是无法找到数据背后的关联性和事物之间的因果关系。❷ 而大数据恰好就能很好地解决这一问题，大数据分析和传统情报分析方法在管理数据与利用上、分析方法上有许多联系和区别。

首先，大数据分析比传统情报分析方法有更为广泛的数据来源、内容形态，能够应用于多源情报融合，这样增强了大数据分析结果的真实性；其次，大数据分析更加注重定量分析的方法，减少了定性分析方法的主观因素影响，提升了情报学分析的数据处理与分析能力；再次，在庞大的信息基数中，有价值的信息稀缺，传统情报分析方法中的回归分析注重于寻找数据之间的规律，因此很难把握数据之间真正的规律性，这时就需要大数据分析进行深度挖掘、分析数据；最后，大数据处理数据速度快，对时效的要求也很高，这就是大数据与传统的人工分析最显著的差别；另外，大数据时代信息安全性不如传统分析方法安全性高。❸

四、大数据环境下情报分析新环境特点

（一）数据流分析

数据流主要来源于使用各种社交媒体、视频、移动终端设备等过程中实时产生的数据信息。在过去的决策系统中，当组织得到决策所需数据的同时，新的数据又产生了，根据旧的数据做出的决策不仅不具有先进性，反而因为

---

❶ 余波，温亮明，张妍妍．大数据环境下情报研究方法论体系研究［J］．情报科学，2016，34（9）：7-12.

❷ 李广建，杨林．大数据视角下的情报研究与情报研究技术［J］．图书与情报，2012，（6）：1-8.

❸ 李广建，江信昱．不同领域的情报分析及其在大数据环境下的发展［J］．图书与情报，2014（5）：7-12，19.

缺少新的数据滞后性严重。❶ 大数据环境下，分析数据流时大数据管理技术会把已经获得的数据转化成情况描述，这样的运作方式可以提前预测到事件发展的方向，人们在获取数据信息的时候，还能够对事件发展的趋势进行快速分析并采取补救措施，这就可以快速控制事态发展，缩小问题影响的范围。对数据流进行实时分析是大数据分析的一个重大难题，但其中存在的社会效益和经济效益是不可忽视的。

（二）情报问题上的动态呈现变得复杂

随着时代的变迁，情报学已经不局限于军事、政治领域，情报需求的用户范围逐渐扩大至其他领域。但主体的多样性也带来了很多复杂的问题，此时社会背景下的情报问题呈现出动态的变化，情报分析不再按照固定的模式运转，分析规律变得毫无意义，问题的规律也变得更为复杂，难以进行归纳总结。另外，全球气候的变化更为频繁和复杂，各种人为因素造成的环境、极端天气变化等气候问题带来的损失将影响到全球经济和社会的正常运转。大数据时代人与人之间的联系越来越紧密复杂，数据的流通速度也因此变得更快更加频繁。同时，计算机技术的飞速发展与技术环境的多样性会使部分机构和个人对数据的产生和传播过程进行人为操控，这加大了决策的难度，也对综合数据处理、信息鉴别和情报分析能力提出了更高的要求。❷

五、大数据环境下情报分析的发展趋势

情报学研究的重点在数据处理、分析及挖掘深层次数据，探索深层次知识之间的有效关联。大数据背景下，各个领域都在不同的层面上关注大数据带来的影响，探讨本领域该如何利用大数据分析，追求在研究和实践方面的突破，参与并且推动社会与科学发展的进程。

（一）构建情境环境

在大数据环境下，情报数据来源与数据类型都呈现多元化特征，涉及的数据量越来越大，数据类型越来越复杂，非结构化数据占比越来越大，处理数据和分析数据的难度增加，这也提高了对智能型数据分析工具和数据可视

❶ 迟玉琢．大数据背景下的情报分析［J］．情报杂志，2015，34（1）：18－22．

❷ 唐明伟，苏新宁，肖连杰．面向大数据的情报分析框架［J］．情报学报，2018，37（5）：467－476．

化工具的要求。[1] 日益复杂的数据关联要求将情报问题放在特定充分的情境环境中进行分析，这样可以保证情报分析的过程更加准确、科学，得出的结论更加准确。在情报分析失误的反思与总结中，情境的作用更为突出，这是情报分析中避免失误的重要考虑因素。

为了提高情报分析质量，情境信息需要尽可能全面，在不了解情境知识时，可以咨询外部了解情境知识的专家，专家掌握的专业背景知识可以作为构建情境的重要来源。

（二）协同分析机制

大数据环境下，情报问题变得越来越复杂，数据源的类型多样化，数据量庞大，数据的结构化、非结构化也十分复杂，单一的情报分析机构或个人很难对如此复杂的数据进行高效、准确的分析，在解决复杂的情报问题时需要数据信息的共享，需要各界人员合作，需要技术的整合，需要建立情报协同分析机制。通过整合数据、人员、技术资源，参与分析过程的组织或个人都可以发挥自身优势，优势协同互补，符合当今科技创新发展的趋势。建立协同分析机制也存在着一些不可避免的问题，多方、多领域机构参与分析提高了情报分析的成本，也需要很长时间协调完善机制。

六、结束语

大数据时代，情报分析的发展正发生着重大变革，大数据情报分析在各个方面对传统的情报分析有着深刻影响。本文简述了传统情报分析的局限性及大数据环境下的情报分析，旨在推动新的环境下情报分析的发展。

---

[1] 黄河燕，曹朝，冯冲．大数据情报分析发展机遇及其挑战［J］．智能系统学报，2016，11（6）：719－727.

大数据环境下情报分析

丛思仪*

摘要 随着情报分析的逐渐发展，大数据环境下的情报分析相比较传统的情报分析在数据搜集等方面面临更大的挑战。因此本文从传统情报分析的研究现状、新环境下的情报分析、新旧情报分析的区别与联系、大数据环境下的情报分析举措四个方面分别分析大数据环境下情报分析的发展，以使得情报分析在发展过程中提高分析效率、节省分析时间。

关键词 传统情报分析 情报分析环境 新旧情报分析 大数据

一、引言

我们生活在一个充满“数据”的时代，“数据”几乎已经渗透到人类工作和生活的各个方面，人类不仅是“数据”的使用者，同时也是“数据”的生产者。根据 IBM 的研究，人类每天生产大约 2.5 亿字节的数据。这些数据源自不同的数据源，互联网技术的发展，科技数据处理、商业智能数据分析等具有海量需求的应用变得越来越普遍[1-3]。面对日益巨大的数据量，无论从形式还是内容上，均需要改变传统方法，运用新方法进行采集、存储、操作、管理和分析。全球知名的咨询公司麦肯锡在 2011 年最早提出“大数据”的概念。简言之，大数据就是通过已有的技术和工具，在可接受的时间范围内处理和分析数据集。大数据在发展体量（volume）、多样性（variety）、价值密度（value）及处理速度（velocity）方面都具有突出的特点，被称为大数据的“4V”特性。目前无论是从事情报分析的专家学者，还是从事科学技术

* 丛思仪，北京联合大学图书情报在读硕士，北京市，100089。

研究的科技人员，面对日益增长和积累的庞大数据集，都会期待运用某种手段或方法以发现有价值的情报信息。因此，无论是从科学研究还是从应用的角度看，大数据环境下的情报分析的现状研究都是必不可少的。

二、传统情报分析的研究现状

（一）情报分析的方法研究

情报学研究内容比较广泛，但基于应用角度，情报分析是情报学研究的主要工作，情报分析是以用户需求为导向，对原始需求数据进行采集、组织、挖掘等一系列加工，从而形成新的增值情报的过程[4]。传统的情报分析方法有联合分析法、内容分析法、技术路线图法、德尔菲法、情景分析法等。随着科技的日益进步，情报研究的理论和实践水平也在可视化、自动化等方面逐渐完善，并逐渐将网络分析、模型/模拟、文献计量分析、专利地图分析等方法融入情报分析方法中。国外已经基于科技文献和互联网信息，开展文献监测模型、监测算法和工具的研究和开发工作。例如，美国德克赛尔大学采用基于突发词的科技动态监测模型和相关算法，辨识和探测学科知识领域的研究热点，预测知识领域发展的前沿趋势。美国科技信息研究所研制的数据分析工具 Result Analysis，使用户能够对检索获得的文献数据进行分析，得到文章的年代分布、引文分布、引文频次等信息，帮助用户掌握某一领域科技研究的热点。国内有关科学技术领域的情报分析研究自 1978 年以来一直占据各领域情报分析研究的首位，内容以通过情报分析方法进行科技信息监测和知识获取为主。例如，北京理工大学提出以科技信息和数据分析为基础，进行科技信息的技术监测研究工作，利用信息处理技术，并集成专家智慧，对科技活动进行动态监测、分析和评估等。

（二）传统情报分析的局限性

已有研究存在的问题主要集中在以下五个方面：①国内的传统情报分析方法研究与事实型科技数据联系不够全面和充分，缺乏对事实型科技大数据综合分析方法的研究工作，没有对事实型数据进行深度剖析进而得出结论，只是在表面上对数据进行对比；②国内研究偏重于结构化的实验型科技文献数据分析研究，但是相比较于规范性、结构化科技文献数据的研究现状，针对无规则性、非结构化科技事实型数据的研究还未深入，将二者研究结果相融合才能更好地为情报分析做出贡献；③现有情报分析工具强调定向数据源，针对非定向数据源无法做分析，例如，TDA 只支持 WoK – DII、WoK – IN-

SPEC、WoK－WoS、Aureka－Patent、Delphion－DWPI、Delphion－Patent 的数据格式，对其他格式数据不支持分析；④分析工具的语言局限性，已有的数据分析工具均支持英文文献，而对中文文献的数据分析功能不够，使得有价值的中文文献得不到相应的分析，一些重要数据得不到应用，与此同时也缺乏中外科技数据的分析比较功能；⑤现有工具对事实型数据源支持不足，例如，使用范围较广的工具均是针对某一类事实型数据源，对其他类事实型数据源覆盖较少，绝大多数工具不能适用于非定向数据源适用范围，如 TDA 支持专利文献或论文文献，清华大学的 ArnetMiner 系统支持爬取的数据库文献数据。

三、新的情报分析环境

（一）更加关注数据流上的信息分析

数据流的来源主要是各种记录仪器在使用过程中所产生的数据信息，例如在社交媒体、音频、移动终端等。往往是在不经意之间，大量有助于情报分析的数据通过这些数据流传递出来，因此更加关注数据流上的信息分析是必不可少的。在对数据流进行分析的时候，大数据管理技术会将已经获得的数据转化为情况描述，这种运作模式一方面可以较为准确地预测到在情报环境下事件的未来发展方向，另一方面也可以在完成对事件的未来发展分析后，及时地采取相应的措施加以应对，避免不必要的经济损失，也将事件的消极影响于无形中降到了最低。

（二）情报问题上动态呈现更加复杂

随着时代的快速发展，情报分析的工作已经不仅仅局限于政治、军事等方面，涉及的领域也越来越广泛，情报的需求主体也在越来越多样化。因此，在分析相应的情报问题方面可能遇到的问题也不仅仅是单独某一方面的，而是更加动态复杂化的，与之前单一问题固定的模式运转比较而言，复杂化的问题更加难以分类、难以总结，规律性降低，增加了情报工作人员的工作难度。

（三）用户需求更加全面

随着科技水平的逐渐提高，越来越多的企业、军事集团以长远的眼光开始把重心放到情报分析上。例如在企业经营中，如何才能在竞争者中脱颖而出，这无疑是每个企业对情报分析的最大需求，企业更加迫切地想得到更加全面、覆盖面更广的分析数据，以便企业稳操胜券。因此，在新的环境下的情报分析，用户对情报分析的结果要求更加全面，也更加希望于无形之中能够得到更多有利于企业情报分析的数据，加以分析之后做出正确的判断。

（四）所获取的信息价值密度有所降低

伴随着海量数据的产生，特别是微博、博客、微信等相对自由性更高、主观性更强的网络媒体的存在，会逐渐稀释数据本身的价值。相较于更加客观的数据采集来源传感器，这些数据由于主观性更强，数据的可靠度和真实度无法确认，并且目前也没有相应的监督管理部门加以整治。另外，还存在大量技术需要但是对业务没有直接价值的信息，需要在数据分析前加以整理剔除。

四、新旧情报分析的区别和联系

（一）仍需采用传统的情报分析工具

国内外主要采用数据挖掘技术和文献计量学的方法来对科技数据进行分析。国外情报分析工具的典型代表是：①专利分析工具：美国 Thomson 公司的 Thomson Data Analyzer（TDA）软件，既能对专利数据进行深度挖掘并展开可视化分析，也可用于分析英文论文；②专利数据、专利引文分析平台：Thomson 集团 Aureka 信息平台，它可提供对专利数据和专利引文进行分析，揭示专利信息间的关联；③知识发现和知识管理平台：ISI Web of Knowledge 数字研究平台，蕴含知识发现和管理功能，提供知识发现与管理工具，基于内容与引文的跨库交叉浏览、检索结果的信息分析、检索结果的信息管理等；④基于文献计量特征的可视化系统：美国爵士大学开发的 AuthorLink、ConceptLink、PNASLink 等三种基于引文分析理论的信息检索可视化系统，提供引文分析的可视化。

国内情报分析工具的典型代表是：①北京理工大学采用基于文献的数据挖掘方法来进行科技监测，并开发了情报分析软件，提供文献关联分析以及结果的自动生成；②清华大学针对科技文献开发面向计算机领域的英文科技文献监测系统（ArnetMiner 系统），它以开放文献数据库 DBLP、Citeseer 等爬取的文献数据为基础，集成在网络上抽取研究者信息，构建学术社会网络，挖掘提供权威会议/专家/期刊发现、话题检测和关系路径发现等服务。

（二）所分析的数据来源更加多样化

随着互联网的影响力越来越巨大，互联网的各项应用已经成为用于情报分析的大数据的主要来源。在互联网的驱动下，电脑、手机、传感器等都在产生大量的数据，可以将数据来源类型划分为硬件、网络媒体、数据类型等三个维度，硬件维度一般是由自然人部署或者操作发布，网络媒体维度则是直接面向用户的互联网应用[5]。

（三）所分析的数据增长速度更快

相较于之前的数据增长速度，多样数据的增长速度是前所未有的。例如，各行业的工作基本上离不开互联网，民众的休闲娱乐、网上社交也在互联网上产生海量数据。据国际数据公司 IDC 统计，在过去的三年里，全球数据量以每年 58% 的速度快速增长[6]，预计在 2020 年全球数据总量将达到 44ZB，其中我国的数据总量将达到 800EB。面对庞大的数据量，仅以传统的数据处理方法，很难完成对数据的搜集和分析，并且分析的时间过长，也意味着丧失了最好的时机。因此，如何高效地处理海量的数据是大数据时代下情报分析应该解决的问题之一。

五、大数据环境下的情报分析举措

（一）提高相关软件的工作效率

在面对以飞快速度增长的数据时，不仅需要准确地筛选出与需要相关且有价值的数据信息，而且还需要高效的处理海量的数据，避免出现因为分析情报数据时间过长而延误最佳时机的情况出现。因此，提高相关数据分析软件的工作效率是必不可少的，要精简软件分析数据所不必要的环节，以节省时间，增加软件的流畅程度，减少等待缓存的时间。

（二）增加相关软件的包容性

由于情报分析涉及的领域越来越广泛，情报分析中可能产生的问题也更加复杂化、动态化，对于只能解决某一方面问题、单一化运行的相关情报分析软件应该加以完善，增加对各方面数据源的包容性，以实现一个软件能处理多方面数据源的目的。这样不仅提高了相关情报分析人员的工作效率，缩短了分析时间，也为日后分析更加复杂的数据奠定良好的技术基础，提供技术支撑。

（三）更为准确地获取用户需求

在接受用户对数据分析所要达到的要求时，应该加强沟通环节，更加准确地明确用户需求，避免出现已经完成的分析结果未达到用户理想要求的状况。例如，可以用面对面交流的形式代替通过社交软件进行交流的方式，以快速准确地获取用户需求。

六、结论

随着情报分析覆盖面日益广泛，在新的情报环境下采集准确的数据并进行更加高效的情报分析显得尤为更重要。任何一个行业和领域都会产生有价值的数据，而对这些数据的统计、分析、挖掘和处理则会创造意想不到的价值。事实上，面对科技数据来源的日益多源化和科技数据规模的日益庞大，使用适用的情报分析工具是必要的手段[7]。本文的研究工作仍处于起步阶段，有关大数据环境下情报分析的深入研究有待今后逐渐完善。

参考文献

[1] [美] Boris Lublinsky, Kevin T Smith, Alexey Yakubovich. Hadoop 高级编程：构建与实现大数据解决方案 [M]. 穆玉伟，靳晓辉，译. 北京：清华大学出版社，2014.

[2] 李雯. 大数据时代 [J]. 出版广角，2014，(17)：39－41.

[3] 陈明. 大数据可视化分析 [J]. 计算机教育，2015 (5)：94－97.

[4] 包昌火. 情报研究方法论 [M]. 北京：科学技术文献出版社，1990.

[5] 彭知辉. 数据：大数据环境下情报学的研究对象 [J]. 情报学报，2017，36 (2)：112－115.

[6] 唐明伟，苏新宁，肖连杰. 面向大数据的情报分析框架 [J]. 情报学报，2016，35 (1)：12－20.

[7] 孙晓平. 大数据知识计算的挑战 [J]. 情报工程，2015，1 (6)：43－50.

[8] 肖连杰，成洁，蒋勋. 大数据环境下国内情报分析研究方法研究 [J/OL]. 情报理论与实践，[2019－10－14]. http：//kns. c1－nki. net/kcms/detail/11. 1762. G3. 20191008. 0932. 002. html.

[9] 陈宇. 大数据分析与情报分析关系辨析 [J]. 教育教学论坛，2019 (13)：50－57.

[10] ZHAO M, YAN E, LI K. Data Set Mentions and Citations：A Content Analysis of Full－Text Publications [J]. Journal of the Association for Information Science and Technology 2018，69 (1)：32－46.

[11] 谢新洲. 发展情报方法研究，应对大数据挑战 [J]. 图书情报工作，2014，58 (14)：5.

[12] 杨建林，李品. 基于情报过程视角辨析情报分析与数据分析的关系 [J]. 情报理论与实践，2019，42 (3)：1－6.

[13] 冷伏海，冯璐. 情报研究方法发展现状与趋势 [J]. 图书情报工作，2009，53 (2)：29－33.

[14] 侯丽. 情报分析方法的情报价值增值研究 [J]. 图书情报工作, 2012, 56 (12): 66 - 71.

[15] 徐敏, 李广建. 情报分析模型综述 [J]. 情报理论与实践, 2018, 41 (2): 14 - 21.

教育/艺术/人才培养篇

园艺疗法：概念、内容及研究现状

史晓宇　何　丽*

摘要　园艺疗法是利用植物栽培与园艺操作活动，从社会、教育、心理以及身体诸方面对人进行调整更新的一种有效的治疗方法。本研究对园艺疗法及相关概念进行区分、对园艺疗法形式与内容进行整理，总结了国内外关于园艺疗法的最新干预研究。研究证明，园艺疗法在特殊人群中具有疗愈效果。整体来说，目前的研究还存在以下问题：随机对照研究较少，研究方案交代不清晰，治疗师资质交代不够且水平参差不齐。

关键词　园艺疗法　园艺活动　干预研究

一、引言

园艺疗法（Horticultural Therapy）简单来说是指通过植物、植物的生长环境，以及与植物相关的各种活动，维持和恢复人们身体与精神机能，提高生活质量的有效方法[1,2]。园艺疗法最早可追溯于17世纪末的埃及。二战以后，园艺疗法开始应用于治疗士兵的心理健康问题[3]。随后，英国、美国、澳大利亚、日本等国纷纷完善了园艺疗法的治疗规范和体系，并广泛应用于各类人群。园艺疗法为改善人们的身心健康提供了一条新途径、新思路。本文将对园艺疗法的内涵进行界定，并对与之相关的概念做出区分，介绍园艺疗法常见的形式与内容，总结目前园艺疗法实证研究，并探讨园艺疗法的疗效机制，以促进园艺疗法在中国的发展。

---

* 史晓宇（1995—），女，心理健康教育专业研究生在读，北京联合大学师范学院。通讯作者：何丽（1988—），女，应用心理学博士，讲师，国家二级心理咨询师，研究方向：临床与健康心理学。

二、园艺疗法及其相关概念的界定

各国对园艺疗法的界定略有差异。在日本，园艺疗法被认为是指通过植物以及与植物有关的各种活动来改善身心状态，促进身体健康[4]。英国提出园艺疗法是以园艺作为手段，改善身心的状态，其特征在于它几乎能够适应于所有的障碍者，能够应对人们所面临的所有问题[5]。目前被广泛采用的是1973年美国园艺疗法学会（AHTA）对园艺疗法的定义：园艺疗法是对于有必要在其身体以及精神方面进行改善的人们，利用植物栽培与园艺操作活动从其社会、教育、心理以及身体诸方面进行调整更新的一种有效的方法[1,2]。

在园艺疗法被提出以后，芳香疗法、森林疗法等作业疗法也相继被提出。森林疗法最早在19世纪40年代初起源于德国，所谓森林疗法就是充分利用森林环境和森林产品，科学地发挥森林浴的效果，让患者置身于森林之中，利用森林地形开展漫步和运动，或者静养；并且通过医生指导，改进患者的饮食结构，改变不良的生活习惯，达到使患者增进身心健康和预防疾病的目的[6]。在园艺治疗系统相对成熟的发达国家，森林疗法最初是包含在园艺治疗的类别之内，但目前国内园艺疗法的研究主要集中在康复花园、小盆栽、衍生品制作等形式，未将森林疗法包括在内。

芳香疗法最早起源于古代中国、古埃及、古印度等文明古国。现代意义上的芳香疗法于1928年由法国首次提出，法语为“aromatherapie”，转译为英语“Aromatherapy”，是指利用有芳香气味的植物（如麝香、薄荷、丁香等）所萃取提炼出的精油、植物油、纯露等，以按摩、泡澡、熏香、嗅吸等形式作用于人体，经由呼吸或皮肤吸收进入体内以达到防病治病、养生保健、平衡人的生理和心理功能的一种自然疗法[7,8]。相关研究证实芳香疗法可以使人平静，更容易进入冥想，能减轻压力和焦虑[9]。21世纪以后，人们的健康状况受到了更多因素的影响，园艺疗法被作为一种辅助治疗手段在欧美等国家推广。而芳香疗法作为园艺疗法的一种互补形式，也得到了重视。

由此可知，森林疗法和芳香疗法都属于广义园艺疗法学科体系范畴，具体在运用的时候，三者又各有侧重。森林疗法主要应用于户外，漫步等活动需要消耗体力，对患者本身有一定的要求，更适合身体无重大疾病，运动功能无明显缺陷的人们。芳香疗法操作简单，对患者的要求不高，且形式多种多样，熏香、嗅吸等方式对环境也没有过多要求，在室内就可以达到治疗的目的。而园艺疗法更注重参与，强调患者在活动过程中亲自动手获得的收获与感受。

三、园艺疗法的起源和发展

最早，园艺疗法开始于古埃及，宫廷医生首次给患有心理疾病的王室成员开出了在花园散步的方子。17 世纪末，一位名为李那托·麦加的英国人在《英国庭院》中对园艺治疗效果记述道：“在闲暇时，您不妨在庭院中挖挖坑，静坐一会儿；拔拔草，这会使您永葆身心健康，这样的好办法除此以外别无他途。”在 18 世纪末开始，英国逐渐将园艺疗法应用于精神病院中，精神病院约克收容所、北苏格兰精神病院通过种植花木、生产粮食、耕作土地等园艺活动致力于利用大自然的力量达到治疗的效果[1,2]。20 世纪初，美国已认识到园艺疗法对智力低下者的智力提高和因贫困导致的心理障碍有改善效果。二战以后，特别是越南战争以后，军队医院开始采用园艺疗法治疗战争对退伍军人造成的心灵创伤，这对美国园艺疗法的发展起到了极大的促进作用。与此同时，园艺疗法也逐渐得到了北欧各国以及加拿大、美国、英国、日本等国的重视。

1950 年，园艺疗法首次进入了高等院校，1955 年，诞生了第一位园艺疗法硕士。1973 年，美国首先创设园艺疗法协会，旨在确立与启发普及园艺疗法，并接受将园艺作为康复治疗的一部分。在美国园艺疗法协会的带领下，园艺疗法开始蓬勃发展，在这一时期出版了大量的专著和相关论文。1978 年，英国园艺疗法协会成立，以所有年龄层以及各种患者为服务对象，振兴庭院园艺事业，为有兴趣利用庭院进行治疗的人们提供援助。1995 年，日本园艺疗法研修会、研究会先后成立，会员包括医生、护士、建筑家、造园家等多领域人员，对园艺疗法相关工作的开展起到了积极的作用。

值得一提的是，我国台湾园艺疗法的发展紧随美国、日本之后，已成功承办了两届国际园艺疗法研讨会。这与台湾园艺疗法领军人物黄盛璘、郭毓仁、曹幸之等人努力推动普及园艺疗法是分不开的。我国香港地区的应用研究现状与台湾相类似，香港首位园艺治疗师冯婉仪于 2008 年成立了香港园艺治疗中心，为园艺疗法的普及做出了极大的贡献[10]。

中国的园艺疗法研究起步很晚，仔细算来也不过几十年的时间。虽然有越来越多的研究者关注这一领域，但主要还是处于研究国外形势、普及园艺治疗知识的阶段，缺乏对园艺疗法的实际应用。到目前为止，中国内地尚未建立相关的园艺治疗组织或机构，没有专业的园艺治疗杂志和期刊，没有大型的国家园艺治疗项目。并且相关研究大多从属于园艺或园林范畴，不是独立的治疗领域的项目。因此，园艺疗法在中国尚未真正普及。

四、园艺疗法的内容与形式

园艺活动对不同类型患者身心健康的改善有着重要的作用，目前，接受园艺疗法的对象主要为残疾人、老年痴呆、精神疾病（精神分裂症、双相情感障碍、抑郁）、疗养院中体弱的老年人、中风偏瘫患者、智力低下者等。园艺疗法从最初单一的农活作业及园艺活动形式发展到今天，不再局限于简单的植物栽培和养护，而是在园艺疗法的基础上拓展形成了形式多样的治疗方式。目前比较常用的园艺疗法形式有植物栽培、环境欣赏、艺术创作等。

（一）植物栽培

作为一种治疗性植物探索，植物栽培涉及一系列体力劳动，如耕作、粉碎、整平、播种、移植、浇水和除草，通过栽培、陪伴、感觉、采集和使用。每一个环节都包括多种行动的配合，通过种植活动可以促进新陈代谢，增强生理功能；适当排出冲动，增强沟通意愿、认知表达和技能学习；培养有用的经验，自我评估和行为矫正。

（二）环境欣赏

远足、郊游的形式也属于园艺疗法的一种。参与者可以去植物园、花展、园艺产业园参观等。另外游戏、户外教学的团体活动形式也包含在其中。以积极活动为载体，心理治疗被纳入娱乐，治疗方法被隐藏，鼓励体验者参与有趣的活动，以帮助治疗精神和身体疾病，提高他们的自信心。它可以广泛应用于一般心理失衡和轻微心理障碍，通过对大自然的感觉和体验可以恢复季节和时间感，培养环境适应性和耐心；获得社交技能；调动感官动力，促进情绪的转化和缓解，释放疲劳。

（三）艺术创作

艺术是引发主观活动的动机之一。做人造花和干燥花、植物拼贴、插花、用花装饰果酱罐、制作草药盐、用干花制作书签、制作花圈和布置门环、制作花海绵、设计柳条篮和系花边等形式为园艺疗法提供了新的途径。除此以外，利用种植收获的果实进行食品制作也是园艺疗法的新选择。通过植物的再加工可以增加成就感，增强自信心；在制作中提高认知任务完成效率，增强解决问题的能力；在互动中增强情感沟通，责任感和合作意识。

表1　近3年园艺疗法研究

题目 Title	针对群体 Targete group	研究方法 Research method	干预方案 Intervention programme	研究结果 Research results
A pilot horticultural therapy program serving veterans with mental health issues：Feasibility and outcomes[11]	退伍军人 （n＝8）	单组前后测实验设计	在5周内共提供10次的园艺活动，如花园之旅，耕作除草，园林规划设计，堆肥及移栽苗等，每次1.5小时	抑郁、压力程度显著降低
Horticultural therapy program for middle－aged women's depression，anxiety，and self－identify[12]	抑郁或焦虑而未接受治疗的中年妇女 （n＝36）	随机对照实验	每周2次，共计12次，一次1小时。 第1～3次自我表达活动：水培，种植； 第4～8次健康自我构造：制作压花，插花，种植，制作玻璃绿植缸； 第9～12次与他人的健康关系：菜园种植，种植；用食用香料制作午餐盒；插花	在实验组中，抑郁、焦虑缓解。对照组没有显著变化
Assessment of the psychopathological effects of a horticultural therapy program in patients with schizophrenia[13]	精神分裂症患者 （n＝28）	随机对照实验	每周一次，共10次，持续三个月。 植物栽培活动：制作苗床，种植移栽，浇水，除草，施肥和收割	园艺治疗组阳性、阴性和一般症状明显改善，并显著改善了患者的精神分裂症临床症状
Effect of horticultural therapy on wellbeing among dementia daycare programme participants：A mixed－methods study （Innovative Practice）[14]	阿尔茨海默症或相关痴呆的早期患者 （n＝14）	混合研究设计 1.“痴呆症护理制图”每5分钟记录一个行为类别代码 2. 记录基于园艺疗法的叙述性笔记 3. 护理调查问卷	共计10周，每周两次。 结构化活动：药草园之旅，教育演讲，感官活动，音乐治疗，制作冷冻酸奶，午餐剥豌豆以及为花坛架设防护铁丝网 非结构化活动：播种，浇水，拾树枝，除草，割草和整理棚子工具	园艺疗法提高了参与者的幸福感。在他们参与的当天对园艺活动很积极，参与者会将他们在花园中的工作视为个人成就

续表

题目 Title	针对群体 Targete group	研究方法 Research method	干预方案 Intervention programme	研究结果 Research results
Effects of Horticultural Therapy on Asian Older Adults: A Randomized Controlled Trial[15]	没有疾病史的老年人 (n=59)	随机对照实验	前3个月共15次干预，每周进行一次，每次约1小时。随后的3个月每月进行一次 活动包括室内园艺，蔬菜草本植物种植，除草施肥，压花，除草修剪，堆肥制作，食物制作以及各种类型的户外行走	园艺干预组的血浆白细胞介素-6、血浆 CXCL12（SDF-1α）、CXCL5（RANTES）和 BDNF 水平显著降低，参与者与他人的积极关系的平均分数显著提高
Vitamin "G" arden: a qualitative study exploring perceptions of horticultural therapy on a palliative care ward[16]	癌症晚期患者 (n=5) 姑息治疗小组成员（n=5）	定性研究 半结构化访谈	共计22次活动，持续两年，每次2至3小时 做插花，用花装饰果酱罐，装饰泡沫塑料球，制作草药盐，用干花制作书签，制作花圈和布置门环，制作花海绵，设计柳条篮	患者通过触觉工作以触摸和排列体验到一种创造性的感觉。改善了他们日常生活的质量；丰富了日常活动，有情绪升高体验。患者们承认通过园艺疗法与其他患者取得了联系，感觉到了一种社交意识
An Exploratory Study on the Effect of Horticultural Therapy for Adults with Intellectual Disabilities[17]	轻度至中度等级智障青少年（n=6）	单组前后测实验设计	共计12周，每周1次，每次75分钟。参与者繁殖植物，包括蔬菜、草药和开花植物，用自己繁殖的植物设计和建造迷你花园，并制作与植物相关的装饰品。最后形成一个属于所有参与者的“快乐花园”	能力水平提高

续表

题目 Title	针对群体 Targete group	研究方法 Research method	干预方案 Intervention programme	研究结果 Research results
基于园艺疗法的失智老人干预研究[18]	失智老年人（n＝7）	单组前后测实验设计	文献未提及	失智程度在前测和中测、前侧和后侧均有显著差异。组员的短期记忆能力有显著变化
吞咽治疗联合园艺疗法对高龄脑卒中患者的疗效观察[19]	高龄脑卒中后吞咽障碍患者，其中合并帕金森病（n＝110）	随机对照实验	每周1次，每次40分钟，共12次，持续3个月。第1周种植薄荷草；第2周给薄荷草制作名片；第3周观察薄荷草的成长；第4周采摘薄荷草、品尝薄荷茶。剩余2个月的课程重复首月的内容，每位患者每天还要根据实际情况浇水、施肥、晒太阳等	治疗3个月后，两组患者洼田饮水试验评分、摄食功能评分均较治疗前显著改善，且治疗组治疗后洼田饮水试验评分、摄食功能评分均显著优于对照组
园艺疗法对大学生心理问题的干预研究[20]	大学生（n文中未提及）	测量工具未提及	活动时间文中未提及 花卉种植体验，水仙雕刻体验，组合盆栽制作实践，东西方花艺设计，迷你园林建造，植物艺术品创意活动	心理问题有改善
园艺疗法对抑郁症患者生活质量及社会功能的影响[21]	抑郁症患者（n＝134）	随机对照实验	每次活动1～2小时 每周一、三、五室外园艺活动：组织参观园艺基地，学习蔬菜、瓜果、花卉栽培管理的相关知识并实际操作；每周二、四室内园艺活动：创意插花，植物标本制作，室内盆栽等	1. 实验第8周末，实验组汉密尔顿抑郁量表得分明显低于对照组 2. 实验第4周末、第8周末生活质量综合评定问卷得分显著高于对照组 3. 实验第4周末、第8周末社会功能缺陷筛选量表得分显著低于对照组

续表

题目 Title	针对群体 Targete group	研究方法 Research method	干预方案 Intervention programme	研究结果 Research results
园艺治疗对慢性精神分裂症住院患者代谢的影响[22]	精神分裂患者 （n = 110）	随机对照实验 （园艺服药组和常规服药组）	共计 12 周，每周 3 次，每次 90 分钟，分为室内和户外活动 第 1 周了解园艺疗法，第 2 ~ 5 周熟悉工具，了解作物基本特点，第 6 ~ 11 周介绍多肉植物，花盆制作，盆景设计，修剪与除草，采摘和品尝，第 12 周总结收获	研究结束时，两组各有 52 名完成评估 不论服用何种药物，合并园艺组代谢状况改善
园艺治疗对长期住院老年性精神分裂症患者的影响[23]	老年性精神分裂症患者 （n = 12）	随机对照实验	学习花卉种植技术，从育苗及相关管理养护工作。引导患者种植、修剪、施肥、浇水等。设置观察周期为 3 个月左右，对效果较为明显的患者予以一定的奖励	经过园艺疗法的康复训练及治疗干预，不仅有助于缓解患者的精神残疾严重程度，还有助于改善其始动性缺乏，提高患者的自信心，调动患者参与活动的兴趣，帮助其有效建立起乐观、积极的生活态度等
长期小组式园艺疗法对轻度老年痴呆患者的影响[24]	轻度阿尔茨海默症患者 （n = 70）	随机对照实验	患者出院后至 8 个月，患者以小组的形式通过对绿色植物的触摸、嗅、修剪或栽种完成每周 2 次的任务	患者的痴呆量表评分、日常生活能力、生活质量和疾病知识有随时间变化的趋势，并且时间因素的作用随着组别的不同而不同。接受园艺疗法患者的自理能力优于同一时期的对照组患者；实验组患者自理能力出院 8 个月比出院时有显著提高

五、以园艺疗法作为干预手段的相关研究现状

以“园艺疗法”为关键词，在国内数据库中国知网 CNKI 高级检索，相关文献最早发表于1994 年，截至 2019 年1 月，共得到文献337 篇，其中近5 年有 191 篇，占 56. 7%。截至 2019 年1 月，以“Horticultural Therapy”为标题在数据库 Web of Science（SCI）核心合集中检索，得到338 篇。通过对中英文数据库近 3 年来文献的检索及筛选，最终纳入 14 篇期刊文章（表 1）。纳入的标准是以园艺疗法作为干预手段的相关研究。

整理近 3 年来园艺疗法在临床上的干预效果的相关文献共计 14 篇，其中国外文献 7 篇，国内文献 7 篇。园艺疗法的效果已经在退伍军人、有抑郁和焦虑情况的妇女、精神分裂症患者、老年人、癌症晚期患者、轻中度智力障碍青少年、老年痴呆患者、高龄脑卒中后吞咽障碍患者、大学生、抑郁症患者等群体得到了验证。然而，目前的国内外实证研究成果还不丰富、规范性有待加强、机制探讨较少：园艺疗法的随机对照实验干预研究只有 8 篇，其他皆为单组前后测实验设计。但总体来说，国外研究的规范性更高。国内有部分文章中没有介绍具体的实验方案、测量工具及园艺治疗师的专业受训背景。

六、结语

园艺疗法为改善人们的身心健康提供了一条新途径、新思路，参与园艺活动可以改善人们的生活质量，减轻社会压力，加快环境适应等，对人体的健康和心理功能有着不可估量的作用及影响。因此，园艺疗法的相关研究和实践在中国具有广阔的发展前景。园艺疗法在中国逐渐发展的同时，也存在一些局限性。首先，园艺治疗师整体水平参差不齐。园艺治疗师的水平关乎园艺治疗效果，但当前国内没有园艺治疗师认证标准，这些因素将不利于园艺活动的开展。其次，虽然园艺疗法是一门集园艺、医疗、心理于一体的交叉性综合学科，但在园艺疗法实践中不同学科之间的界限仍然很明显，较少有综合性研究。最后，园艺疗法的相关研究质量参差不齐，成果较少，实验设计不够规范。

针对当前园艺疗法的研究局限，未来我国可以成立官方或民间园艺治疗协会，负责园艺疗法的具体实施、监督和管理，举办研讨会和培训课程，完善园艺治疗师评估体系，建立园艺治疗师登记和管理的规章制度，为我国园

艺疗法培养应用型人才，以促进中国园艺疗法的更快发展。其次，进行学科改革，将医学、心理学、园林有机结合，鼓励专业园艺师和景观设计师参与康复园艺计划的设计和规划，鼓励心理咨询师、特殊教育教师、职业治疗师和精神科医生与园艺师合作应用园艺疗法，将不同学科的优势有机结合得到很好的体现。最后，提高园艺疗法研究水准，增强研究的规范性。学习西方国家的研究体系，开发出有针对性、实用性强的园艺活动，使活动内容本土化、效果最大化。探索更符合中国人心理需求的康复模式，教育模式和治疗模式。

参考文献

[1] 李树华. 尽早建立具有中国特色的园艺疗法学科体系（上）[J]. 中国园林，2000 (3)：15 – 17.

[2] 李树华. 尽早建立具有中国特色的园艺疗法学科体系（下）[J]. 中国园林，2000 (4)：32.

[3] 陈晓庆，吴建平. 园艺疗法的研究现状 [J]. 北京林业大学学报（社会科学版），2011，10（3）：41 – 45.

[4] 周萌. 园艺疗法是一门心理学应用技术 [J]. 中国花卉园艺，2018（7）：18 – 20.

[5] 李树和，董丽君，吴月辉，等. 园艺疗法的疗愈作用及实施 [J]. 园林，2018 (12)：11 – 15.

[6] 南海龙，王小平，陈峻崎，等. 日本森林疗法及启示 [J]. 世界林业研究，2013，26（3）：74 – 78.

[7] 杜建. 芳香疗法源流与发展 [J]. 中国医药学报，2003（8）：454 – 456，512.

[8] 刘西芳，余运影，汪卫东. 中国中医药芳香疗法发展的 SWOT 分析 [J]. 中华中医药杂志，2018，33（5）：1944 – 1946.

[9] Lee Y L，Wu Y，Tsang H W H，et al. Systematic Review on the Anxiolytic Effects of Aromatherapy in People With Anxiety Symptoms [J]. The Journal of Alternative and Complementary Medicine，2011，17（2）：101 – 108.

[10] 林冬青，金荷仙. 园艺疗法研究现状及展望 [J]. 中国农学通报，2009，25（21）：220 – 225.

[11] Stowell DR，Owens GP，Burnett A. A Pilot Horticultural Therapy Program Serving Veterans with Mental Health Issues：Feasibility and Outcomes [J]. Complementary Therapies In Clinical Practice，Complement Ther Clin Pract，2018，32：74 – 78.

[12] Kim KH，Park SA. Horticultural Therapy Program for Middle – Aged Women's Depression，Anxiety，and Self – Identify [J]. Complementary Therapies In Medicine，2018：39：154 – 159.

[13] Oh YA, Park SA, Ahn BE. Assessment of the Psychopathological Effects of a Horticultural Therapy Program in Patients with Schizophrenia [J]. Complementary Therapies In Medicine, 2018: 36: 54-58.

[14] Hall J, Mitchell G, Webber C, et al. Effect of Horticultural Therapy on Wellbeing Among Dementia Day Care Programme Participants: A Mixed-Methods Study (Innovative Practice) [J]. Dementia, 2018: 17 (5): 611-620.

[15] Ng KST, Sia A, Ng MKW, et al. Effects of Horticultural Therapy on Asian Older Adults: A Randomized Controlled Trial [J]. International Journal Of Environmental Research And Public Health, Int J Environ Res Public Health, 2018, 15 (8).

[16] Masel EK, Trinczek H, Adamidis F, et al. Vitamin "G" Arden: A Qualitative Study Exploring Perception/s of Horticultural Therapy on A Palliative Care Ward [J]. Support Care Cancer, 2018: 26: 1799-1805.

[17] LAI KY, Ho YW; Kwan YC, et al. An Exploratory Study on the Effect of Horticultural Therapy for Adults with Intellectual Disabilities [J]. Journal of Therapeutic Horticulture, 2017, 27 (1): 3-15.

[18] 刘明冉. 基于园艺疗法的失智老人干预研究 [J]. 智库时代, 2019 (6): 226-227.

[19] 刁辉平. 吞咽治疗联合园艺疗法对高龄脑卒中患者的疗效观察 [J]. 按摩与康复医学, 2019, 10 (3): 1-3.

[20] 齐浛妤, 张培, 张丽芳, 等. 园艺疗法对大学生心理问题的干预研究 [J]. 现代园艺, 2019 (3): 164-165.

[21] 吴进纯, 肖明朝, 赵庆华, 等. 园艺疗法对抑郁症患者生活质量及社会功能的影响 [J]. 中国护理管理, 2018, 18 (1): 48-51.

[22] 诸顺红, 陆志德, 万恒静, 等. 园艺治疗对慢性精神分裂症住院患者代谢的影响 [J]. 中国心理卫生杂志, 2017, 31 (6): 447-453.

[23] 黄燕颖. 园艺治疗对长期住院老年性精神分裂症患者的影响 [J]. 护理实践与研究, 2017, 14 (14): 150-151.

[24] 陈一静, 黄蔚萍, 任冬梅, 等. 长期小组式园艺疗法对轻度老年痴呆患者的影响 [J]. 健康教育与健康促进, 2018, 13 (6): 555-557.

动画电影《哪吒之魔童降世》海报设计中的中国元素

曾德辉*

摘要 动画电影作为一种极强的艺术表现形式，有着通俗易懂的故事内容、鲜活生动的人物形象和震撼人心的视听感受，近年来深受大众的喜爱。将中国元素融入动画电影中，并传播中国文化，这将是动画走出国门、走向世界的关键。上映于2019年的《哪吒之魔童降世》作为近几年来最成功的国产动画电影代表，运用中国元素成功地打开了电影市场，其电影海报也是一种设计艺术，很好地宣传了故事情节，具有强烈的艺术表现力。它作为一种文化产业也有助于获得观众的价值认可和情感共鸣，体现了中国元素的重要性。通过探讨中国元素在动画电影海报设计中的形成与发展、在电影海报设计中的运用和主要特征等，对动画电影《哪吒之魔童降世》海报设计进行了举例与分析。

关键词 国产动画电影 海报设计 中国元素

一、中国元素在动画电影海报设计中的形成与发展

中国元素概念的提出是一个时代发展的产物。关于中国元素的内涵，目前还没有一个明确的定义。2004年，国内知名的上海梅高创意咨询有限公司董事长高俊首次提出“中国元素”的概念，成阳也在《文艺争鸣》上说明，“中国元素”本质是特有地域的国家文化，是中华民族精神与文化的象征。❶，

* 曾德辉（1995—），男（汉族）江西吉安人，北京联合大学艺术学院设计学硕士在读，硕士，主要从事视觉传达与媒体设计。

❶ 成阳.“中国元素”论［J］. 文艺争鸣，2010（12）：61－64.

经过十多年的发展，"中国元素"已经与挖掘传统文化精髓和增强文化自信，提升文化软实力联系在了一起。中国动画《铁扇公主》在1941年崭露头角后，于20世纪50—80年代走上了巅峰，期间，大量题材新颖、制作精良的动画问世，最难得的是，大量的中国元素融入动画当中，动画充满了浓浓的中国风。从第一部彩色剪纸片《猪八戒吃西瓜》、第一部水墨动画片《小蝌蚪找妈妈》，到第一部彩色动画电影《大闹天宫》，再到第一部3D武侠系列动画大片《秦时明月》，中国元素的应用经历了漫长的过程。在当下人人都谈中国元素的时候，2019年国产动画电影大力发展，《哪吒之魔童降世》动画电影掀起一股全民哪吒热潮。不仅如此，《哪吒之魔童降世》还以50.70亿元的票房问鼎国产动画电影票房榜首，跻身于中国影史票房第二名，这势必为国产动画电影的发展打开新的篇章。

二、《哪吒之魔童降世》电影海报设计中的中国元素

（一）《哪吒之魔童降世》海报的图形元素

动画电影都具备自身的思想内涵与文化意蕴，设计师不仅要突出影片主题，还应融入自己独特的想法，切实保证通过海报图形突出影片中心思想。[1] 在《哪吒之魔童降世》电影海报（图1）中，中国元素主要有中国龙和太极八卦图，据说设计者为了创作出海报中如此有气势的一条神龙见首不见尾的龙太子敖丙，其设计的灵感取材于"九龙壁""西汉龙图腾"、《山海经》等很多经典作品。在海报中，龙太子敖丙盘旋而上，张牙舞爪，在赤红的火焰中和哪吒针锋相对，从侧面展现了哪吒的无畏精神，形成强烈的戏剧冲突。太极八卦图又意指哪吒与龙太子敖丙之间包含着阴和阳、表与里的两面的关系。他们之间既互相对立斗争又相互滋生依存

图1　《哪吒之魔童降世》电影海报

[1] 郝非非．国产动画电影海报设计中的视觉要素及特征［J］．电影评介，2015（19）：104－106．

的关系，从视觉上激发人们对《哪吒之魔童降世》动画电影本身的兴趣。

（二）《哪吒之魔童降世》海报的字体元素

文字除了是传递和交流信息的关键手段外，还是一个不可或缺的艺术表达手段。动画电影海报设计中，文字具有重要的艺术表达功能，巧妙的文字设计能突出海报的文化表现力及审美价值，充分体现海报的视觉效果。❶ 在《哪吒之魔童降世》电影海报文字（图2）中，文字设计效果突出，首先，字体根据电影内容的主次关系，设置了大小不同的文字。大、中、小号字体让海报的整体构图产生平衡之感，在传达电影内容的同时还具有一定的张力，保证了整幅海报的饱满性。其次，设计选择了最具有民族符号性质的中国元素——书法，又结合古典神话故事文化的历史渊源和强烈的情感表达，与动画的文化背景相呼应。中国书法的种类有很多，其中隶书的字形偏宽，大气稳重，显得更古朴，更有历史感。海报对其书法本身进行再加工，在提笔、落笔处变得潇洒有力，极具王者之气，让人一下就能感受到这部动画电影所表现的叛逆精神，也提升了电影的文化内涵，极具民族风格。

图2 《哪吒之魔童降世》电影海报文字

（三）《哪吒之魔童降世》海报的色彩元素

在视觉艺术中，色彩是动画电影海报设计中的重要视觉要素之一，色彩具有象征性，不同的色彩能让人产生不同的联想和感受，经验丰富的设计师往往能借色彩的运用，勾起一般人心理上的联想，从而达到设计的目的。❷ 色彩作为不可或缺的艺术语言，在电影海报中发挥着重要的视觉沟通作用及

---

❶ 郝非非. 国产动画电影海报设计中的视觉要素及特征［J］. 电影评介，2015（19）：104－106.

❷ 周新. 电影海报设计中色彩的表现力［J］. 电影文学，2012（11）：144－145.

强烈的直觉作用，能有效激发观众的情感共鸣和观看欲望。在《哪吒之魔童降世》电影海报（图1）中，色彩以暖色系为主，画面充满了大片的红色，字体采用金色来呈现，画面主体中的哪吒身披红色战衣，与龙太子敖丙针锋相对、剑拔弩张。中国人对红色向来有着很深的情节，在重大场合和喜庆的节假日都会使用红色布景。在中国人民的传统印象里，红色所代表的情感有激烈、热情、反叛的意味。因此，对于海报设计的配色，设计师大面积采用具有特色的“中国红”，所展现出的中国元素使这部动画电影更具深刻的中国烙印，从而扩大了《哪吒之魔童降世》动画电影的宣传目的。

三、中国元素在《哪吒之魔童降世》海报设计中的主要特征

（一）注重视觉冲击和想象力

《哪吒之魔童降世》在注重营造斗争气氛的同时，动画电影海报设计和电影内容一样都要迎合观众的心理需求。在以“命运”为主题的《哪吒之魔童降世》设计中，哪吒不惧神龙，打破成见，做自己的英雄，自己的命运自己做主，在设计表现上营造出了中国古代神话故事对命运的斗争和对理想的追求的氛围，这是其他动画电影所不具备的。在画面的表现中又巧妙加入中国元素，也间接增强了电影的戏剧性。《哪吒之魔童降世》海报设计力求强烈的视觉冲击力和天马行空的想象力。

（二）注重运用数字化技术

中国动漫产业近年来飞速发展，目前超越日本成为世界第一动画片生产大国。❶ 运用3D技术塑造出来的《哪吒之魔童降世》海报背景中，在3D技术的演绎下，太极八卦图如梦似幻。飘逸的画风与鲜艳的色调，隐含哪吒的王者气势的意蕴，增强了海报的视觉效果，给观众带来了一场中国传统文化风情的视觉盛宴。动画电影海报用现代传播手段和炫目的视觉效果讲述中国故事，绮丽外衣下所包蕴的民族审美展现了中国传统文化的巨大张力和创新空间。❷

（三）注重结合中国传统文化和审美情趣

《哪吒之魔童降世》除了优良的制作，更多的是结合并传播优秀的传统

❶ 吴春彦．从国产动画电影看传统文化的现代传播［J］．青年记者，2018（30）：69－70.

❷ 蒋海军，叶玲．动画电影《哪吒之魔童降世》IP运营策略启示录［J］．电影评介，2019（11）：93－95.

文化。设计师将中华民族文化中最深层次的精神自然展现了出来，传递给观众的是一种昂扬、饱满、向上的正能量。大面积的红色使得观众产生较大的情绪波动，在大红色的衬托下，这位英雄主角所向无敌，代表着勇敢无畏品格的哪吒手握火尖枪面对龙太子敖丙志在必得，这些神话英雄人物的良好品格为观众树立了积极向上、拼搏奋斗的世界观、人生观及价值观。侧面体现了中国人民在传统文化的情感中对“英雄”这一角色的依恋，这是海报设计中的独特美学，是中国人民乐见其成的情感表达方式。

四、结语

综上所述，动画电影海报代表了动画电影的形象，《哪吒之魔童降世》电影海报重视表现力和想象力，运用数字化技术，加入中国传统文化和审美情趣，很好地将文化内涵表现了出来。《哪吒之魔童降世》树立了国产动画的新标杆，获得了票房和艺术价值的双丰收。❶ 其他国产动画电影海报设计需要吸取《哪吒之魔童降世》的成功因素，结合中国元素，讲好中国故事，深挖和尊重传统又推陈出新，运用旧题材演绎新故事，进行多元化创新。相信我国的国产动画电影及其海报设计都会逐渐登上一个新高度。

❶ 蒋海军，叶玲．动画电影《哪吒之魔童降世》IP 运营策略启示录［J］．电影评介，2019（11）：93－95.

浅谈 Bilibili 视频网站的短视频生态链与趋势

黄　尧*

摘要　在由 2013 兴起的短视频热潮的推动下，Bilibili 视频网站进一步展现出自己的上升潜力。从数据出发，相比于当今各大视频网站，Bilibili 视频网站在其生态链中，从平台上定位于二次元，从内容生产上偏向二次创作，用户上则有着低龄化、忠诚度高等特点。今日短视频的未来趋势从内容生产者来看倾向于个人转向集体，企业模式逐步融入市场，高层次专业人员的加入会为短视频市场展望更为广阔的前景，同时会逐步完成 Bilibili 二次元亚文化向主流文化的迁徙与推演。

关键词　Bilibili　短视频　生态链　亚文化　商业模式

1965 年，互联网的第一个版本“阿帕网”创生，随之而来，大众生活中信息逐渐从现实中的平面和立面编码成互联网中的 0 和 1，摒弃可触可感的实物，变成大小屏幕上的点点像素传达给观者。而视频这一载体，不受时间空间的限制，以动态的形式记录信息，得益于新时代的高速网络和新兴技术，将信息呈现到人们的面前。

从时间轴向来看，视频隶属于新媒体形式的一种，相比于传统媒体，视频以数字压缩和无线网络技术为支撑，利用其大容量、实时性和交互性，跨越地理界限来传递信息。单看视频本身的长度，又可分为长视频和短视频。和常见的电影、纪录片、连续剧等长视频不同，短视频一般指短至几秒，长至几分钟等时长较短的视频，它相比长视频有着更低的成本、更短的制作周期和更广泛的内容提供群体。2013 年是短视频爆发增长的元年，至今大批用

---

* 黄尧（1995—），男，河南信阳人，北京联合大学艺术学院硕士，主要研究方向为视觉传达与媒体设计。

户和生产者涌入短视频领域，带动了行业的井喷式发展。短视频行业爆发的现象值得我们研究和学习。

短视频的载体便是视频平台网站，一个成熟的视频网站有三个最基本的构成元素：平台、内容生产者和用户。这三个元素构成一个完整的生态循环：企业为生产者提供平台，生产者为用户提供内容，用户为企业和平台贡献流量和其他资源。当前，国内视频网站数目繁多，用户和生产内容的偏向各不相同。而 Bilibili 视频弹幕网（以下简称 B 站）依靠其二次元文化等独特特征吸引了大量用户，相比其他视频平台具有极强的特异性。本文以 B 站中的短视频为例，从 B 站的历史出发，分析其整个生态链条中短视频模块的特色所在，着重描摹出 B 站内短视频生产者画像，定位其群体的属性范围，最后对短视频行业未来的趋势展开联想。

一、B 站的定位与特色

B 站，作为当今不可忽视的大型视频网站之一，在激烈的商业竞争中存活了下来。从 2009 年创立以来，10 年走到了上市的地位，描绘了一幅从一个小站到一个帝国的历史画卷。B 站和其他视频网站相比，从最初就依其特色突出的二次元文化和弹幕系统而立，其独特的定位与特色是其成功的重要因素。除此之外，B 站的内容生产群体和用户群体也有着显著的特点。

1. 历史溯源与日本二次元弹幕文化的引入

B 站成立前，创建于 2007 年的 Acfun（以下简称 A 站）是中文二次元世界的开拓者，而徐逸是 A 站的忠实用户。2007 年以前，国内没有类似日本 Niconico 等针对热衷二次元文化而开设的网站和社区，国内也很少有人接触过弹幕功能。弹幕的定义是悬浮于视频上方流动的实时评论功能，这种体验使得用户不仅仅关注于内容本身，还能跳出交互的限制，同一时间阅览其他用户对于当前视频的观点。A 站模仿 Noconico 创立后，昔日小众的忠实于动画的用户人群有了能活跃展示自身的前台，他们通过横飞屏幕的弹幕，在观看动画的同时，感受日本特有的弹幕系统带来的新兴感和冲击力，这个看似范围窄小的人群在国内逐步形成一种名为二次元的亚文化，产生出大量属于该文化内群体的词汇以及与广泛大众不同的交流方式。

B 站的发源与 A 站所培养的二次元文化紧密相关。B 站的前身——弹幕视频网站 Mikufans，由 A 站早期资深用户徐逸创建于 2009 年 6 月。那时的 B 站，在他口中还被称为是“A 站后花园”。B 站有着其他视频网站不可比拟的二次元文化属性，并依托着其弹幕系统，亲和的 VI（Visual Identity，视觉识别）和无视频前广告等优秀的政策和设计吸引着国内青少年群体用户的流入，为其未来的发展奠定了坚实的基础。

2. B 站视频内容偏向

依据 B 站二次元文化的定位，定居于其生态中的内容生产者和其产生的内容也与其他平台不尽相同。首先，平台官方发布的动画等长视频内容是用户的首要观看对象；其次，占据 B 站总播放量榜首的就是鬼畜视频。鬼畜就是通过对严肃正经话题进行解剖后通过重复、再创作等形式用以达到颠覆经典、消解传统、张扬个性、强化焦点、讽刺社会的一种艺术形式，这种视频制作手法代表特点为画面和声音重复率极高，且富有强烈的节奏感，其本身也来源于日本弹幕视频网站 Niconico。刨去 B 站的动画类内容，现在 B 站播放量最高的是一则发布于 2018 年 2 月名为《【春晚鬼畜】赵本山：我就是念诗之王！【改革春风吹满地】》的鬼畜视频，视频中，作者对 1999 年赵本山、宋丹丹等人表演的小品《昨天今天明天》进行二次创作，重新编曲和配乐，用数字技术合成赵本山的声音进行再剪辑，用截然不同的鬼畜视频形式展现在观众面前，获得站内用户的极大反响，截至 2019 年 12 月，总播放量达到 4800 多万，弹幕近 10 万条。

鬼畜视频为提升其抓人眼球、增强新鲜感、快速传达信息等要求，普遍时长仅十几秒到几分钟，这与短视频的基本属性完全契合，故属于短视频中的一类。依靠短视频的东风和日益增长的快节奏生活规律的推动，各类鬼畜短视频在 B 站的兴起是必然的。除了短视频这一特性，这种二次创作的视频也会为平台和生产者带来更多利益。当一个视频在站内流行时，内容创作者也会结合当前的流行风向二次创作类似的鬼畜视频以增加自己的流量。一个用户点开此类视频后，平台会根据所用的算法，为用户不断推荐类似的视频。这样不断循环，一方面可以提升内容生产者的播放量，另一方面也会增加用户在平台上的使用时间。同时，正由于这种鬼畜文化在其他网站中是不多见的，这种独特的风格元素也会引导其他平台的用户转入 B 站以获取这种风格化的视听体验。

3. B 站用户群体特性

B 站依赖其独特而小众的文化属性为互联网带来丰富的动画和鬼畜类等视频资源，而链环的最后一者——用户群体，相较于其他网站的用户同样也是风格迥异。从 B 站招股书等数据得知，B 站的用户群体以 1993—1997 年出生的人为主，总体高达总用户比例的 82%。

不难看出，B 站用户有着普遍较为低龄的特点，“90 后”这一代是随着网络的创生和发展一同成长的一代，对于网络和新兴技术的感情比其他更老年代的人们感触更深。同时，大量的低龄用户会为平台带来极大的活力，这些用户的黏性更强，冲动消费的可能性相较其他年代的用户一般也比较高。此外，类比爱奇艺、优酷等大型视频网站，B 站附带的特殊文化属性有着独特的魅力，大多数低龄用户的成长轨迹中，各类动画占据了生活中一定的时间，这与 B 站用户的低龄化现象一定是分不开的。

B 站用户的留存率达到 79%，是全国平均值的 1.7 倍。B 站用户有着极大的用户黏性，对该平台有普遍较高的忠实度。结合该网站的历史和特征可以合理推测，第一，B 站的最初用户大多是因个人兴趣被 B 站带入的日式文化吸引而成为该网站的粉丝，正因 B 站的二次元属性，以兴趣出发为基底的用户更不容易离开这个平台；第二，“90 后”低龄用户在童年阶段普遍大量接触日本流入中国的动画作品，自然会对日本文化有着独特的感情。对比市面上其他视频网站，B 站在其手机游戏、周边外购、线下活动等方面也投入了大量的时间、人力和物力，也因此极大地提高了品牌的竞争力，这些事实都不难解释 B 站用户忠诚度高的现象。

除了低龄化和忠诚度高这两个特点，B 站的二次元文化还派生出一系列有趣的现象，B 站的用户评论系统中，经常能看到一个叫作“梗”的词汇。“梗”在网络中的解释是笑点，一般来说，用于流行事物比如综艺、动漫、电视剧等。“梗”字的词义被不断扩大引申，大到某个时间段，小到情节插曲，乃至故事中发生的片段都可以叫“梗”，梗的本质就是一种流行热点。一个时间段内，B 站用户会根据近期播放量极高的流行视频创作一系列有趣的评论，当一个梗形成后，大多数的用户会予以跟风造成趋势，部分视频博主也会捕捉这些流行风向进而创作这些梗的衍生视频，这些大量的二次创作反之也会增强这个梗的流行度，这种语言的互相促进模式在其他视频网站中是十分少见的。每隔一段时间，B 站都会有新的梗出现，这样不断地为用户刷新眼球，也为视频生产者提供素材，活化了站内的视频资源。

B 站本身的运营模式是用户关注内容生产者的形式，是类似粉丝和偶像进行互动的模式。大多数视频生产者本身也是 B 站的用户，符合其低龄化，高忠诚度和热衷玩梗的特点。B 站的大部分梗其实也会出自这些视频生产者，这些生产者在 B 站用户的口中有个更加易读上口的名字——Up 主。

二、B 站视频生产者——Up 主的标签化与人设

有个有趣的现象，一个名为《影流之主》的十几秒的短视频在 B 站有极高的热度，根据其衍生出的二次创作的作品也是数不胜数。这个视频本身转载自一个快手平台视频博主发布的一段跳舞的视频，视频中，一个青年男性配着背景音乐在跳舞，结合特效在其左右复制了两个相同的人影，十分魔性。近日，这位发布视频的快手平台博主本尊来到 B 站，意在收揽更多其他平台用户的关注，在他的直播频道中，抽烟、对骂、拉拢用户等行为频频出现，展现了和视频中截然不同的特征，与那个舞蹈青年的样子格格不入，这引来了 B 站用户大量的负面评论，最后这个博主只好不了了之。

无论是快手还是 B 站，其视频内容能够风靡平台，靠的是其有趣的视频本身。但我们不难发现，这名博主因塑造了一个和视频中大相径庭的直播形象而遭到 B 站网友大量的负面评价，最后了了收场。这不免让我们思考，用户喜欢的究竟是内容还是内容创作者本身呢？进一步探究可以发现，同为关注制的两个网站，在两个不同的平台环境下，造就的用户喜爱对象是完全不一样的。这和 B 站 Up 主的标签化和自我包装有很大关系。

1. 视频网站的关注制度

和大多数视频网站的制度类似，B 站平台提供的策略也是关注制，即平台为用户提供关注功能，用户观注某个 Up 主后，平台会将这一 Up 主所有的新视频资源和信息推送到该用户。这样做的好处一是可以为用户定制内容以提供更精准的视频推荐。视频网站算法本身就是基于用户兴趣来计算的，关注是用户主动将兴趣爱好信息传达给平台的重要途径，平台获取这一信息后除了会将被关注者的信息首先推送给这名用户，还会对被关注者的信息进行类比计算，将类似的博主的视频和类似视频资源进行推送，使得用户将自己感兴趣的一系列视频资源一网打尽。二是关注制有助于提升 Up 主在站内的流量，不难理解，粉丝量大的视频创作者会获得平台更多的资源，根据巨大的流量资源也可以进行进一步的变现。最后，用户和 Up 主的相互促进也会为平台带来更多的流量，提升每日用户活跃度，吸引外来平台的用户入驻 B 站。

2. 偶像—粉丝文化对内容生产者的影响

回归上面提出的问题，B 站用户普遍喜爱的是 Up 主还是 Up 主提供的内容呢？根据 Bilibili 日报提供的数据，排名前 10 的有 7 个都是视频内容本人出

镜的 Up 主，这些视频创作者从镜后制作走到镜前被拍摄，增加亲和力的同时能够增加视频内容的吸引力，更加符合当今短视频中热度特征。普遍涉及的是搞笑、搞怪等风格，提供内容从游戏到生活，从城市到乡村，从剪辑风格到配音风格，B 站这些排名榜首的 Up 主都是风格迥异的。

虽风格截然不同，内容创作者的类型从个人到团体，提供的内容也不同，但这些 Up 主们都有同样一个特点，即他们视频内容中的形象是极其统一的，观众在某一 Up 主的频道中观看其所有的视频没有极大的割离和违和感。譬如“暴走漫画”这个搞怪类新闻报道的系列节目中，播报人“王尼玛”这个带着奇怪头套的形象深入人心，其诙谐无厘头的播报风格从始至终贯串这个系列节目的第一季到最新一季。又如排名第 10 的华农兄弟，其内容中的主要角色就是一位民风淳朴养殖畜牧的农民，一直没有任何改变。视频中的形象无论是经过反复推敲进行设计再在节目中表演出来的，还是真情流露，形象就是其作者本身的，在其内容优质为前提下，这些统一化的形象正是吸引用户的最本源最直接的核心所在。B 站用户与 Up 主们的关系，更类似于演艺界粉丝与偶像的关系，在偶像作品的加持下，粉丝才对偶像有着更进一步的好感，热衷于屏幕里那个被定义过的、包装过后的一个被设计过的人物角色。这就不难理解为何《影流之主》创作者在 B 站的失败，便是由于其直播中的形象和发布内容中的实在关系不大，无法获得观众的共鸣而导致的。

这个现象溯其本源，最有可能的原因仍是因为 B 站用户普遍低龄。偶像—粉丝文化在当代年轻人中的展现可谓随处可见，社交网络到大型媒体，明星偶像总能赢得流量和目光。年轻人们习惯镜头前或是光鲜亮丽或是风格特异的明星，当另一个格格不入的形象与之对冲时，带来的结果自然不太理想。进一步设想，演艺圈的偶像应该扛起责任，对鉴别力普遍尚未成熟的低龄粉丝们提供正确的导向作用，在传媒领域的明星 Up 主们更应该以身作则，在这个影响程度更加可观的范围内为用户带来更为积极的影响。《影流之主》创作者在 B 站不太成功的例子其实是个正面的信号，其抽烟、说脏话等行为难登大雅之堂，B 站网友对于形象的鉴别是令人欣慰的，用户本身提高鉴别能力，带动互联网向着正确的方向发展，这种循环带来的力量才是当今社会文化发展的一抹沁人的亮色。

三、内容生产者的角色定位与亚文化的迁徙

随着时间的发展和网站的定位，不同定位的内容生产者群体在网站中的

占比也在随时发生变化，从平台运营的角度，按照生产者的层次、专业程度和规模，大体可以将运营方式分为 UGC（User - generated Content，用户生产内容），PGC（Professionally - generated Content，专业生产内容）和 OGC（Occupationally - generated Content，职业生产内容）。通过这些运营方式的定义，可以反观一个网站内容生产者的大体定位，获得其专业程度规模等信息。

1. UGC、PGC 和 OGC 的定义

UGC 的定义是指平台中的用户将自己原创的内容通过互联网进行展示或者给其他用户，用户自我产生内容是现今大多数短视频的制作方式，随着门槛逐渐低廉化，越来越多教育程度较低，没有过多专业技术支撑的人士进入短视频领域。这种自产自销的模式可以为平台带来大量的生产者，譬如最近在许多网站上都十分火热的土味视频，便是由中国的农村群体等衍生出的一类视频类别。

PGC，专业生产内容，是指用户层次较高，有系统性的团队进行制作的一类制作模式，相比 UGC，PGC 有更大的人力物力资源来完成内容提供。B 站有许多 Up 主已经被划分在 PGC 的范畴中，譬如冠名短视频第一人的 Papi 酱，由最开始的 UGC 过渡到了现今的 PGC 模式，推出了自己的短视频内容聚合品牌 Papitube。

OGC 即品牌生产内容，是指有一定知识和专业背景的行业人士生产内容，这些人士会获得相应的报酬。例如有巨大人力资金基础的国企私企生产的内容一般归属于 OGC。

从定义上来看，UGC 和 PGC 的区别，是有无专业的学识、资质，在所共享内容的领域是否具有一定的知识背景和工作资历。PGC 和 OGC 的区别，相对容易，以是否领取相应报酬作为分界，PGC 往往是出于“爱好”，义务地贡献自己的知识，形成内容；而 OGC 是以职业为前提，其创作内容属于职务行为。UGC 和 OGC 一般没有交集。一个平台这三种内容生产模式的占比直接决定平台的内容质量和风格，并间接反映平台本身的规模。

2. B 站短视频模块运营分析

纵观市场内其他短视频网站，B 站的主体定位并不是短视频网站，但作为一个体量丰富，类型全面的视频门户，短视频模块在 B 站也有举足轻重的地位。现今大部分的短视频都可以在 B 站找到许多资源，甚至越来越多的其他平台的博主都开通了 B 站账号，不愿放过这个在短视频领域竞争尚未白热的一片沃土。

B 站的原创短视频大多数也是以 UGC 为主，短视频为平民百姓提供一个

大众舞台，视频的发布等等功能在B站也一样没有太多门槛限制，B站大多数粉丝众多的短视频Up主都是从一个人账户开始做起，逐渐积累粉丝和关注。经过大量的积累，UGC逐渐转化为PGC，因其个人的产出效率已经达不到观众和粉丝的诉求，为了更高的需求个人用户会聘用团队选择创业，集合资源提供更优质的内容和更高的刷新率，现在B站大部分短视频Up主都已经走上了PGC模式。2017年爆红的Papi酱开始了内容创业，创立了自己的公司Papitube，并集合了国外已经成熟的MCN模式（Multi - Channel Network，多频道网络），即把多个PGC资源进行整合制成系列频道，合并整合在一起发布内容。

3. 央视频的迈入与亚文化的迁徙

广大平台的短视频竞争正在逐渐进入白热化，UGC数不胜数，PGC规模正在逐渐形成，而OGC的迈进也是意料之内。近期，中央广播电视总台在B站开设了央视频频道，整合了央视旗下具有极高专业素养的金牌主持人资源，跟进短视频这种更接地气的方式来传播新时代中国的信息。如《听说康辉拍vlog火了 海霞来这儿后也“放飞自我”了》三分半的短视频中，央视一台主持人海霞带领观众进入央视频的办公现场，参观硬件设施和新兴技术，还用“右手划一道彩虹”等十分接地气的Rap歌词来展示动作捕捉设备的魅力，甚至在视频中也能频频见到鬼畜这一风格特色的影子，整个视频令人忍俊不禁，妙趣横生。

实际上，OGC的迈入在各个视频网站平台都可找到映射，但B站不同的地方在于，B站从一个小众的富有日式二次元风格的网站，逐渐成为1.5亿用户的内容风格多样的上市视频平台，最初受众面窄小的鬼畜等亚文化已经逐渐触及越来越多的用户，尤其影响了越来越多年轻一代的用户群体。B站为代表的亚文化正在逐步走向主流文化，向着主流文化进行迁移。虽从本质上讲，二次元文化等都是舶来品，是部分日本文化的输出和写照，但在全球化的趋势下，异国文化的冲击会从上至下引发国人的思考，什么样的文化可取，而什么样的文化又是无法引进的，值得国人去深思。

四、结语

Bilibili视频弹幕网站作为当今新媒体行业的重要一员，二次元文化的代表产品，短视频的重要平台之一，以其独特的风格，富有特色生态链组成或多或少地影响着互联网居民的日常生活和使用习惯。我们的短视频行业会走向何处？每个网民都有自己的答案。但可以肯定的是，随着政府机关和大量资本的进入，未来短视频领域的多样性只会更加丰富而不会退化，风格会越来越别出心裁，规模也会越来越大。期待短视频这个花丛会进化成花园甚至种类繁多的丛林，带动其他行业时刻鸣响创新的钟声，为我们的文化产业带来越来越多积极向上的影响。

参考文献

[1] 赵辰玮，刘韬，都海虹. 算法视域下抖音短视频平台视频推荐模式研究［J］. 出版广角，2019（18）：76－78.

[2] 尹方圆. 哔哩哔哩网站的商业模式论析［J］. 现代营销（经营版），2019（10）：80.

[3] 荀瑶，韩雨桐. 弹幕视频网站的“圈地自萌”现象探析——以“哔哩哔哩”网站为例［J］. 知与行，2019（5）：132－137.

[4] 李静宇. 网络直播中受众的“使用与满足”分析——以哔哩哔哩弹幕网为例［J］. 传媒论坛，2019，2（18）：104－105.

[5] 陈莉. 娱乐心态：基于内容分析法的弹幕解读——以 Bilibili 网站视频为例［J］. 青年记者，2019（29）：94－95.

[6] 王海燕. 抖音的算法推荐特点分析［J］. 新媒体研究，2018，4（20）：21－22，33.

[7] 朱萌. 哔哩哔哩弹幕网站的商业模式分析［J］. 发展改革理论与实践，2018（5）：28－31，39.

[8] 刘柏，刘畅. 亚文化对视频网站商业模式的影响——以哔哩哔哩为例［J］. 新闻与传播评论，2018，71（6）：82－92.

创新能力培养与评价机制

郭　灿*

摘要　21世纪国家核心竞争力是创新能力的竞争，建设创新型国家重点是培养创新型人才。随着经济全球化步伐的进一步推进，传统的研究型教育已经远远不能满足我国社会的发展和企业岗位的实际需要。大学生的创新能力的培养迫在眉睫。就中职学生创新能力来说，创新能力不是一蹴而就的事，必须贯穿于整个教学过程之中。论文综合分析了中职院校创新能力培养过程中的问题，并针对这些问题提出相应的建议，最后尝试给出了关于中职人才创新能力培养评价机制的部分提议，以期对中职院校人才创新能力培养有所帮助。

关键词　创新能力　创新培养　评价机制

一、中职院校创新能力培养现状

（一）缺乏创新意识

很多中职学生没有创新的意识。较多中职学生认为，创新是名牌大学的优秀的学生的事，与自己无关。还有一些中职学生认为创新是离自己很远的意识形态思维[1]，自己没有能力创新。事实上认为自己缺乏创新精神的不仅仅是中职的学生。在公司，百分之九十以上的职工认为，创新是科研部门的人才做的事，与其他部门的人员无关。在行业里面，人们普遍认为，创新是新兴行业，如信息产业才做的事，与基础行业、传统行业无关。中职学生在

* 郭灿，（1996.1.1—）河北省石家庄人，北京联合大学职业技术教育领域在读硕士研究生，研究方向：中等职业教育、信息技术。

这样的环境中成长，就会受到“创新不在寻常百姓家”这种传统观念的影响，意识不到创新的重要性与可行性，更缺少创新的自信。

（二）创新教育体制不完善

在传统教学环节上，中职院校管理层将中职学生创新能力培养和激发的责任转交到任课教师身上[2]，要求教师改变传统教学形式，丰富教学内容，以实现大学生创新能力的开发，但是高校的管理层缺少对教师的教学结果以及创新能力培养的考核激励奖罚的相关政策，造成教师和学生对于创新教育的积极性不足等问题。很多中职院校没有设立专门的负责培养学生创新能力的部门，对中职学生创新能力的培养不够重视。中职院校教师没有做好关于学生创新能力培养的宣传工作，班级的辅导员也没有做好思想工作，同时部分中职院校也没有为学生的创新能力培养及发展提供很好的平台。

（三）教学内容陈旧教学方式死板

中职院校教学内容仍然存在重理论轻实践的问题。教师教学过程中过于强调已有知识的传授，虽然部分课程将理论与实操相结合，但是学生只是模仿教师的操作，没有自主实践的环节。而教师自身缺乏对未知领域的思考和开拓，在教学过程中更无法做到引导学生思考深层次问题或开拓未知领域[3]。学生所做的只能是被动地接受知识，不用去思考，久而久之，中职学生就养成了接受的惯性，不愿意主动去探究知识，主动去获取知识，即使有的学生想主动探究主动思考，也没有科学有效的指导，其结果就是中职学生彻底失去创新激情。

（四）师资力量薄弱

具有创新精神的师资力量薄弱，大部分教师所承担的教学、科研及学生工作任务较为繁重，使其无力开展大学生创新能力培养的工作。同时，中职院校中的师资力量以资深老教师为主，教师团队中缺少“新鲜血液”——具有创新精神的年轻教师，因此现有的师资队伍不能满足创新教育课程的基本需求，这对大学生创新能力培养和创新课程的设置与实施，造成了很大的困难。

二、创新能力培养建议

（一）培养学生创新意识

创新意识在中职学生创新能力构成中具有重要地位。因为它直接影响中职学生的创新能力。因此，中职院校在培养应用型人才的同时，更应该兼顾创新型人才的培养。中职院校想要激发中职学生的创新意识最重要的因素是激发中职学生发自内心的想要创新的想法，因此鼓励大学生积极参加学科竞赛，激发学生学习兴趣是培养中职学生创新意识和创新能力的有效方式之一。学生通过参加学科竞赛，能够主动思考，在比赛过程中调动学生的积极性，学生的主体性较强，以学生为出发点解决学习中的问题。不仅可以巩固所学专业知识，更有助于激发学生的创新思维，促进大学生的理论和实践相结合的能力。培养创新能力，提高综合素质。另外，学校要经常聘请对创新精神研究的专家和创新创业成功的人士对学生作专题讲座，分享创新经验，激发大学生创新的积极性和主动性，不断培养中职学生的创新意识[4]。

（二）完善创新教育机制

首先，中职院校的领导层应该高度重视对学生创新能力的培养。在教育制度上完善创新培养机制，从政策和资金上给中职院校的教师和学生更大的支持，设立专门的创新培养部门。可以设立“创空间”[5]——专门为学生提供的可以自由发言，必须提出个人 Idea 的实验室、工作室，并且 24 小时开放。它与创客空间十分相似，最大的区别就是创空间必须是面对面的线下交流；在创空间的环境布置上也要注意，必须是具有创新性思维的产品或艺术作品。中职院校还要加强对创新教育的宣传力度，从教师的授课、课后实验以及课外实践，所有的教育培养过程都要融入创新思想。打造一个人人谈创新、人人想创新的良好氛围。学校应将创意竞赛加入校园性的职业技能竞赛活动中，而且应该定期开展不同主题的创意竞赛，并积极鼓励中职学生参与创意竞赛[6]。在赛后给出相应的奖励，将所有的参赛选手组织到一起，讨论完善自己的作品，最后将所有的创意作品展出，供全体师生借鉴学习。通过学生的参与，学校能有效地评估学生创新能力的基本情况，同时学生的想象能力、创造能力、语言组织能力、人际交往能力也能得到了发挥和锻炼。对于学生特别新颖并具有广泛应用推广价值的作品，中职院校还应该帮助学生申请相应的发明专利，以此来增强中职学生对创新活动的参与度。

（三）丰富教学内容，改革教学方式

开发创新教育课程体系，并将中职学生的兴趣爱好作为课程开展的切入点，适当调整自身教学模式[7]。例如在计算机前端开发教学中，教师可以适当引入一些关于网站搭建的课程，学生通过课堂学习和自己课下的讨论研究，掌握一定的基础知识，就可以尝试自主研发一个小型网站，并结合生活中的

实际问题使网站更具有实用性。教学方式的改革，可以从教师的课堂提问入手，提问时应该采取讨论式、启发式和引导式等方法。任课教师需要积极组织和协调学生在课堂上就本领域的前沿问题进行讨论，积极引导中职学生去主动发现问题，带着疑问去听课；建立讨论小组，每个学生要提出问题并阐述自己的观点；鼓励跨学科表达自己的不同观点，并大力提倡和鼓励学生解决复杂的问题。教师还应采用现代化的教育教学技术和多媒体技术，生动形象地展示课程内容，如蓝墨云班课、手机微助教等，不仅可以提高学生课堂参与度，还可以方便学生在课下通过平台参与讨论。教师还应不断将学科前沿技术引入课堂，从而激发学生探索新知的兴趣。

（四）加强师资队伍建设

中职学生在萌发创新想法之后的实施过程是非常关键的[8]。这就要求教师有着过硬的本领来指导学生。首先中职院校的师资队伍必须具有创新思维和创新能力。现在的中职院校不乏知识渊博、技术高超的专业教师，但是没有创新能力也是不行的。在创新能力培养上，不仅要教师开展理论知识引导，同时也需要教师在实践训练中进行指导。对理论、实践与教学多方面能力突出的教师人才更要注重培养其创新思维与能力。中职院校可以组织教师和学生建立有关“创空间”的师生社团，对于学生社团，可以派遣专门的创新型教师对社团进行参与指导，社团创新类型或项目要多样，方便让学生根据自己的兴趣自主选择参与。对于教师社团，需要撰写创新报告或定期展示创新项目成果。可以给出相应的奖励机制，提高院校师生对于创新培养的重视程度。教师也要多参与创新培养的讲座以及创意比赛，利用多方面的资源提高自己的创新能力水平。总之，要培养学生的创新意识、创新精神、创新能力，教师首先要有创新的意识、创新的精神。

三、创新能力评价机制

（一）绩效评价

在符合教育部门的相关政策下进行人才创新能力培养的绩效评价，该评价既要符合教育的发展规律，又要与中职院校的办学思路和发展方向相一致。例如在对计算机专业进行创新能力绩效评价时，要充分考虑到计算专业应用实践性强、知识更新速度快的专业学科特点，对其人才的创新能力培养，在制订培养方案、选择教学方法、实践实训形式采用或是选择最终的测评考核形式都需要根据学科特点进行科学的思考与判断。既要考虑到人才创新能力培养的共性，又要考虑到学科人才创新能力培养特性。

（二）多元评价

中职院校在进行人才创新能力培养时要充分发挥多元评价主体的作用，激发中职院校聚才活力。要发挥教师、学生、专业同行、市场甚至是政府等多元评价主体作用，进一步突出市场在人才创新能力培养评价中的作用，充分激发学生的创新激情与活力。对正在进行重大创新产品研究的中职学生或教职工，在政府引导和监督下，突出同行评价尤其是国际同行评价，着重评价其代表性成果的创新贡献。还可以积极引入行业协会等第三方的社会组织，评价学生优秀创意作品所创造的市场价值和社会影响。鼓励全校师生根据自身发展实际，在有效评价的基础上进行大胆的探索与实践，并尝试建立人才分类评价指标体系，自主确定评价标准、评价流程和评价方式，完善评价监督机制，促进人才创新能力培养与创新能力评价的衔接贯通，进一步激发中职院校学生以及教职工的创新活力。

（三）小同行评价

中职院校可以通过网络平台建立小同行创新能力评价。随着各个学科的迅猛发展，各个学科的类别已经逐渐细分，在传统学科的基础上产生了许多小的分支。一些学者据此提出了“大同行”和“小同行”两个概念。“大同行”一般是指一级或二级学科中相同或者相近的专业专家，“小同行”则是指三级或四级学科中相同或相近的专业专家。建立小同行创新能力评价机制可以保障创新成果评价的专业性与权威性，改变当前重量不重质的创新成果评价取向。中职院校的学生可以通过这个平台接触更多的创新作品，还可以接受更多更专业的专家指导。中职院校的教师也可以通过这个平台填充自己的知识库，以便于取得更好的研究创新成果。中职院校还可以建立创新能力培养的专家库，专门进行学生创新作品和成果的指导与评价。在院校的专家库中，对于能够进行客观公正、忠实勤勉的评审专家可以给出相应的奖励，而对于懈怠谋私的评审专家则要及时提醒，表现恶劣的还可以剔除出专家库甚至进入黑名单，各中职院校可以根据学校特点和实际情况完善奖惩机制。

（四）匿名评价

中职院校可以通过实施匿名评价机制对中职学生的创新能力进行评价，这是基于评审专家和被评估对象的相互不公开的评价机制。匿名评价机制与传统的评价机制相比，匿名评价机制更加公平、公正，其原因是匿名评价机制能够有效减少人情关系、上级压力等人为因素对客观和主观评价的影响，从而使创新能力培养成果评价的质量得到有效保障。匿名评价机制的最终评价结果与传统方式一样需要进行公开展示，以方便下一步工作的开展。

参考文献

[1] 刘雪. 大数据背景下高职计算机专业学生创新能力的培养 [J]. 职业，2019 (7)：15.

[2] 曹忻. 基于创新创业训练项目的中职学生能力培养模式研究 [J]. 现代商贸工业，2019 (7)：8.

[3] 刘燕. “四位一体”实践教学与中职学生创新创业能力培养 [J]. 湖北农机化，2019 (6)：30.

[4] 罗思思，林幼文. 职业院校大学生创新创业能力“五位一体”培养模式研究 [J]. 教育与职业，2018 (10)：1.

[5] 钱翠. 创客空间模式下中职学生创新能力培养与实践 [J]. 学周刊，2019 (6)：17.

[6] 张小博. CDIO 模式下开放实验室建设与创新能力培养 [J]. 化学工程与装备，2018 (11)：15.

[7] 刘宏宇. 中职院校计算机专业学生创新创业能力培养机制研究 [J]. 重庆电子工程职业学院学报，2019 (4)：20.

[8] 李军，朱方明. 依托开放实验室 培养学生创新实践能力 [J]. 教育现代化，2016 (12)：12.

[9] 刘甜甜，陈 洪，杜焓瑜，马占宇. 农林院校大学生创新能力培养模式评价指标体系研究 [J]. 黑龙江畜牧兽医，2016 (9)：23.

[10] 李中国，皮国萃. 加拿大研究生培养模式及其对学生创新能力的培养机制 [J]. 科技管理研究，2015 (2)：10.

[11] 舒佳. 基于新知识生产理论的中职学生创新创业能力培养机制研究 [J]. 教育与职业，2019 (1)：1.

[12] 梁华，王莎，唐佳. “互联网 +”背景下创新创业能力培养的电子商务专业课程体系改革与实践 [J]. 电子商务，2019 (10)：15.

[13] 杨兴珍. 民族区域环境下在信息技术课堂教学中如何培养学生创新能力 [J]. 学周刊，2019 (10)：15.

[14] 凌嫦娥. “互联网 +”时代中职学生创新创业能力的重要性及培养策略 [J]. 现代营销（信息版），2019 (10)：18.

[15] 廖至毅. “互联网 +”视域下大学生创新创业能力培养探究 [J]. 智库时代，2019 (10)：18.

学科思政：探索研究生思政新模式

刘宏哲　代松银　徐冰心*

摘要　研究生思想政治教育作为整个高等教育思政教育的分支，在高校思政工作中占有重要的地位。通过对现在的研究生思政工作存在的问题进行分析，提出了以学科为平台开展思政工作，探索了各思政实施人员互助协作，课程、实验室和科研项目等资源融合，各思政载体互补互利的全员全过程全方位育人的三全育人新模式。该模式对于提升思政工作质量、实现全员全过程全方位育人，构建大党建、大思政、大维稳的工作新格局具有重要意义。

关键词　学科思政　思政合力　互助协作　资源融合

一、引言

习近平总书记在全国高校思想政治工作会议上的讲话中强调："要坚持把立德树人作为中心环节，把思想政治工作贯穿教育教学全过程，实现全程育人、全方位育人，努力开创我国高等教育事业发展新局面。"[1]思政教育是落实立德树人的根本任务的重要方面，是"立德"的关键路径。研究生思想政治教育作为整个高等教育思政教育的分支，在高校思政工作中占有重要的地位，必须落实立德树人根本任务，以培养德智体美劳全面发展的建设者和接班人为教育目标，将思政教育贯彻培养的全过程，实现全员全过程全方位育人。近年，许多学者、高校进行了深入探索和实践，提出许多有效的思政教育改革和实施路径，取得了很好效果，但与习总书记提出的"把思想政治

---

* 刘宏哲，女，河北涿州，教授，博士，研究方向为图像处理与机器学习。代松银，女，湖北荆州，讲师，博士，研究方向为图像处理与机器学习。徐冰心，女，吉林长春，副教授，博士，研究方向为图像处理与机器学习。

工作贯穿教育教学全过程”，实现较好的立德树人成效相比还有不小的差距。本文秉持“全面思政教育、立体思政教育、创新思政教育”理念，根据立德树人根本任务和思政教育规律，以学科为平台，开展思政工作，探索了各思政实施人员互助协作，课程、实验室和科研项目等资源融合，各思政载体互补互利的全员全过程全方位育人的三全育人新模式，以构建“学科思政”工作新格局。

二、研究生思政工作现状

现阶段，多数高校都能够良好贯彻国家政策，重视对研究生思想政治方面的教育，研究生的思想政治水平也正在向更加积极健康的方向发展，提出了创意思政课程、专业课程思政等。这不仅利于研究生完善自身，而且还利于社会主义现代化的建设。但需要注意的是，尽管研究生思政教育情况整体较为乐观，其依然面临着诸多问题与挑战。

（一）思政实施主体各自为政

思政教育“孤岛”现象、“多张皮”现象依然是思政教育常态。思政教师、专业课教师、研究生导师、辅导员等实施主体未能形成教育适洽机制和环境，合力不足，致使思政教育工作力量薄弱。思政教师开展研究生思想政治教育工作，具有马克思主义理论、教育学、心理学等专业背景，但对研究生专业和科研背景需求了解不够充分，未能把握研究生思政教育特点。部分专业课教师、研究生导师缺乏这方面的知识储备和实践锻炼，思想政治素养的不足，以致开展思政教育的能力和信心不足，难以履行思想教育职责。除此之外，导师作为研究生培养的第一责任人，与研究生接触最密切，互动最频繁，作用最直接，影响最巨大，但大部分导师对其承担的研究生思想政治教育的首要责任认识不够[2]，思政作用没有得到有效发挥。

（二）思政资源融合不足

一方面，研究生思政教育理论课与专业教学协同力度不够，思政理论课堂的主导性显性教育与专业课的思政隐性教育缺乏交融、共振，而且专业课的思政隐性教育的作用未发挥到位，不能实现将知识点与思政点相互融通的要求，在很大程度上都是生搬硬套，未能很好实现思政教育目标、完成立德树人根本任务[2]。另一方面，未能充分考虑研究生的教育特征，研究生的课程集中在第一学年，后期主要集中跟随导师或课题组做科研，因而，对科研项目的思政元素挖掘不足，也成为当前研究生思政教育的关键问题。

（三）思政载体和模式仍有待创新

传统单一化、简单化的研究生思想教育方式的不适应日趋显现，教育方式急需与时俱进。目前，思政课堂仍以传统的授课模式为主，以课本为中心、教师自我独白，导致学生的主体参与性不强；而且思政课堂教学灌输性教育为主，启发式教育不足，还不能有效地实现在不断启发中让学生形成品格。没有很好地做到因地制宜，根据学校、专业、受教育群体的不同而进行创新性和吻合性教学。各种新兴媒体技术如微博、微信、微视频等迅速发展，对研究生的思想观念、政治意识、价值评判产生深刻的影响，高校思政工作者对各种新兴媒体技术的应用不足。

高校对于思政教育重要性的认识已形成共识。因此，针对高校研究生思政教育存在的局限性，克服思政教育“孤岛”“多张皮”现象，克服思政资源融合不足问题，研究和探索全方位、全过程、全员育人的新模式，进行系统设计和实施，增强思政教育的亲和力、针对性和有效性，是提升研究生思想政治工作效果、质量和科学化水平的迫切任务。

三、构建“学科思政”工作格局

习近平总书记在北京大学师生座谈会上讲话指出，“人才培养体系涉及学科体系、教学体系、教材体系、管理体系等，而贯通其中的是思想政治工作体系。”[4] 可见，如何将思政教育体系贯通所有体系是解决研究生困境的根本方法。因此，研究生思政教育必须打破各类思政方式间的籓篱，在单纯的思政课程建设、专业课程思政的基础上，以学科为平台，加强各思政实施主体的互助合作，融合所有可能利用的资源，进行“学科思政”，将导师、专业课教师、思政教师，课程、实验室和科研项目等有机结合，形成研究生思政新模式。

（一）导师—思政教师—专业课教师，协同互动形成思政育人合力

恩格斯指出：“许多人协作，许多力量结合为一个总的力量，用马克思的话来说，就造成‘新的力量’，这种力量和它的一个个力量的总和有本质的差别。”[6] 在研究生思政教育中，导师、思政教师、专业课教师的具体职责虽有不同，内容和开展方式各异，但提升思政教育能力，加强协同互动合作，才能形成强有力的教育合力，才能实现全员、全过程、全方位育人的综合效应。

思政教育能力提高离不开教师自身的思政教育素养的提高。教师是立校

之本，兴教之源。“政治要强、情怀要深、思维要新、视野要广、自律要严、人格要正”[5]是教师的六大标准。切实提升教师德育意识和价值教育能力，是引导学生树立正确价值观取向的关键。只有教师对核心价值有深刻的理解，明确课堂教育中的德育责任，才能在教学过程中自然而高效地将社会主义核心价值观传递给学生。要加强高水平教师队伍的系统规划，针对导师，专业课教师开展思想政治工作相关的专项业务培训，丰富思政教育培训内容，教育培训内容应涵盖理想信念教育、师德师风教育、学术诚信教育和思政工作专项培训等，强化其教书育人的使命感和责任感，帮助其认同并担当思政教育责任，了解对研究生进行思政教育的内容，学习相关的政治理论、政策法规、学术道德和心理健康等知识，不断提升育人水平。

加强协同互动，畅通导师—思政教师—专业课教师的沟通与协作渠道，促进三者之间的交流互动，增进相互理解和支持，凝聚各方力量，营造合力育人的良好氛围。定期研讨规划工作，根据不同专业学生的心理特点、现实需求和知识结构探索持续改进和育人新方式，相互借鉴工作方法，互相合作，取长补短。导师作为研究生现实生活中践行道德规范的鲜活坐标，其言传身教对研究生影响巨大，也是对学生开展爱国、诚信和敬业教育的最关键角色。导师必须充分认识到自己在研究生思政教育中的重要地位，相对于思政教师、专业课教师，最了解和最易掌握研究生思想状况，能够对学生针对性地进行思政教育，也能帮助思政教师及早发现并准确判断研究生中出现的问题及原因。专业课是研究生课程的重要组成部分，专业课教师也需不断提升自身的政治素养，充分发挥榜样作用，使社会主义核心价值观的全部要义得到深入渗透。思政教师具有充足的思政教育知识储备和实践锻炼，具有强大的马克思主义理论、教育学、心理学等专业背景，能为导师、专业课教师提供强有力的思政教育指导，帮助他们挖掘专业课、科研项目中思政教育资源。政策或法律文本是高度凝练、抽象、严谨的文字表述，远远超越了研究生的日常生活，只有在导师、专业教师等帮助下，才能将思政课与学生的生活和科研相互关联，吸引更多的研究生主动参与到思政教育中来。

（二）课程—科研项目—实验室平台，资源整合形成多元思政载体

思政教育要想达到好的效果就要在思想政治教育与专业课程之间搭建桥梁，相互融合通达，通过挖掘其他课程的文化基因及价值范式，使其转化为社会主义核心价值观的有效教学载体，将理想信念层面的精神指引“润物细无声”地融入学生的素质养成与知识学习中。

现代课程与教学论研究表明，任何课程都蕴含思政教育的资源和价值。因此，要深入挖掘专业课程中的德育元素，柔化思政教育模式，使所有课程达到知识传递和立德树人相统一，从而实现高校思政教育全覆盖。课程思政体系的整体架构，离不开专业课程的设计创新。完善课程思政体系，要将专业课程作为课程思政的重要组成部分，立足学科的特殊视野、理论和方法，创新专业课程话语体系，实现专业授课中知识的传授与价值引导的有机统一，达到“以文化人、以文育人”的隐形课程思政目的，扭转目前专业课程教学中重知识传授轻德行培育的状况，深度发挥课堂主渠道功能，打破思政教育和专业教育“多张皮“的困境，真正做到习近平总书记所要求的“守好一段渠、种好责任田”，与思想政治理论课同向同行，形成协同效应。

根据研究生的培养特点，研究生从事科研项目，进行学术钻研占据了研究生生涯的三分之二的时间。因此，立足人才培养目标和学科优势，充分利用实验室平台，挖掘实验室自身特色和优势，搭建思想政治教育与科研项目之间桥梁，提炼科研项目、实验室蕴含的文化基因和价值范式，遵循研究生的学习和成长规律，促进相互融合通达，也能将其转化为社会主义核心价值观具体化、生动化的有效教学载体，潜移默化地在知识学习中融入理想信念层面的精神指引。

只有各要素相辅相成、同频共振，相互促进，立体融通，共同推进教育模式和载体的完善与发展，才能提升立德树人成效，才能很好实现思政教育目标、完成立德树人根本任务。

（三）课堂—社团活动—新媒体，互利互补形成立体思政空间

习近平总书记在学校思想政治理论课教师座谈会上,强调了思政课的八个统一,包括“要坚持灌输性和启发性相统一”,引导学生用正确的价值观发现、分析和思考问题,通过不断启发让学生水到渠成得出结论。课堂—社团活动—新媒体互利互补,促进研究生实现认知、情感、理性和行为认同,营造和谐的导学关系氛围,形成良好的育人环境。

对于研究生而言,思政课堂始终是接受思想政治教育的主要阵地,高校和教师应当采取多种措施使思政课堂的重要作用得到充分发挥,可以根据社会与学生的现实情况适当调整思政课堂内容,多在课堂中引入时政热点,并多采用小组讨论、参观学习等教学法,提升学生的课堂参与度。专业课的辅助作用也必须重视,由于专业课占据了研究生课程的大半课时,单凭较少的思政课堂是无法使研究生的思想政治水平得到全面提升的。将思政教育融入专业教学的

方方面面，实现术道结合，能够在潜移默化中提升学生的思政素质。

思政教育融入社团活动，是研究生思政教育与社会主义核心价值观融合的关键。社团活动是高校必不可少的组织形式，包括学术交流、学术沙龙，以及开设研究生专栏等。通过邀请专家举办报告会、开展学术论坛、组织辩论赛、学术沙龙等各种丰富多样的社团活动，能够充分将学术钻研与思政教育相融合，让研究生进行思想上的碰撞，以此获取学术灵感，提高研究生科研创新能力，也能够让他们的思想道德观念在学术切磋的过程中得以提升。这种思政教育方式最能得到广大研究生的认可和喜爱，能高效增强社会主义核心价值观教育实效性。

注重和加强对各种新兴媒体技术的应用。新兴媒体技术的应用能推动思政教育课程改革，抢滩登录网络宣传阵地，成为思政教育宣传的桥头堡。“道之天下，川谷江海”，线上与线下结合，致力于官方微信平台、贴吧、论坛的打造，充分利用网络课程、移动终端公众号等新媒体资源，能大大提高培训教育资源的利用效率和覆盖面，确保高校研究生思政教育工作能够更具针对性，更见成效；而且有利于整合优秀思想政治教育资源，节约师资力量，突破班级、教室、人数等限制，让思政教育和学习不再局限于课堂，将固定学习时间与“碎片学习时间”结合，将学习的选择权和决定权从教师手里交到学生手里，极大地激发学生学习的积极性，保持学习机制的长效性。新兴媒体技术还能成为师生沟通的“交换器”，思政教师、导师、专业课教师可以借助新兴媒体技术，实现与研究生群体的线上积极互动，通过图片、文字、影像、语音实现多渠道沟通，第一时间掌握研究生思想动态，符合研究生自主性较强的特点，满足了其实时化的需求。

四、结论

本文以学科为平台，坚持目标导向和问题导向，探索了各思政实施人员互助协作，课程、实验室和科研项目等资源融合，各思政载体互补互利的全员全过程全方位育人的三全育人新模式，对于提升思政工作质量、实现全员全过程全方位育人，构建大党建、大思政、大维稳工作新格局[7]具有重要意义。当然，研究生思政建设是一项长期性、系统性的工作，学科思政作为一项系统工程，还需不断深入探究学科思政规律，全面强化体系化、规范化建设，科学实施考核评估与效果评价等。“众人拾柴火焰高。”高校工作者只有不忘初心，牢记使命，坚定方向，才能落实好立德树人根本任务，才能开创我国高等教育事业发展新局面。

参考文献

[1]习近平. 全国高校思想政治工作会议报道[EB/OL]. http://www. moc. gov. cn/jyl_xwfb/x6052/moc_838/201612/t20161208_91306. html.

[2] 王文文. 论导师思政工作与研究生思政工作的协同互动 [J]. 思想政治教育研究，2019，35 (3)：98 - 101.

[3] 刘燕莉，李浩野，陆涛. "思政融通"——思政教育新模式研究与实践 [J]. 研究生教育研究，2019 (4)：57 - 63.

[4] 习近平. 北京大学师生座谈会讲话 [EB/OL]. http：//politics. people. com. cn/nl/2018/0503/c1001 - 29961481. html.

[5] 习近平. 学校思想政治理论课教师座谈会报道 [EB/OL]. http：//www. moc. gov. cn/jyb_xwfb/gzdt_gzdt/201903/t20190318_373973. html.

[6] 卡尔・马克思，弗里德里希・冯・恩格斯. 马克思恩格斯全集（第 23 卷）[M]. 北京：人民出版社，1927：362.

[7] 教育部思想政治工作司 2017 年工作要点（摘编）[J]. 思想教育研究，2017 (4)：3 - 4.

对完善硕士学位论文质量评价体系的思考

秦 霞*

摘要 从改善和提高硕士学位论文质量的角度出发，探讨了其评价体系的内涵、意义、成就和出现的问题，并提出了完善此体系的相关对策。

关键词 硕士 学位论文 质量评价体系

学位论文是学生获取学位的重要依据，其质量直接反映着研究生教育的水平。因此，对学位论文质量的正确评价不仅是对学位申请人获取学位资格的审查，也是保证和提高研究生教育质量的基本前提。以往的研究侧重于对学位论文质量形成方面的考察，关于质量评价的研究不仅稀少，而且也只是重视评价方法、技巧和以博士学位论文为对象。为此，笔者对我国硕士学位论文质量评价体系进行了思考，并提出建议。

一、硕士学位论文质量评价体系的概念

（一）学位论文质量

学位论文质量是论文评价体系的核心，因此首先要对此概念进行界定。而质量本身是一个很难把握的概念，要对学位论文质量进行定义更是难上加难，关于学位论文质量，至今还没有明确的定义。国际标准化组织在 1994 年将质量定义为："反映实体满足明确和隐含需要的能力的特性总和。"借鉴此定义，笔者试将学位论文质量的概念定义为：学位论文满足规定或潜在需要的特性总和。这个定义包含了三个价值判断的标准：学位论文要满足学位授权者对学位授予条件的各种需要，即客观规定性；国家、社会、学校、家庭

* 秦霞，女，山东临清人，助理研究员，北京联合大学研究生处，研究方向为教育管理。

等对学生心智训练和个性发展的各种需要，即主观性；科学研究对其成果的社会效益、影响程度的各种需要，即知识转化的内在要求性。

（二）学位论文质量评价体系

评价是一种价值判断活动，它的主要目的在于促进客体自身的发展。“体系是指由两个以上的有机联系和相互作用的要素所组成，是指具有特定结构和功能的整体，或指为了协调与联系必须的组织结构。”据此，笔者将学位论文质量评价体系定义为：以保障和提高学位论文质量为目标，依靠必要的组织机构，把各个组成要素的质量评价活动严密组织起来，形成一个任务明确，职责、权限相互协调、相互促进的有机整体。就此体系而言，它的构成要素包括评价目标、主体、内容、评价方法等，包含了目标系统、运行系统、方法系统以及结果处理系统。它回答了为什么而评、谁来评、评什么以及如何评价的问题。

（三）硕士学位论文质量评价体系

在我国，硕士是相对独立的一个教育阶段，因此，硕士教育质量评价作为一个相对较独立的评价领域也有着与学士、博士教育质量评价不同的特征。《中华人民共和国学位条例暂行实施办法》第八条规定：“硕士学位论文对研究的课题应当有新的见解，表明作者具有从事科学研究工作或独立担负专门技术工作的能力。”结合我国硕士学位论文评价的实际，笔者认为我国硕士学位论文质量评价体系应该符合以下几个条件：

（1）要满足各个主体的需求，以促进硕士学位论文质量的提高为目的。

（2）创新性应该成为衡量论文质量的主要标准。

（3）不同于博士，没有全国统一的评价组织体系，因此要以院校自评为主要的评价模式。

（4）分学科、专业评估应该成为主要的评价方式。

（5）要对硕士学位论文质量的形成过程进行监控。

（6）要有对关键影响因素的控制措施。

（7）要把硕士学位论文质量评价纳入研究生教育评估体系之中。

总之，硕士学位论文质量评价体系是学位与研究生教育评估系统的重要组成部分，对它的研究有助于我们进一步明确各个组成部分的功能与运行机制，但是体系的形成与完善是一个漫长的过程，这其中的得与失很值得我们思考。

二、对硕士学位论文质量评价体系的辩证思考

我国硕士学位论文质量评价体系的建立和发展是顺应研究生教育大规模发展而带来的质量保障需要开展的。自 1985 年国务院学位委员会第六次会议决定，逐步建立起各级学位授予质量的检查和评价制度以来，学位论文质量评价活动也迅速开展起来，经过 20 多年的发展，已经由最初的国务院学位办和国家教委直接主导到现在的国家委托、学位授予单位自主组织，打破了政府垄断统一指挥领导下的单一评价模式；我国也从 1999 年开始实行学位论文在学位授予后的抽查评估工作，这种水平评估与原来的学位授予前的合格评估并举，使评价类型多样化；《中华人民共和国学位授予条例》和《中华人民共和国学位条例暂行实施办法》明确规定，学位评审是通过申请—评阅—答辩—审核等环节构成，通过法律途径进一步明确了学位评审的运行机制；而在评审方式上，多数学位授予单位都由以前的公开评审到现在采取匿名评审、导师回避制等来提高论文评估的公正度；同时随着信息技术的发展，我国也建立了优秀硕士学位论文数据库。这表明，我国的硕士学位论文质量评价体系在逐渐地发展完善，已经取得了显著的理论和实践成果。但是在此发展过程中同样存在着一些问题，不容忽视。

（一）评价主体的权力分配不均

伯顿·克拉克明确指出，高等教育系统中存在着三种主要力量，即学术界、政府和市场。就我国的学位论文评价而言，这三种权利主体之间出现了许多利益倾斜的现象。第一，学位论文评价中的行政干预过多，虽然国家一直强调放权，但是国务院学位委员会、省级学位委员会、学位授予单位学位委员会以及学位分委员会、答辩委员会等主体之间存在着多重的委托代理关系，这种委托代理的实质并未改变学术从属的地位。第二，社会中介机构介入学位论文评价的很少。

社会对硕士学位论文质量的评价主要体现在就业市场上各用人单位对学生科研成果的要求和鉴定上，而这种评价也只是隐形的、滞后的，并没有发挥其实质性的作用，社会评价体系还远没有建立和完善。

（二）评价指标缺乏针对性

指标是一种具体的、可测量的、行为化的评价标准，是根据可测性的要求而确定的评价内容。评价指标的制订必须要切实反映影响学位论文质量的关键因素。而我们现在的学位论文评价指标体系缺乏针对性，没有区分学科、

专业的相异性，当一些学位论文的内容涉及边缘学科、交叉学科时，评价指标并不能发挥有效的作用。同时定性评价中的指标体系过于模糊，论文评阅标准未能细化，不能做到对文章水平的准确定位，也不利于将不同水平的学位论文拉开档次。我国学位授权点尚未建立符合自己实际、科学合理的学位论文质量评审指标体系。

（三）评价过程缺乏必要的监控

学位论文的质量形成是一个过程，我们现在所进行的评价过于关注对论文文本的考查，而对产生结果的过程质量缺乏监控。虽然培养单位对学位论文的过程评价也制定了开题报告制度和论文中期检查制度，要求开题未通过者重新进行开题，同时也制定了各种规章制度，但是在实际操作中往往出现执行不力的现象，论文在准备不足的情况下匆匆开题，从而使开题报告会形同虚设。同时按照目前大部分高校的时间安排，研究生撰写论文的时间和找工作或博士研究生入学考试的时间重叠，很多学位论文都是在答辩前短时间内匆忙赶制出来的，这种拼盘式的论文其质量可想而知，必然会影响研究生培养的质量。

（四）评价的运行机制不健全

我国对学位论文采取学位授予前评估和学位授予后评估两个阶段。后者对已授学位的研究生学位论文的质量评价具有一定的滞后性，即使评估出了不合格的学位论文，在没有特殊的情况下是不会收回已授予的学位的。因此，能够保障硕士学位论文质量的是学位授予前的评审和答辩。评审主要是由专家鉴定论文的合格性，我国高校的论文评审主要集中在毕业前的几个月里，评审时间不足，这样就很难保障论文的质量。论文只有通过评审才能进行答辩，答辩是学生的口试环节，由学生展示自己的研究成果并就其中的问题展开辩论。而我们现在的答辩往往是只答不辨，学生仅仅回答专家的提问，而很少就某些观点展开辩论，双方的互动不够。同时由于论文答辩是一次性的，因此很容易受到一些非学术因素的干扰。一般情况下，论文一旦进入答辩程序，就很少存在不通过的问题。这样就使得论文评价的两个关键环节流于形式。

（五）评价结果缺乏影响力

发布评估结果是学位论文评估的最后的关键环节，不仅要把评估结果传达给被评估群体，也要通过传媒使评估结果面向社会，促进社会监督，持续地推动学位论文评估的改进。而我们目前的评估结果处理机制不健全，如评审结果的利用不充分，只有评审不能通过的学生才能收到评阅专家的反馈意见，至于第一次评审就通过的学生，对评审专家提的意见也就无心过问。同时评估结果的公布范围十分有限，“局外人”难以了解评估的情况，使得评估结果的信服度降低。

三、对完善硕士学位论文质量评价体系的建议

（一）下放权力，提高学术评价权的地位

学位论文评价是由行政主体对学术性质进行的一种管理活动，因此其兼具学术性和行政性，而学术主体和行政主体在此过程中的参与度是否均衡，是影响评价效率高低的关键因素。因此要做好评价，就要改变目前的行政主导地位，权力必须下放。在实施中，一方面，政府要放权给高校，用行政合同的手段代替原来的行政命令，高校依据合同承担相应的责任和义务。另一方面，学位论文质量本身的特殊性决定了它不能用单纯的行政管理手段来达到保障和提高的目的。高校内部的权力也必须下放到院系、导师。论文答辩委员会作为论文管理的学术团体，其对论文质量的评判具有实质性意义，因此应该改变目前答辩委员会只处于学位委员会从属地位的局面，赋予其更大的决策权。

（二）坚持定量指标和定性指标相结合，完善评价指标体系

评价指标在本质上是对评价目标的细化和具体化，因此在指标设计上就要体现完备性和可测性的特点，要综合考虑影响学位论文的各方面因素，但是由于这些因素是复杂多样的，它们并不能完全被量化，有的因素需要对其质进行分析，因此就要坚持定量指标和定性指标相结合的方法。对于能够量化的指标，在制订时要力求简约，而且指标之间不能具有兼容性，要相互独立，最低指标应该能够直接测量，同时在权重确定时要用数学等逻辑方式来验证。而对于论文的创新性、学生的创新能力等指标就不能完全用定量化的方法进行评价，要多次征求专家意见，最终使意见趋于一致，这样也能防止主观权力过大的问题。而如果强行量化，则会割裂评价的本质，这样片面地追求定量分析往往会导致在教育评价中忽略那些难以定量分析的因素。实践是检验真理的唯一标准，指标和权重的确定是否合理，应在实践中得到验证，并根据实践的结果不断地修订和完善。

（三）加强论文的中期检查，重视对论文形成过程的评价

学位论文评价的目的在于提高研究生培养的质量，如北京师范大学劳凯

声教授曾说过，论文的质量是培养出来的，而不是审查出来的，通过评价促进学生科研能力的提升才是关键。

因此要实现论文的高质量，就必须从学位论文质量形成的源头开始，对整个形成过程进行评价。在这一过程中要强调导师和论文评价督查小组的作用。导师要对论文从选题到写作过程进行指导，对进展缓慢的学生提出意见和建议。检查组成员在对论文进行中期检查的时候，除了要求学生填写阶段性总结外，还要提出存在的问题和对后继论文的指导性意见，以便学生能够及时纠正和调整自己研究中的不足。同时检查组要将学生研究进展的书面报告递交研究生院或者学位委员会存档，并且和最后的论文评阅和答辩结果一起作为学位授予的依据，解决原有的评价只重评阅答辩而忽视过程的问题。

（四）健全对论文输出评价的制度建设

论文评审和答辩是学位授予的重要依据，也是评价活动中最容易出现问题的环节，因此，严格的评审和答辩程序是不容忽视的。针对学位论文评审过程中存在的“互送人情”等问题，应当利用现代网络技术优势，由国家或地方政府以学科、专业为单位统一组织建立专门的评审专家库和网络评阅系统，彻底做到匿名评审。同时高校应在答辩前三四个月送审论文，这样可以使得学生有时间思考、处理专家的反馈意见。高校也应该建立学位淘汰机制，由答辩委员会主导学位委员会审核，对于评审多次不通过者坚决不予答辩，而答辩不合格者不授予学位。

（五）提高社会评价的参与度，完善评价结果处理机制

评价是一项严肃而又科学的工作，其结果如何直接影响它的权威性和公正性。在评价结果处理机制上，一方面要扩大评价结果的公布范围，提高结果的透明度，由各个高校将通过答辩和评选为优秀的学位论文公开发行，其中不仅要注明导师姓名，还要附上评审专家和答辩委员名单，接受社会的监督。如果通过答辩的论文被发现造假等问题，就要向媒体公开，这样可以加强评价参与者的权责意识。另一方面也要建立与之配套的激励措施，对评优的学位论文作者以及相应的参与者给予一定的奖励，发挥评价的调控和改进功能。

参考文献

[1] 刘丽文. 质量的含义 [EB/OL]. [2019 - 11 - 15]. http://www.beidabiz.com/bbdd/kmsjk/kmsjksczygl/82/823/8234/82345/823452/6249.htm.

［2］安心．高等教育质量保证体系研究［M］．兰州：甘肃教育出版社，1999：34.
［3］罗晖．关于研究生学位论文质量管理的研究——以 N 校英语专业为例［D］．上海：华东师范大学，2008.
［4］董婷．硕士研究生教育质量评价的研究［D］．武汉：武汉理工大学，2005.

信息时代网络学习资源对学生自主学习能力的培养

任艳超*

摘要 伴随着信息技术的发展，培养终身学习者的教育目标越发突显其重要性，自主学习能力成为终身学习者最重要的能力。这对于高等院校的教育工作者来说，新的时代人才能力培养目标的实现，需要通过教学模式的变革来达成。本文旨在在信息时代背景下，对教学模式进行探索，更有效地培养大学生的自主学习能力。[1]

关键词 自主学习能力培养 网络学习资源

一、引言

党的十九大报告中指出要“实现高等教育内涵式发展”，“加快建设学习型社会”，对新时代的教学工作及人才培养工作提出了更高的目标和要求。目前我国高等教育仍然存在教育观念、教育方法陈旧，不适应新时代人才培养目标等问题。教育的终极目标是培养有终身学习习惯的人才，而最重要的一环就是如何培养学生的自主学习能力。

21 世纪是信息化时代，新技术不断涌现，在不同领域深刻影响人们生活的方方面面。伴随着互联网技术成功应用于各种领域，信息爆炸呈指数级增长，这不断挑战着人们接收信息的能力，对学习者在信息时代如何更高效地学习提出了更高的要求，尤其是对于尚在接受高等教育的大学生，他们思维活跃，具备一定的独立思考的能力，同时又有较多的可自由支配的时间和较

---

* 任艳超，北京联合大学。

宽泛的学习兴趣，加之其普遍具有良好的信息素养，能够流畅顺利地参与网络教学活动中来[2]。

高等院校教育工作者如何应对各种网络学习平台的冲击和挑战？如何借助各种网络资源推动中国高等教育教学模式的发展与创新？这些问题，都急需深入探讨和分析。

二、信息时代网络教学资源

近些年，国内外各种在线教育平台如雨后春笋般出现，各有创新和特色。国内以得到、万门大学等为首，均以“终身学习”为标语；国外多是各种慕课（Massively Open Online Courses）平台，其中edX、Coursera和Udacity被称为慕课的“三驾马车”，成为全球最著名的慕课平台。本文将以慕课平台为例，结合高等教育，探索更有效的提升学生自主学习能力的教学模式[3]。

（一）慕课的基本特征

1. 规模更大（Massively）。“大规模开放在线课程”（MOOCs）在2008年初次提出时，就被定义为网络学习的下一步发展方向。在Coursera、Udacity、dedX等慕课平台迅猛发展的几年中，其授课对象已经远远超越了以往传统授课模式和高等教育层次的网络课程的人数，一门慕课课程的教学对象不再局限于一屋一室，可以达到上万人甚至是上百万人[4]。

2. 更开放（Open）。慕课打破了传统网络教育招生、报名、注册等环节及其教育管理模式，各种年龄、收入和教育背景的学习者均可根据个人专业发展的需要和兴趣爱好广泛参与慕课课程的学习。慕课显著的开放性，使任何人均可通过网络在任何时间、任何地点免费学到任何想学的内容，从而使学生在全球范围内自由选修课程成为可能。

3. 更自由灵活（Online）。慕课最根本的特点是教学活动的转变，把以传授、灌输知识为中心转变为以学习者为中心，赋予学习者极大的选择性和自主性，学习者可根据自己的学习进度和兴趣制订属于自己的学习计划和目标[5]。其自由度与灵活性主要表现在：

（1）没有了物理空间的限制，穿越了时空。学习者可以根据自己的时间、地点随时随地自主开展学习。

（2）课程资源更丰度。慕课课程资源不仅覆盖了数学、统计学、计算机科学、工程学等自然科学，也包括了社会科学和人文学科。

（3）学习方式更灵活。慕课打破了以往单一的传授式教学模式，将分布于世界各地的授课者和学习者通过某一共同的话题或主题联系起来，以讲授、研讨问题、阅读建议以及成立网上学习小组等灵活多样的形式开展教学。成千上万的学员按照各自的进度、各自的学习风格学习同一门课程，评估自己的学习进展。学生还可借助慕课平台所提供和推荐的虚拟社区平台，寻找本地相同兴趣的学生，自行组成学习小组，自行安排网上学习交流和面对面互动[6]。

（二）慕课对培养大学生自主学习能力的优缺点

优点：

（1）师生角色互换：在慕课模式中，学生变为教学过程的主角，师生角色发生互换。

（2）课程知识体系完整、内容精简：当前慕课平台课程的开发主要是名师或者名师团队，其大多为国际一流大学的教授或该领域内的知名学者，他们的课程融合了他们的学术思想，更重要的是他们可以把该领域最前沿的知识信息融合到慕课中。慕课的制作也不再是传统的录像，而是以知识点为模块、剪辑成 10 分钟左右的视频的形式进行讲解，因此课程内容更加精简。

（3）个性化的学习体验：在慕课平台上，拥有大量优质而广泛的教学内容，能够满足每一个学习者的不同的学习要求，并且世界各地正在学习相同知识的学习者可以互相交流与分享。

缺点：

（1）学习规划完成率低，辍学率高：泰晤士高等教育研究统计表明，30 门慕课课程的完成率只有 5.8%。中国的慕课学习者也同样有这种现象，参加慕课学习并能完成全部课程的人数不超过 7%。一部分学习者只是了解慕课的内容，感觉适合自己就学，不适合就放弃；一部分学习者参与时热情高，遇到困难或时间紧张就放弃，导致辍学率低。

（2）学习过程难以监控。

（3）缺乏与老师和同学面对面的沟通与情感交流：学习者通过电脑学习，可以向老师提问题，和同学交流沟通，但缺乏了师生间、同学间的心灵上的沟通和情感上的交流。

参考文献

［1］王文礼．MOOC 的发展及其对高等教育的影响［J］．江苏高教，2013（2）：53－57.

［2］老松杨，江小平，老明瑞．后 IT 时代 MOOC 对高等教育的影响［J］．高等教育研究学报，2013（3）：6－8.

[3] 李明华. MOOCs 革命：独立课程市场形成和高等教育世界市场新格局 [J]. 开放教育研究，2013，19 (3)：11 - 29.
[4] 朱泓，赵磊. MOOC 的创新特质之于高校教学路径的信息化变革 [J]. 中国高教研究，2014 (12)：79 - 83.
[5] 焦建利. MOOC：大学的机遇与挑战 [J]. 中国教育网络，2013 (4)：21 - 23.
[6] 陈玉琨，田爱丽. 慕课与翻转课堂导论 [M]. 上海：华东师范大学出版社，2014：6.